기발해서 더 놀라운
의학의 역사

기발해서 더 놀라운

의학의 역사

선구적인 의사들,
기상천외한 외과수술을 탄생시키다

리처드 홀링엄 지음 | 서정아 옮김

지식서가

어쩌면 훌륭한 외과의가 되었을 내 어머니
페넬로페 앤 홀링엄 여사에게 이 책을 바칩니다.

서문

마이클 모슬리(의사, 영국 BBC 다큐멘터리 프로듀서이자 진행자)

1980년대 초엽 나는 런던 햄스테드에 있는 로열프리 병원에서 의사가 되기 위한 교육을 받았다. 그곳에서 근사한 5년을 보냈고, 평생지기들을 사귀었으며, 미래의 아내 클레어를 만났다. 고로 나는 책을 들여다보고 시체를 해부하며 보낸 세월이 그리 아깝다고는 생각지 않는다. 비록 지금은 의사로서의 경력을 완전히 중단한 채 방송계에 몸담고 있지만. 의술을 연마하던 시절에는 한때 외과의가 될 생각을 품었다. 의학의 여러 분야 가운데서도 외과는 섹시하고 매력적인 데다 벌이도 괜찮은 축에 속했으니까. 그러던 차에 한 사건을 계기로 나는 외과가 내 길이 아닐지 모른다는 생각을 하게 되었다.

외과의가 되려면 우선 상처를 꿰매는 법부터 익혀야 했다. 오렌지 껍질로 연습을 마치고 나면 곧바로 환자를 꿰맬 권한이 주어졌다. 고분고분한 오렌지를 다룰 때와 달리 인간의 피부를 봉합하는 일에는 언제나 난관이 도사리고 있었다. 나 역시 처음에는 적잖이 당황한 기억이 난다. 의과대학 3학년 때의 일이다. 어느 토요일 밤 나는 잔뜩 긴장한 채로 응급실에 내려와 있었다. 평소처럼 응급실은 취객과 경상자 들로 만원이었다. 나는 얼떨결에 한 취객을 꿰매게 되었다. 얼굴을 심하게 얻어맞은 부랑자 노인으로, 넘어지면서 이마가 깊게 베인 상태였다.

수술 장갑을 끼는데 손에 땀이 났다. 간호사의 도움으로 바늘과 실을 준비한 다음 일단 봉합을 시작했다. 나는 느리고 꼼꼼하고 신중했다. 환자는 말이 많고 정신이 혼란한 데다 비협조적이었다. 우여곡절 끝에 임무를 완수했지만, 상처의 단면들을 맞붙이고 있던 왼손을 떼려 했을 때, 내가 수술 장갑까지 환자의 이마에 꿰매 붙였다는 사실을 알게 되었다. 나는 경악했고 환자는 기겁했다. 나는 곧바로 실을 자르고 상처를 다시 꿰매기 시작했다. 그리고 그 순간, 내가 훌륭한 외과의사의 필수적 자질인 손재주나 정확성, 세심한 집중력을 갖추지 못했다는 사실을 깨달은 것 같다.

그때 이후로 나는 많은 수술실에서 다양한 외과의사의 활약상을 지켜보았다. 15년 전 한 외과의사는 내 아들 잭의 목숨을 구했고, 그 외에도 수술로 인생이 바뀐 사람들을 나는 숱하게 만났다. 이 모든 경험은 외과와 외과의 역사, 그리고 무엇보다 현재의 위치로 외과를 이끌어 온 사람들과 그들이 발견한 것들에 대한 나의 흥미를 자극했다.

텔레비전 시리즈를 제작하겠다는 나의 단순한 구상이 실제적 행동으로 옮겨지는 데는 BBC4 방송국의 활동적 관리자 제니스 해들로와 나눈 대화가 결정적 역할을 했다. 그때 나는 BBC4에서 〈의료계의 이단자들Medical Mavericks〉이라는 시리즈물을 막 완성한 상태였다. 자가 실험자들의 사연을 중심으로 의학의 역사를 훑어보는 프로그램이었다. 제니스는 후속작으로 당연하다는 듯 외과에 관

런된 시리즈물을 제안했다. 이내 우리는 외과의 다섯 분야에 관한 5부작 연속물을 제작하기로 가닥을 잡았고, 나는 그 프로그램에서 다룰 내용을 확정하는 작업에 착수했다.

텔레비전 프로그램의 제작은 협업으로 이뤄지고, 하나의 작품이 완성되려면 다양한 사람들의 생각과 통찰을 거쳐야 한다. 제작진과의 논의 끝에 우리는 외상외과, 심장외과, 성형외과, 이식외과, 신경외과에 대해 파헤치기로 결정했다. 하나같이 외과의 발전사와 관련하여 남다른 이야기를 품고 있는 데다, 여러 독특한 인물과 도덕적 딜레마로 가득한 분야들이었다.

또한 우리는 그 프로그램이 단순한 역사물에 그쳐서는 안 된다고 판단했다. 그보다는 외과의 각 분야별 현주소를 드러내는 대표적 사례를 소개한 다음, 각 수술의 다양한 요소들이 생겨나게 된 경위를 최근의 사례를 통해 돌아보기로 했다.

촬영 중에 참관한 수술의 대부분이 인상적이었지만, 그중에서도 옥스퍼드 대학병원 산하 존 래드클리프 병원에서 심장외과 전문의 스티븐 웨스터비가 시행한 수술은 가히 충격적이었다. 환자는 서른 네 살의 소피 클라크였다.

소피는 선천적으로 두 가지 심각한 심혈관 질환을 앓고 있었다. 하나는 심장판막결손이었고, 나머지 하나는 대동맥류였다. 동맥류는 혈관이 약해져 마치 부실한 타이어처럼 부어오르는 질환이다. 그 같은 동맥은 압력이 높아지면 마치 타이어가 터지듯 터져 버릴 수 있다. 더욱이 같은 문제가 신체의 주요 동맥인 대동맥에 발생할 경우, 환자는 죽음을 면하기 어렵다. 그러므로 위의 두 결함을 바로잡기 위해서는 고도로 복잡한 수술이 필요했다.

첫 단계는 소피를 마취하는 일이었다. 마취제는 19세기 중반에 윌리엄 모턴과 제임스 심슨을 비롯한 여러 선구자의 노력으로 개발되었다(1장 참고).

다음 단계는 환자를 인공심폐기에 연결하는 일이었다. 인공심폐기는 1953년에 존 기번이 최초로 제작하여 환자에게 적용한 장치다(2장 참고).

그다음 단계는 염화칼륨으로 환자의 심장을 정지하는 일이었는데, 염화칼륨은 비료의 주성분이기도 하다.

이어서 의료진은 환자의 몸을 정상체온인 섭씨 37도에서 16도로 굉장히 차갑게 냉각시켰다. 수술 중에 환자의 대사를 늦추고 뇌의 산소요구량을 줄이기 위해서였다. 이러한 접근법을 최초로 제안한 인물은 빌 비글로인데, 그는 마멋의 동면 습관을 연구하다가 이에 대한 영감을 얻었다(2장 참고).

마지막 단계는 환자의 혈액을 빼내는 일이었다. 웨스터비의 글을 빌리자면, "심장외과의는 배관공이나 마찬가지다. 배관공이 파이프를 교체하기 전에 수도를 잠그듯 심장외과의는 혈관에서 피를 빼내야 한다."

이제 소피는 마치 영안실에 누운 시체처럼 보였다. 만져 보면 차갑고, 얼굴은 잿빛인 데다, 심장이 뛰지 않고, 뇌전도상에서는 뇌활동의 징후가 전혀 읽히지 않았다. 살면서 내가 본 그 어떤 사람보다 죽음에 가까워진 모습이었다.

웨스터비는 최대한 짧은 시간 안에 수술을 끝마쳐야 한다는 압박감 속에서도 소피의 문제를 절묘한 솜씨로 바로잡았다. 그는 환자의 불완전한 심장판막을 인공판막으로 대치하고는, 알렉시 카렐이 고안한 봉합법(3장 참고)으로 혈관들을 새로운 위치에 연결하더니, 환자의 체온을 높이고 심장을 다시 뛰게 한 다음, 가슴을 닫고 수술을 마무리했다. 소피는 완치되었다.

선구자가 된다는 것

모든 수술의 결말이 행복하지는 않다. 선구적 수술의 문제는 결과가 자칫, 또한 종종 잘못될 수 있다는 점이다. 선두 주자로 나서는 일의 대가는 종종 거기서 교훈을 얻은 후발 주자의 이익으로 귀결되고는 한다. 외과의 역사는 실험적 수술을 받다가 죽은 환자들의 이야기로 점철돼 있다. 오늘날 그 같은 수술을 시도했다가는 윤리위원회조차 통과하지 못할 공산이 크다.

그렇다고 문제의 원인이 언제나 수술 팀에 있었단 얘기는 아니다. 클린트 할람의 사례를 보자. 뉴질랜드 사람인 그는 '성공적' 손 이식수술을 받은 최초의 인물이다. 수술은 1998년 9월 프랑스에서 시행되었다. 관련기사가 뉴스를 도배했을 때 느낀 감동과 일말의 불안을 나는 생생히 기억한다. 그때는 미처 몰랐다. 클린트의 이야기가 마치 그리스 비극처럼 전개되면서 내가 거기에 관여하고 집착하게 되리라는 사실을.

1998년에는 사람들 대부분이 신체 기관을 교체한다는 개념에 익숙했다. 그러니까 문제의 기관이 내부 장기일 경우에는 말이다. 이를테면 심장이나 간, 신장, 폐는 이식이 거의 당연시되는 분위기였고, 가장 큰 문제는 공급의 한계에 있었다. 확보된 장기를 이식할 대상을 선정하거나 장기를 매매하는 행위의 정당성을 따지는 일이 당시의 주된 관심사였다. 그러다 인류는 돌연 손 이식이라는 생경한 문제에 맞닥뜨렸다. 손은 겉으로 드러나는 기관이었다. 게다가 손 이식수술은 마치 일종의 '성형'처럼 여겨지기도 했다. 인간은 심장이나 폐가 없으면 목숨을 부지할 수 없고, 신장이 망가지면 삶의 질이 나빠질 수밖에 없다. 그러나 손은 다르다. 손 하나가 없어도 우리는 그럭저럭 괜찮게 살아갈 수 있다. 이식된 신체 기관을 유지하는 데는 높은 비용이 소요된다. 거부반응을 억제하는 약물은 수명을 10년 가까이 갉아먹기도 한다. 고로 사람들은 대개 손 이식수술이 도덕적으로 옳지 않다고 느꼈다.

하지만 반대의 주장도 있었다. 즉, 환자는 생물적 손을 한 개만 보유한 채로 40년을 사느니 두 개를 모두 보유한 채로 30년을 사는 쪽을 선택할 권리가 있었다. 그러나 이내 씁쓸한 현실이 앞을 가로막았다. 처음에는 클린트가 (비록 가벼운 세금 사기이긴 해도) 전과자라는 사실이 도마에 올랐다. 그러더니 이식한 손에 문제가 나타나기 시작했다. 클린트가 약의 복용을 중단하면서 팔이 거부반응을 일으킨 탓이었다.

그때 나는 BBC에서 〈슈퍼휴먼Superhuman〉이라는, 최첨단 의학과 관련된 시리즈물을 제작 중이었다. 나는 클린트와의 인터뷰를 촬영할 프로듀서를 호주 서부 퍼스로 파견했다. 이식한 손은 그야말로 흉측한 모습이었다. 인간의 손보다는 커다란 분홍색 고무장갑에 가까워 보였다. 그 손으로 할 수 있는 일이란 기껏해야 칫솔 잡기 정도였다. 그보다 정교한 작업은 불가능했다. 더욱이 클린트는 이제 그 손을 끔찍이 싫어하고 있었다. 보는 사람마다 노골적으로 혐오감을 드러낸다는 이유였다. 생각 같아서는 그 손을 제거하고 싶지만,

한편으로는 모종의 비현실적인 방법을 통해서라도 그 손을 지키고 싶다고 클린트는 말했다.

1년 뒤 나는 캘리포니아에서 런던으로 향하는 비행기 안에서 우연찮게 클린트와 만났다. 우리는 그간의 안부를 주고받았다. 그는 문제의 손을 제거하러 런던에 가는 길이라고 말했다. 이제 그 손은 단순히 나빠지는 정도가 아니라 썩고 있었다. 손은 생명력을 상실했고 꿈은 물거품이 되었다는 사실을 클린트는 마침내 받아들였다. 이튿날 그의 손은 외과의사 네이디 하킴에 의해 제거되었다.

세계 최초의 손 이식수술이 어쩌다 그렇게까지 잘못됐을까? 의문을 표하는 나에게 클린트는 자신이 모범적 환자가 아니라는 사실을 인정하는 한편, 프랑스의 내과 및 외과 의료진에 대한 불만을 털어 놓았다. 수술 이후에 닥칠 상황을 사전에 충분히 설명해 주지 않았다는 것이었다. 무엇보다 그는 이식한 손이 자신과 어울리지 않는다고 느꼈다. 그런 손을 고른 의사들이 원망스럽고 지금도 부아가 치민다고 말했다. 그 손은 너무 큰 데다 반대쪽 손과 달라도 너무 달랐다.

그럼에도 불구하고 클린트는 수술을 받은 일 자체는 후회하지 않는다고 이야기했다. 심지어 최근에는 손 이식수술을 다시 받아볼 요량으로 이런저런 이식외과의에게 소개 전화를 돌렸다고 했다. 하지만 당연히, 그를 서둘러 대기자 명단에 올리려는 움직임은 없었다.

클린트의 수술 이후로 서른 개 이상의 손이 성공적으로 이식되었다. 나는 미국 켄터키주에 있는 루이빌로 향했다. 가장 최근에 손을 이식한 환자들을 만나, 성공과 실패를 가르는 차이를 알아보기 위해서였다. 병원으로 향하는 택시 안에서 기사는 이식에 관한 자신의 견해를 들려주었다. 기사는 이식에 제한이 없어야 한다고 여겼다. 이식을 할지 말지는 당사자인 환자와 공여자, 외과의사가 결정하도록 내버려둬야 한다는 것이었다. 또한 특이하게도 그는 이식할 신체 기관이 누구의 몸에서 나왔는지가 가장 중요한 문제라고 봤다. "사형수의 기관을 이식 받고 싶지는 않으니까요. 내 몸에 나쁜 유전자가 주입되는 것만은 절대로 사양입니다."

루이빌의 유대인 병원에서 이식 팀을 이끄는, 매력적이고 지나치리만큼 활동적인 외과의사 워런 브렌덴바흐는 지금까지의 성과는 단지 시작에 불과하다고 믿는다. 종국에는 모든 신체 부위의 이식이 가능해질 거라는 얘기다.

1998년에 워런과 그의 동료들은 손 이식수술을 세계 최초로 시행할 가능성이 가장 높은 팀으로 널리 주목을 받았다. 또한 클린트도 루이빌을 찾아가 미국의 그 의료진에게 이식수술을 받겠다고 제안했었다. 하지만 같은 해 9월 23일 워런은 보다 심도 깊은 논의를 위해 클린트를 만나러 뉴욕을 찾았다가 텔레비전에서 무척 황당한 소식을 접하게 되었다. 클린트가 파리에 있을뿐더러 손 이식수술을 이미 받았다는 소식이었다. 최초라는 타이틀은 결국 프랑스인이 가져갔다. 실망했느냐고 묻는 나에게 워런은 이렇게 대답했다. "사람은 누구나 늘 리더가 되기를 원하죠. 하지만 전 우리 팀에게 누누이 강조합니다. 누가 최초인지는 중요하지 않다고. 누가 최고인지가 중요하다고."

1998년 이후로 워런은 손 이식수술을 세 차례 집도했고, 그중 가장 주목할 만한 수술은 짐작건대 세 번째 수술이었다. 2006년 11월에 그는 일군의 외과의사를 이끌고 데이비드 세비지라는 쉰네 살 환자의 오른손을 다른 사람의 손으로 대치했다. 이 수술이 남다른 이유는 데이비드가 자신의 손을 32년 전에 산업재해로 잃었다는 사실에 있었다. 그로 인해 수술이 상당히 까다로워졌다고 워런은 설명했다. "새롭고도 낯선 문제들에 직면한 겁니다. 비유하자면, 32년 동안 닫아 뒀던 집에 돌아와 샤워를 할 때와 비슷하다고 할까요? 그럴 때 수도꼭지를 틀어보면 물이 살짝 푸르르 튀기다가, 나오기도 하고 안 나오기도 하고 그렇잖아요. 이식 중인 손으로 피를 흘려보낼 때도 그랬어요. 핏물이 푸르르 튀기더군요. 하지만 결국에는 해냈지요."

수술은 기술적 측면에서 대성공이었다. 하지만 환자의 입장에서는 어떨까? 데이비드는 클린트와 달리 새 손에 정말 편안하게 적응했을까? 데이비드와 그의 아내 캐런을 처음 만나자마자 나는 데이비드의 새 손이 반대쪽 손과 무척 다르다는 사실에 적잖이 당황했다. 데이비드는 건장하고 피부가 까무잡잡한 데다 팔에 검은 털이 수북했지만, 이식한 손은 상대적으로 작고 창백하면서도 섬세했다.

죽은 누군가의 손을 달고 산다는 것이 이상하게 느껴지지 않느냐고 묻는 나에게 데이비드는 "아니오"라고 대답했다. 이식수술 이후로 그 손이 자신의 일부처럼 느껴진다는 것이었다. 이어서 나는 그 손의 원래 주인이 여자였을 가능성을 고려해 봤느냐고 물었다. 그러자 그런 생각을 해보기는 했지만 설령 그렇더라도 개의치 않는다는 대답이 돌아왔다. 이식한 손의 손톱이 반대쪽에 비해 두 배쯤 빨리 자란다는 사실에 조금 당황하긴 했지만, 데이비드가 주로 느낀 감정은 그 낯모르는 공여자의 가족에 대한 감사함이었다.

데이비드는 수술에 만족한 기색이 역력했고 미래를 낙관적으로 바라보았다. 물리치료를 받는 그의 모습을 지켜보면서 비로소 나는 그 이유를 짐작할 수 있었다. 데이비드는 사물을 잡고 물건을 들어 올리고 도구를 조작할 수 있었다. 정상적 손의 기능을 60퍼센트가량 수행할 수 있었을 뿐 아니라, 물리치료를 꾸준히 받으면 그 수치를 80퍼센트까지 끌어올릴 가능성도 다분했다.

감각을 전달하는 신경이 재생되면서 촉감도 서서히 돌아오고 있었다. 데이비드의 만족감은 대단했다. 다시 양손을 모두 쓰게 되면서 일상의 소소한 기쁨을 되찾았다고 했다. "지난 9월에 손녀 생일 파티에 갔다가 아이를 붙잡고 들어 올릴 때의 기분은 이루 말할 수 없이 환상적이었어요."

워런 브렌덴바흐가 생각하는 성공적 수술의 요건 가운데 하나는 협조적인 환자다. "외과의사만 훌륭하면 뭐합니까? 의사가 수술을 하나부터 열까지 완벽하게 해내도, 정작 환자가 집에 가서 그 손을 쓰지 않으면 결과는 형편없을 수밖에요. 물리치료와 환자의 협조도가 굉장히 중요하단 얘깁니다. 그런 면에서 데이비드는 대단히 모범적인 환자였고요."

데이비드의 사례는 그러한 수술의 유익성에 대해 내가 초기에 가졌던 회의적 태도를 돌아보게 했다. 여전히 나는 스스로가 데이비드와 같은 상황에서 이식수술을 결심하리라고는 확신하지 않는다. 하지만 그가 수술을 결심한 이유만큼은 확실히 이해할 수 있다.

자가 실험

문제의 시리즈물을 제작할 당시에 나는 스스로 실험 대상이 되어 외과 태동기의 실험들을 재현해 보면 재미있겠다고 생각했다. 첫 실험은 무난하게 거머리흡혈로 정했다. 19세기까지만 해도 외과의를 비롯한 의사들은 사혈과 거머리흡혈을 중요한 치료법으로 다뤘고, 나는 그 이유가 알고 싶었다. 수수께끼를 풀기 위해 나는 거머리 예찬자 로리 맥크리디와 만났다. 그는 다짜고짜로 내 팔에 어리고 배고픈 거머리 한 마리를 올려놓았다.

거머리는 잠시 새로운 환경에 어리둥절해 하는가 싶더니, 이내 살을 물고 피를 빨기 시작했다. 처음에는 살짝 아팠지만, 물린 상처에 거머리가 일종의 국소마취제를 주입하자 더는 감각이 느껴지지 않았다. 로리와 나는 거머리가 양껏 배를 채우고 기꺼이 팔을 놔줄 때까지 약 1시간 동안 앉아서 기다려야 했다. 식사를 마치지 않은 거머리를 섣불리 떼어 냈다가는 자칫 살 속에 녀석의 이빨이 박힐 우려가 있었다. 로리의 설명에 따르면 18세기에는 거머리를 잉글랜드 전역에서 찾을 수 있었고, 그중에서도 명당은 서머싯 카운티에 있는 글래스턴베리였다. 안타깝게도 산업공해로 거머리는 이제 씨가 마르다시피 했고, 내 팔에 붙은 녀석은 거머리 농장의 무균 환경에서 특별히 기른 것이었다.

마침내 거머리는 몸을 처음의 크기보다 네 배쯤 부풀린 상태로 팔에서 떨어졌다. 곧이어 나는 피를 흘리기 시작했다. 아니, 보다 정확하게는, 접시 위로 핏방울이 천천히 떨어지기 시작했다. 거머리가 배를 채우는 동안 피가 말라붙지 않도록 항응혈 물질을 주입해 놓은 까닭이었다. 고로 녀석이 흡혈을 멈춘 뒤에도 사람은 계속 피를 흘리게 된다. 거머리흡혈의 목적은 대략 한 컵 분량의 혈액을 몸에서 빼내는 것이다. 내 경우에 출혈은 24시간 가까이 지속되었다.

사실 나는 그 모든 경험을 놀랍도록 편안하게 느꼈다. 직접 당해 보니, 효험에 대한 외과의사와 환자의 믿음이 굳건하다면 거머리흡혈은 강력한 플라세보효과를 발휘할 가능성이 다분했다. 하지만 아쉽게도 거머리흡혈은 자칫 심각한 부작용을 일으킬 수 있었다. 외과의사 중에는 사혈 요법으로 환자의 죽음을 초래한 이들이 적지 않았다. 일례로 조지 워싱턴은 1799년 12월에 야외에서 말을 타다 감기에 걸렸는데, 의사가 반복적 사혈로 피를 3리터 가까이 뽑아내는 바람에 끝내 목숨을 잃었다. 거머리흡혈과의 인연은 그 한 마리에서 끝내기로 하고, 나는 녀석을 집으로 데려가 가족의 반려동물로 삼았다.

나의 다음 실험은 통증에 관한 것이었다. 1846년 에테르 마취제가 발견되기 이전에 외과의사들 사이에서 통용되던 통증 완화 요법들의 실효성 여부를 확인하고 싶었다. 실험을 위해 나는 펍으로 향했다.

가장 먼저 나는 스스로에게 최면을 건 다음, 손가락 사이의 피막을 바늘로 찔러 보았다. 정말 아팠다. 다음으로는 빈속에 보드카 다섯 잔을 더블로 연거푸 들이켠 뒤 손을 다시 찔러 보았다. 바늘이 들어가기 직전까지는 상당히 자신이 있었다. 하지만 이번에도 정말 아팠다. 마지막으로 나는 조금 더 과학적인 물질, 그러니까 아산화질소를 사용해 보기로 했다. 웃음가스로도 알려진 아산화질소는 1800년 이래로 대개는 흥분제로 널리 사용되었다.

상냥한 마취과의사의 도움으로 나는 수술실이라는 안전한 환경에서 아산화질소를 흡입해 볼 기회를 얻었다. 깊은 숨을 몇 차례 들이쉬자 거의 곧바로 효과가 느껴지기 시작했다. 마음이 들뜨고 행복감이 밀려들었다. 나는 황홀감에 취한 채 쓸데없는 소리를 열정적으로 지껄이고 있었다. 그렇다면 아산화질소의 통증 억제 효과는 과연 어느 정도였을까?

나의 상냥한 마취과의사는 자상하게도 팔뚝 근육을 세게 자극하는 장치를 미리 준비해 두었다. 처음 들이마신 아산화질소의 효과를 떨어내고 장치를 작동시키자, 통증과 더불어 뚜렷한 불쾌감이 느껴졌다. 이어서 마취과의사는 안전한 범위 내에서 최고 농도의 아산화질소를 내게 투여했다. 다시금 나의 정신은 단 몇 초 만에 지극히 맑은 상태에서 극도로 흥분한 상태가 되었다. 이어서 건네받은 통증 유발 장치를 나는 의욕적으로 움켜쥐었다. 다시금 나의 근육이 맹렬히 경련을 일으켰지만, 이번에는 아프기는커녕 그저 재미있기만 했다. 나는 꽤 오랫동안 행복감에 젖어 버튼을 계속 눌러 댔다. 그러나 아산화질소의 기운이 사라지자 갑자기 팔이 아파오면서 더는 재미가 느껴지지 않았다.

이 유난한 자가 실험을 통해 내가 배운 사실은 에테르와 클로로포름의 마취성이 연달아 발견되지 않았더라면 외과의 발전은 요원했으리라는 것이다. 그 외의 방법들은 복잡한 수술을 감행하게 할 정도로 강력하지도, 일관되지도, 지속적이지도, 안전하지도 않았다.

마취 효과를 시험할 목적으로 내가 시도한 방법 가운데 바늘로 손 찌르기 못지않게 불쾌한 것은 얼음처럼 차가운 물에 몸 담그기였다. 이 실험을 처음 시행한 인물은 저체온법 연구의 선구자로, 우리가 2장에서 만나볼 빌 비글로다. 비글로는 동물의 체온을 낮추면, 대사율을 늦추고 산소소비량을 줄일 수 있다고 확신했다. 또한 이 논리를 심장병 환자에게 적용하면, 외과의사의 수술 시간을 벌어 줄 수도 있다고 판단했다. 그의 이 발상을 우리 제작진은 비글로와 달리 개가 아니라 나를 대상으로 시험해 보기로 했다.

살을 에는 듯 추운 겨울 아침, 나는 햄스테드 히스 공원의 남성 전용 수영 연못을 찾았다. 수온은 빙점으로 내려가기 직전이었고, 나는 수영 반바지와 최첨단 장비로 무장한 채 그곳에 도착했다. 심박수와 혈압을 측정할 방수형 감시장치는 물론, 산소소비량을 측정할 마스크까지 장착한 상태였다.

물에 처음 들어갔을 때는 너무 고통스러운 나머지 한동안 우는소리가 절로 나왔다. 맥박과 혈압은 배가되었고, 산소소비량 또한 치솟았다. 처음 겪는 충격에 이처럼 몸은 본능적으로 반응을 보였다. 그로부터 5분쯤 지나자 맥박과 혈압은 오히려 입수 전보다 낮아졌지만, 산소소비량만큼은 여전히 정상치보다 훨씬 높았다.

비글로가 개 실험에서 확인한 현상이 내게도 나타나고 있었다. 추위가 격렬하고 불수의적인 떨림을 유발하면서 몸의 산소요구량이 증가했다. 이는 굉장히 난감한 결과였다. 저체온법이 심장 수술을 오히려 더욱 어렵게 만든다는 뜻이었으니까. 그럼에도 비글로는 끈질기게 실험을 이어갔고, 오래지 않아 몸의 떨림을 멈출 묘책을 찾아냈다. 몸의 떨림이 멈추자 산소요구량도 자연히 내려갔다. 빌 비글로의 실험은 저체온법을 사용한 수술의 모태가 되었고, 나는 그 성공적 실례를 존 래드클리프 병원의 수술실에서 목도했다.

추위나 통증, 거머리와 관련된 실험은 모두 당연히 역사적 사실에 근거한 것들이었다. 하지만 나는 비교적 최첨단의 실험도 시행해 보고 싶었다. 신경외과 촬영의 일환으로 내 뇌의 기능을 부분별로 차단한 뒤 그때그때의 기분을 확인하면 흥미로울 듯했다.

뇌가 부분별로 다른 일을 수행한다는 사실을 신경과학자들은 이미 오래전부터 알고 있었다. 또한 안전한 수술을 위해서는 정확한 뇌 지도의 작성이 중요했다(5장 참고). 이를 위해 과거의 의사들은 뇌 손상을 입은 환자를 찾아 그가 무엇을 할 수 있고 할 수 없는지를 검토한 다음, 환자가 죽을 때를 기다려 뇌를 해부하고는 했다.

오늘날의 의사들은 가령 경두개자기자극법transcranial magnetic stimulation(TMS)처럼 보다 세련된 기법들을 활용한다. TMS는 강렬한 자기장으로 뇌의 특정 부분을 겨냥해 뇌세포를 일시적으로 교란시킨다. 특정 부분의 기능을 차단했을 때 실험 지원자가 더 이상 하지 못하는 일을 파악함으로써 과학자들은 뇌의 그 부분이 평소에 하는 일을 추론해 낸다.

나는 뇌의 운동피질, 그러니까 정교한 운동을 관장하는 영역을 교란시켰을 때의 결과를 확인하고 싶었다. 고로 나는 유니버시티 칼리지 런던University College London의 조 데블린 박사를 찾아갔다. 신기한 경험이었다. 데블린이 TMS 기기를 켜자, 나는 손가락의 정교한 운동을 제어하는 능력을 완전히 상실했다. 아무리 열심히 노력해도 더 이상은 글씨를 쓸 수도, 잔에 물을 따를 수도, 손가락으로 코끝을 만질 수도 없었다. 하지만 기기를 끄자마자 모든 기능이 정상으로 돌아왔다.

이 특별한 실험을 계기로 나는 뇌의 각 부분과 몸 사이의 절묘한 조화에 우리가 얼마나 의존하는지를 고찰하게 되었다. 우리 몸이 하는 일을 우리가 진정으로 이해하는 시점은 몸이 더 이상 우리가 예측한 방식으로 작동하지 않을 때다. 몸이 생각대로 움직이지 않을 때 우리는 당연히 의사를, 결국은 외과의사를 찾아가게 된다.

천만다행으로 우리는 마취제와 항생제, 몸과 뇌의 내부를 들여다보는 기기가 갖춰진 시대를 살고 있다. 선학들의 온갖 실험과 경험은 우리의 크나큰 자산이다. 외과수술의 개척자들이 비교적 단기간에 이뤄 낸 성과들을 돌아볼 때면 나는 경외감과 더불어 깊은 고마움을 느낀다.

이 책의 토대가 된 텔레비전 시리즈물을 제작하고 조사하는 과정에서 나는 수많은 외과의사와 수술 팀을 만났다. 그들의 다채롭고 능숙하면서도 재미있고 헌신적인 모습은 내게 깊은 감명을 주었다. 또한 나는 그들의 활동상을 지켜볼 수 있었다는 사실에 크나큰 고마움을 느낀다.

나는 특히 인내심을 갖고 귀한 시간을 내준 조너선 하이드와 로버트 마스턴, 이언 허친슨, 앨리스 로버츠, 피터 버틀러에게 고마움을 전하고 싶다. 또한 여든의 나이에도 여전히 안면 재건 수술을 집도하는 캄보디아의 파울로 산토니 루히오에게도 사의를 표한다.

BBC의 제작진에게도 그들의 인내심과 통찰력, 노고에 고맙다고 말하고 싶다. 클라우디아 루이스와 케이트 시어스, 킴 실링로는 프로그램의 편집을 맡아 주었고, 에마 제이와 자일스 해리슨, 해나 립트롯, 존 홀즈워스, 세이디 홀랜드는 프로그램의 연출과 제작을 담당해 주었다. 또한 지젤 코베트와 맥스 골즈윅, 소피 거트너, 루스 레이시, 피오나 마시, 앤드류 메이어, 로라 멀홀랜드, 캐롤라인 셀런, 소피 윌러스해드릴의 지원이 없었더라면 이 모든 일의 실현은 단연코 불가능했을 것이다.

어머니는 언제나 내가 외과의사가 되기를 바랐다. 어린 시절에 나는 여느 아이들보다 많은 시간을 병원에서 보냈다. 엄마는 간호사였고, 그 덕에 우리 남매는 노퍽 앤드 노리치 병원 복도를 급기야 제집처럼 편하게 돌아다녔다. 그리고 대부분의 아이들처럼 나도 다리를 깊게 베이거나 운동장에서 부딪히거나 생선 가시를 삼키거나 하는 바람에 종종 응급실 신세를 졌다. 열 살 때는 생애 처음으로 수술을 받기도 했다.

오른쪽 눈의 사시를 교정하는 수술이었다. 우리 가족은 내 외과 주치의가 수술에 성공할 것을 믿어 의심치 않았다. 병원에 입원해 수술을 받기까지의 순간순간을 나는 아직도 대부분 기억한다. 내가 입원한 소아병동은 그 병원의 구관에 있었다. 그곳에 가려면 바닥에 석재가 깔린 길고 서늘한 복도를 지나야 했다. 군데군데 허름한 칸막이벽이 세워지긴 했지만, 병동은 건립 초기의 빅토리아풍 외양을 거의 그대로 간직하고 있었다. 높은 천장과 주철 라디에이터, 구중중한 창문이 인상적이었다.

수술실로 옮겨지기 전에 나는 진정제 주사를 맞은 채 병상에 누워 아슬아슬하게 금이 간 천장을 골똘히 바라보았다. 약기운이 온몸으로 퍼져 나갔다. 나를 실은 이동식 병상이 복도를 따라, 그리고 (환자 이송원을 기어이 달리게 만든) 오르막을 지나, 병원 신관 내 수술실로 옮겨졌다. 수술실 문밖에서 누군가 내게 열까지 세어 보라고 말했다. 어디까지 세었는지는 기억나지 않는다.

깨어나 보니 한쪽 눈에 안대가 대어져 있었다. 반대쪽 눈으로 보는 풍경은 흐릿했다. 누군가 내게 아이스크림을 가져다주었다. 사흘 만에 나는 퇴원해서 다시 학교에 다녔다. 완벽하게 성공적인 수술은 아니었다. 내 오른쪽 눈에는 여전히 흉터가 (피곤할 때면 더욱 두드러지게) 남아 있었고, 몇 년 뒤 나는 문제를 완벽히 바로잡기 위해 다른 외과의에게 일련의 추가 수술을 받아야 했다.

이렇듯 첫 수술 경험을 회상하다 보니 문득 그때 그 외과의사에 대한 우리 가족의 믿음이 잘못됐던 게 아닐까 하는 의문이 들었다. 수술을 더 잘할 수는 없었을까? 일진이 안 좋은 날이었나? 얼른 끝내고 골프 치러 갈 생각에 정신이 팔려 있었던 것은 아닐까? 수술은 위험을 동반한다. 하지만 어째서인지 우리는 외과의사가 자신이 집도하는 수술을 제대로 이해하고 성공으로 이끄는 것을 당연하게 여긴다. 하지만 심지어 오늘날에도 '몸에 칼을 대는' 일은 결코 가볍게 결정할 만한 사안이 아니다. 하물며 50년 전 혹은 150년 전이야 말해 무엇하겠는가!

이 책을 집필하며 나는 과거에 실시된 수술들을 재현하는 데 역점을 두었다. 책의 주인공은 외과의사와 그들이 수술한 환자들이다. 책에 묘사된 모든 이야기는 실화로, 당대의 기사와 기록, 사진, 영상물, 그림에 근거를 두었다. 내가 굳이 과장하거나 선정적으로 다룰 필요는 없었다. 오히려 일부 사례의 경우 독자를 배려해 이야기의 자극성을 누그러뜨려야 했다. 분명히 말하건대, 대학병원의 수술대는 피로 얼룩졌고 수술실 바로 옆에는 영안실이 있었다. 외과의사들은 피부 밑에 파라핀 왁스를 주입했고, 엄청난 양의 방사선을 조사했으며, 눈구멍에 얼음송곳을 찔러 넣었다. 게다가 이 모든 일은 의학적 진보라는 명분하에 자행되었다. 외과 역사에 존재하는 일부 끔찍하기 그지없는 사건들을 나는 되도록 정확히 설명하기 위해 최선을 다했다.

그러나 법률적 문제로 포기해야 하는 부분도 있었다. 이 책의 기반이 된 탁월한 BBC 프로그램의 제작진과 마찬가지로, 나는 그 모든 이야기의 상당 부분을 책에 담아낼 수 없었다. 결과적으로 이 책은 외과의 전반적 역사가 아니라 단편적 역사를 다루게 되었다. 비교적 중요한 사건들은 대부분 담으려고 노력했으며, 매우 충격적이고 극적이고 재미있는 사건들 또한 일부 포함시켰다. 정형외과나 부인과 등에 관련된 수술 분야 전체와 방광결석 제거술처럼 섬뜩한 초기 수술 가운데 일부는 내용에서 제외했다(차라리 모르는 편이 낫다). 각 장은 주제를 더 쉽게 이해할 수 있도록 연대가 아니라 테마에 따라 정리했다. 또한 책 말미에는 심층적 접근을 돕기 위해 참고도서들을 따로 정리해 두었다. 텔레비전 프로그램에서 다룬 내용 가운데 책에 나오지 않는 부분은 오직 진행자 마이클 모슬리가 출연한 장면들뿐이다.

아는 사람은 알겠지만, 나는 외과의사가 되지 않았다. 내게는 저널리즘이 훨씬 쉽고 (비록 수익성은 떨어질지라도) 유망한 직종이었다.

그럼에도 의학, 특히 외과는 오랜 세월 동안 내 마음을 사로잡았다. 어린 시절 내가 좋아한 텔레비전 프로그램 〈생명의 주관자들Your Life in Their Hands〉에서는 외과의사들의 실제 수술 장면을 보여 주었고, 런던에 있는 옛날 수술실 박물관The Old Operating Theatre은 내가 좋아하는 장소 가운데 하나다(335쪽 참고).

이렇듯 관련 주제에 심취해 있는 나조차도 특정 사건들에 대해서만큼은 글로 옮기는 데 어려움을 느꼈다. 예컨대 부상당한 육군 병사나 항공병 들의 기사와 사진을 볼 때는 참담한 마음을 금할 길이 없었다. 누구보다 용감했던 그 군인들에게 부디 내 글이 누가 되지 않기를 바랄 뿐이다. 또한 교차순환법이라든가 엽절단술, 뇌 이식 장치를 비롯해 수년에 걸쳐 발전해 온 제법 논쟁적인 몇몇 외과적 처치에 대해서도 내가 올바르게 설명했기를 바란다. 장담하건대 독자 여러분도 이 책의 이야기에서 좀처럼 눈을 떼기 어려울 것이다.

책이 나오기까지 나는 아내 수전에게 크나큰 도움을 받았다. 예리한 편집자이자 건설적인 비평가로서 길고 고된 여정을 함께해 준 그에게 고마움을 전한다. 어머니 페넬로페에게도 감사하다. 오랜 세월 간호사로 재직한 어머니는 내게 한 무더기의 책을 빌려주었을 뿐 아니라 1장의 집필에도 도움을 주었다. 가족 이야기를 하자면 아들 매슈도 빼놓을 수 없다. 나와 함께 옛날 수술실 박물관을 방문했을 때 아이는 놀라운 인내력을 발휘해 주었다. ("이게 그거예요, 아빠?" "맞아, 정말 멋지지 않니?" 긴 침묵. "이제 피자 먹으러 가도 돼요?") 아버지 피터도 빠뜨리면 섭섭하다. 아버지는 홀링엄 가문에서 가장 최근에 수술을 받았다.

BBC 프로그램 제작진의 노력과 지대한 도움이 없었더라면 이 책은 결코 세상에 나오지 못했을 것이다(그들의 이름은 서문에서 소개되었다). 초기 조사의 대부분이 그들의 손으로 진행되었고, 덕분에 당연하게도 훌륭한 텔레비전 프로그램이 만들어졌다.

내가 사실관계를 분명히 파악할 수 있도록 도와준 이들에게도 사의를 전한다. 우선 유니버시티 칼리지 런던의 비비언 너튼과 잉글랜드 왕립외과대학의 앨리슨 쿡, 조너선 하이드, 그리고 앨리슨의 강요에 못 이겨 원고를 읽어 준 다른 여러 외과의들에게 감사한다. 왕립외과대학 소속의 또 다른 조력자 사이먼 채플린은 헌터에 관한 내용을 바로잡아 주었다. 영국 공군 박물관 소속의 피터 엘리엇은 스핏파이어 전투기 및 웰링턴 폭격기와 관련하여 도움을 주었고, 유니버시티 칼리지 런던 소속의 스티븐 라이트는 리스턴의 병원 도면을 제공했으며, 스튜어트 카터가 들려준 이야기는 5장의 소재가 되었다. 끝으로 BBC 북스의 마틴 레드펀과 크리스토퍼 팅커에게도 격려와 지원에 고마움을 전하고 싶다.

1장

피비린 서막

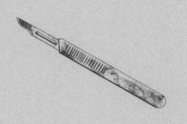

수술하는 날

1842년 5월, 런던 유니버시티 칼리지 병원

수술실의 위치는 영안실 바로 옆, 그러니까 병원의 중심부였다. 공공장소와는 두꺼운 벽들과 긴 복도로 분리돼 있었다. 이러한 배치는 크게 두 가지 면에서 유용했다. 첫째로는 행인들을 비명으로부터 보호하는 데 도움이 되었고, 둘째로는 영안실과 가까워 외과의들이, 종종 같은 환자를 대상으로, 수술을 하다 검시를 해야 할 경우 이동이 수월했다.

수술이 있는 날이면 대부분의 사람들은 병원 지구를 되도록 피해 다녔고, 의료진은 비명이 미치는 거리에서 모든 사람을 떼어 놓으려고 최선을 다했다. 정신 건강에 좋지 않았을뿐더러, 외과 병동에서 곧 있을 자신의 수술을 기다리는 환자들에게는 더더욱 그러했다.

수술실의 가파르게 경사진 반원형 목재 관람석은 그날 아침에 비질해 놓았다. 높고 때 묻은 창문을 용케도 뚫고 들어온 몇 줄기 햇빛 속에서 먼지가 춤추듯 떠다니고 있었다. 벽난로에서 타는 석탄불이 연기를 피워 올렸다. 방의 한가운데, 외과의가 솜씨를 펼쳐 보일 수술대 위쪽 천장에는 가스등이 사슬로 매달려 있었다.

싸구려 소나무 널빤지로 제작된 수술대는 투박한 작업대를 연상시켰다. 수술대는 높고도 좁았다. 환자의 머리가 놓일 부분에는 쐐기모양의 나무토막을 잇대었고, 두꺼운 철제 받침대는 바닥에 볼트로 단단히 고정돼 있었다. 거칠거칠한 나무 표면은 곳곳에 깊은 홈이 파인 채 환자들의 응고된 피와 때 묻은 담요로 인해 거무스름하게 얼룩져 있었다. 수술대 아래의 상자에는 그날 아침 갓 나온 톱밥이 담겨 있었지만, 상자 옆면에는 여전히 앞선 수술에서 사용한 톱밥이 마치 경화된 갈색 퍼티처럼 들러붙어 있었다.

수술을 보조할, 병원에서 '드레서dresser'라고 불리는 외과의가 두꺼운 모포를 수술대에 깔았다. 그사이 그의 동료는 외과 기구 케이스를 가져왔다. 두 사람 다 수련이 끝나가는 시기였고, 이미 수십 차례의 수술을 보조한 경험자였지만, 둘 중 누구도 수술에 익숙해졌다고는 말할 수 없었다. 드레서가 짙은 벨벳으로 안을 덧댄 케이스에서 신중하게 기구들을 꺼내어, 바로 옆 소형 캐비닛에 놓인 트레이에 순서별로 정연하게 펼쳐 놓았다. 혹시라도 순서가 틀렸다가는 지독한 곤경에 처하리라는 사실을 그는 알고 있었다. 그는 만일에 대비해 공책을 확인했다.

수술 기구

- 예리하고 뾰족한 칼날에 돋을새김한 흑단 손잡이가 달린 12인치 길이의 경화 강철제 직선형 칼 두 자루.
- 이가 날카롭고 손잡이가 충분히 튼튼한 데다, 짧고 연마된 톱 한 자루.
- 겸자 일습.
- 각종 거즈.

- 실을 꿴 혈관 봉합용 바늘 여러 개.
- 울퉁불퉁한 뼛조각을 다듬는 용도의 짧은 플라이어 또는 니퍼.

드레서가 천으로 기구들을 덮었다. 우묵한 그릇에 담긴 물은 외과의가 수술이 끝나고 다음 수술로 넘어가기에 앞서 손에 묻은 피를 씻어 내는 용도였다.

이윽고 모든 준비가 완료되었다. 첫 수술은 정오로 잡혔다.

외과의 남자 입원실에서는 환자가 잘 먹고 안정을 취한 상태로 결연히 수술을 기다리고 있었다. 창자는 관장기를 사용해 그날 아침에 미리 비워 놓았다. (진료 기록에 따르면, 환자는 내용물을 말끔히 쏟아 냈고) 배출물은 "양이 어마어마한 데다 첫눈에 질이 나빠 보였다." 그를 수술실로 데려갈 환자 이송원 두 명이 도착했다.

그들은 환자를 병상에서 내려 들것에 눕힐 준비를 했다. 상태가 위중해 보였다. 그 가여운 남자의 아랫다리는 곪아 가고 있었다. 열린 상처에서 끈적한 액체가 흘러나왔다. 부러진 뼈의 뾰족한 끝이 종아리 피부를 뚫고 나온 부위에서 피고름이 스며 나오는 것이었다. 환자 이송원들이 몸을 최대한 뒤로 뺐다. 부패한 조직은 마치 썩은 고기처럼 몹시 고약한 냄새를 풍겼다. 수술을 받지 않으면 환자는 사망할 것이 자명했다. 그와 같은 복합골절의 유일한 치료법은 절단술뿐이었고, 감염이 눈에 보일 만큼 빠르게 다리를 타고 올라가는 탓에, 의료진은 남자의 다리를 허벅지에서 잘라 내기로 결정했다.

환자는 그레이트 노던 철도에서 플랫폼과 달리는 기차 사이로 미끄러지는 바람에 그 같은 부상을 입었다. 불행 중 다행으로, 그

열차의 종점인 킹스크로스역에서 겨우 몇 백 미터 떨어진 곳에 유니버시티 칼리지 병원이 있었다. 이는 곧 그가 영국 최고의 외과의사 로버트 리스턴Robert Liston에게 수술을 받게 된다는 뜻이었다. 리스턴은 해당 대학병원의 수석 외과의이자 임상외과 교수로 갓 임명된 상태였다. 최신 외과학 교과서의 저자이기도 한 그는 명실상부당대 일류의 외과의사였다.

리스턴이 문으로 걸어 들어오자 수술실에 침묵이 내려앉았다. 그의 학생들은 대부분 (그리고 의료진의 상당수는) 리스턴을 무서워했다. 하지만 리스턴은 실력이 뛰어났고 그의 수술실은 언제나 참관자로 북적였다. 외과를 배워야 하는 재학생은 물론이고, 경쟁 관계의 외과의사에 시찰 나온 고위 관리까지 참석하는 경우도 다반사였다. 대영제국 최고의 최신 외과수술을 직접 확인할 기회를 그들은 놓치고 싶지 않았다.

리스턴은 188센티미터쯤 되는 키에, 위압적이고 자신감이 넘치는 인물이었다. 그가 프록코트를 벗어 걸고 못에 걸려 있던 에이프런을 두른 다음 소매를 걷었다. "여러분, 안녕하십니까?" 어느덧 수술실을 가득 메운 청중에게 리스턴이 인사를 건넸다. "오늘 선보일 수술은 일반적 방식의 허벅지 절단술입니다."

이 말은 곧 환자를 들여보내라는 신호였다. 예의 두 이송원이 최대한 조심스럽게 환자를 들어 수술대에 올렸다. 환자가 얼굴을 찌푸렸다. 마치 교수대로 끌려가는 사형수가 된 심정이었다. 수술실을 재빨리 둘러보았다. 심장이 방망이질을 쳤다. 환자의 극한 공포를 누그러뜨리는 것이라고는 움직일 때마다 다리에서 느껴지는 극심한 통증뿐이었다. 거기에 끈질긴 둔통까지 더해져 속이 메슥거렸다. 토하고 싶었지만 나오는 것은 괜한 헛구역질뿐이었다.

리스턴은 외과를 필생의 업으로 삼았고, 외과적 처치로 환자들의 목숨을 구할 수 있다는 사실을 알았지만, 적수들 눈에 오만하고 냉담하게 비쳤다는 그에게도 수술은 최후의 수단이었다. 또한 그는 환자의 느낌과 두려움을 학생들에게 이해시키기 위해 갖은 노력을 기울였다. "이런 수술은 단호하게 시작해서 신속하게 끝내야" 한다고, "그래야 심각한 출혈을 막을 수 있다고" 리스턴은 학생들에게 말했다. "수술을 집도하려면 반드시 깊은 숙고를 거쳐야" 했다. 요컨대 수술의 핵심은 속도였다.

환자 이송원들이 문을 닫고 팔짱을 낀 채 입구를 막아섰다. 알려지기로는 환자가 도망칠 경우에 대비하기 위해서였다. 하지만 이 환자는 그저 신음하며 희미하게 뭔가를 웅얼거릴 뿐이었다. 모르긴 해도 기도문일 공산이 컸다. 수술을 앞둔 환자들은 대부분 기도를 했다. 놀라울 정도로 많은 사람이 수술실에서 종교를 찾았고, 수술 받지 않으면 죽는다는 사실을 빤히 알면서도 다시 병실로 데려가 달라고 빌거나 애원하는 환자도 수두룩했다. 반면에 침착하게 수술대에 누워 있는 사람들도 있었다. 마치 어떤 내면의 힘이 그들의 정신을 떠받치는 듯했다. 그리고 리스턴이 생각하기에 가장 차분한 쪽은 대체로 여자들이었다.

드레서가 환자의 허벅다리 주위에 '프티식 개량 지혈대Petit's Improved tourniquet'를 감더니 작은 클램프에 꿰어 끌어당겼다. 압박 띠의 쐐기형 돌출부가 동맥 위치에 놓였다. 하지만 아직 조이지는 않았다. 그 장비의 목적은 수술 중에 실혈을 방지하는 것이었다. 지혈대가 없으면 환자는 5분도 채 지나기 전에 몸속의 피를 모조리 쏟아 버릴 게 틀림없었다. 지혈대를 올바르게 사용하는 데는 적당한 기술이 필요했다. 너무 빨리 조이면 윗다리에 피가 차서 부어오르기 십상이었고, 너무 늦게 조이면 자칫 환자가 출혈로 사망할 수 있었다.

리스턴은 지혈대의 어설픈 사용으로 인한 참사를 왕왕 목격한 바 있었고, 강의 시간에 그에 관한 이야기를 기꺼이 들려주곤 했다. "그야말로 엄청난 소동이 벌어집니다. 상황을 모르고 보면, 꽤나 우스꽝스러울 거예요. 출혈을 멈추기 위해 수술 보조자 두 명이 수술대에 올라가 온 힘으로 사타구니를 압박하는 광경이라니." 이렇게 말하면서도 리스턴은 그 사태를 일으킨 외과의사의 정체를 밝히지 않는 관대함을 보였지만, 암암리에 실수에 대한 자신의 결벽을 사람들에게 일깨우고 있었다. 애석하게도 그 환자의 운명에 대한 기록은 남아 있지 않다.

리스턴이 집도하는 수술이니만큼 오늘은 그 같은 실수가 나오지 않을 터였다. 드레서가 주머니에서 손수건을 꺼내더니 환자의 성한 다리를 수술대에 묶었다. 수술칼이 닿는 위치에서 최대한 멀리 떨어뜨려 놓기 위해서였다. 다른 두 보조자는 환자가 몸부림칠 경우를 대비해 양 어깨와 팔을 단단히 붙들었다. 환자의 입 근처로는 되도록 손을 가져가지 않았다. 환자는 꿈틀댈지언정 움직일 수 없었고, 소리칠지언정 물 수는 없었다. 그의 시선이 잠시 기구들에 머물렀다가 천장으로 향했다. 그리고 마지막으로, 그의 운명을 목도할 참관자들에 가닿았다.

리스턴이 관람석에 있던 한 젊은 학생을 몸짓으로 불러냈다. 곧 제거될 다리를 받쳐 줄 사람이 필요했다. 긴장한 학생은 혹시라도 자신의 손이 미끄러지거나 환자의 다리가 구부러졌다가는, 뼈가 톱으로 깨끗이 잘리는 대신 뚝 부러질 테고 이내 리스턴의 분노와 독설이 자신을 향하리라는 걸 잘 알고 있었다. 더불어 그는 리스턴의 손이 떨리지 않기를 마음속으로 빌었다.

리스턴이 왼손으로 환자의 허벅다리를 단단히 잡았다. 오른손으로는 좋아하는 수술칼을 집어 들었다. 칼에 표시된 일련의 홈들은, 수술을 해치울 때마다 하나씩 새겨둔 것이었다. 명멸하는 가스등 불빛에 칼날이 번득였다. 리스턴이 관람석으로 고개를 돌렸다. 참관자 모두 하나같이 난간 너머로 상체를 내민 채 그의 움직임을 주시하고 있었다. "자, 지금부터 시간을 좀 재 주시겠습니까?" 리스턴의 수술에 익숙한 이들은 이미 회중시계를 챙겨 온 참이었다.

리스턴이 단칼에 살을 자르자, 곧바로 드레서가 지혈대 나사를 죄었다. 맥박에 맞춰 핏줄기가 분출되는 사태를 막기 위해서였다. 이어서 리스턴은 수술칼을 뼈에 닿도록 밀어 넣은 다음 피부와 근육조직을 다리 둘레로 재빨리 절개하되, 칼날이 다리의 옆을 지날 때는 둔부 쪽으로, 위아래를 지날 때는 무릎 쪽으로 치우치게 함으로써 허벅다리 앞뒤로 두 개의 U자형 피판을 형성했다. 환자의 울부짖음에서는 일말의 연극적 요소도 감지되지 않았다. 그것은 다만 공포가 빚어낸 오싹하고 섬뜩한 비명이었다. 이제 그는 흐느끼고 있었다. 버둥거리고 가냘프게 신음하며 훌쩍이고 있었다.

리스턴이 수술칼을 트레이에 던져 넣고 톱을 집어 들었다. 수술 보조자는 절개부에 손을 밀어 넣었다. 손끝에 뼈가 닿자 그는 환자의 피부와 근육, 신경, 지방 덩어리를 둔부 쪽으로 끌어당겨 최대한 많은 뼈를 노출시켰다. 이어 리스턴이 그 노출된 뼈를 왼손으로 붙잡고 오른손으로 톱질을 시작했다. 뼈를 자르는 손놀림이 신속하면서도 정확했다.

다리를 받치던 학생은 너무 집중한 나머지 환자의 잘린 다리를 여태 혼자 붙들고 있다는 사실을 거의 의식하지 못했다. 그러다 문득 몸서리치며 아래를 보더니 발을 뻗어 톱밥 상자를 가까이 옮겨 온 다음 절단된 다리를 그 안에 떨구었다. 쿵 소리와 함께 핏빛 톱밥이 먼지구름처럼 피어올랐다.

톱이 바닥에 떨어졌다. 여전히 수술 보조자는 절단부의 살을 당기느라 여념이 없었다. 리스턴이 허벅다리 안쪽을 향해 바싹 몸을 구부렸다. 주요 동맥인 넙다리동맥(대퇴동맥)을 찾기 위해서였다. 리스턴이 피투성이가 된 손으로 바늘과 실을 집어 드는 사이 절단부에서는 체액이 질금질금 흘러나왔다. 그는 문제의 동맥을 찾아 옭매듭reef knot으로 묶었다. 나중에 그가 학생들에게 한 말을 빌리면, "훌륭하고 정직하면서도 지독히 팽팽하고 단단한 매듭"이었다. 이어서 리스턴은 비교적 작은 혈관들을 찾아낸 다음 끝을 모아 동여 맸다. 중간에 한번은 실을 입에 물기도 했는데, 매듭이 정말 팽팽한지 확인하기 위해서였다.

리스턴이 드레서에게 지혈대를 풀라고 외쳤다. 핏줄기가 모포의 구불구불한 골을 따라 천천히 흐르다 바닥에 떨어져 한곳에 고였다. 그러나 생명을 위협할 정도로 많은 피가 고이지는 않았다. 수술 보조자가 살을 젖히고 있던 손을 떼자 연조직이 튕기며 다시금 뼈를 감쌌다. 예의 두 U자형 피판이 절단부 위로 끌어당겨졌다. 맞붙인 두 피판 사이로 응고된 피가 얇은 선을 그렸다.

수술은 종료되었다. 처음 칼을 댄 순간부터 봉합을 마치기까지,

모든 과정에 걸린 시간은 단 30초에 불과했다. 그리고 이 30초는 비범한 손재주와 번뜩이는 칼날, 민첩한 움직임, 빛나는 쇼맨십이 어우러진 시간이었다. 또한 그 30초는 이루 말할 수 없는 고통의 시간이기도 했다. 환자들은 그 고통을 묘사하기에 적당한 낱말을 떠올리기조차 힘들어 했다. 그 30초의 기억은 이후로 평생 동안 그들의 영혼을 괴롭힐 것이었다. 단, 그들이 살아남는다는 전제하에서.

다행히, 로버트 리스턴이 수술한 환자의 사망률은 눈에 띄게 낮았다. 1835년에서 1840년 사이에 그는 66건의 절단술을 시행했다. 그중 10명의 환자가 사망했으니, 사망률은 대략 6명당 1명꼴이었다. 1.6킬로미터 남짓 떨어진 성 바르톨로메오 병원St Bartholomew's Hospital에서는 외과의가 수술한 환자 가운데 4분의 1가량이 영안실, 그러니까 '시체안치소'로 보내어지는 실정이었다. 그곳에서 검시는 그저 흔하디흔한 일상이었다.

외과의사의 다수가 후원, 아니면 더 흔하게는 친족관계를 발판으로 임명되던 당시의 관행을 고려할 때, 이름 높은 병원들조차 대개는 외과적 무능에서 자유로울 수 없었다. 런던 남부에 위치한 가이즈 병원Guy's Hospital의 외과의사 윌리엄 루커스William Lucas는 모두의 안전을 위해 거의 모든 수술에서 배제되었다. 한번은 허벅지 절단술을 하다가 U자형 피판을 엉뚱한 모양으로, 그러니까 절단한 다리의 남은 부분이 아니라 잘라 낸 부분을 덮도록 형성한 적도 있었다. 그는 수술을 망쳐 놓기로 악명이 높았다. 항간에서는 가이즈 병원의 젊은 드레서 존 키츠John Keats가 외과의사의 길을 포기하고 시인이 된 이유를 거기서 찾기도 했다.

시골에서는 지역 내과의가 수술을 집도하는 걸 당연시하는 분위기였다. 당대의 의학 문헌을 들춰 보면 그들이 시도한 외과수술과 결과에 관한 이야기를 어렵지 않게 만날 수 있다. 대표적으로는 골웨이의 내과의사 마틴 에반스Martin A. Evans에 관한 기록이 있다. 1834년 의학지 《랜싯Lancet》에 실린 그의 증례 보고를 보자. 환자는, 쓰러지는 재목에 다리가 으스러진 마흔다섯 살의 마틴 코놀리였다. 에반스는 절단술만이 유일한 희망이라며 환자를 설득해 수술을 단행했지만, 정작 수술의 세세한 과정은 "조력 없이 원형 절개circular incision를 통해 실시"되었다는 내용 외에는 달리 기술하지 않았다. 수술은 "통상적인 방법으로" 시행되었다지만, 리스턴의 수술만큼 신속하고 효율적이었을 가능성은 굉장히 희박했다.

다리를 잘라 내자마자 코놀리는 기분이 나아지고 기운도 제법 되찾았지만, 이내 현기증을 느끼더니 기력이 점차 쇠해졌다. 결국 "그는 사망했다. 수술 과정을 통틀어 흘린 피가 120밀리리터도 채 되지 않았는데" 말이다. 에반스는 이 죽음의 원인을 잘못된 수술에 따른 심각한 내출혈이 아니라 환자에게서 찾았다. "그는 강건한 남자였지만 결과를 두려워했고, 그의 갑작스런 죽음을 야기할 만한 원인은 그것뿐이라고" 에반스는 판단했다.

환자가 두려워하는 데는 다 그럴 만한 이유가 있었다. 현명하게도 리스턴은 대체로 건강한 체질의 젊고 튼튼한 성인들을 수술했고, 장시간의 수술을 잔인하다고 여겼다. 수술을 신속하게 진행하는 덕분에 실혈을 최소화하고 질병의 위험을 낮출 수 있었다. 또한 리스턴은 상처의 청결을 중요시했다. 피부를 봉합한 뒤에는 찬물에 담근 린트 붕대로 상처를 감았다(참고로 봉합suture은 갈라진 상처나 수술을 위해 절단한 부위를 꿰매 붙인다는 뜻으로, 같은 뜻의 라틴어에서 유래했다). 상처가 곪았을 때는 붕대를 자주 교체하는 한편, 온습포를 적용해 부종을 완화하고 '배농을 유도'해야 했다.

일부 경쟁자들과 달리 리스턴은 불결한 붕대나 띠의 사용을 눈감아 주지 않았다. 그런 것들은 "부패와 발효, 악취, 불결"을 부추길 뿐이라고 그는 입버릇처럼 말하곤 했다. 피가 묻었다 굳어 뻣뻣해진 붕대나 헝겊을 재사용하는 일이 당시에는 드물지 않았다. 한 외과의사는 편의상 "석고붕대"를 서랍에 떡하니 넣어 두고는 수년에 걸쳐 환자에게서 환자에게로 물려 쓰기도 했다. 그런 의사들의 논리는 간단했다. 굳이 재료를 낭비할 이유가 없지 않은가?

또한 리스턴은 수술 전에 의식적으로 손을 씻고 깨끗한 에이프런을 둘렀다. 아니면 적어도 하루를 시작할 때만큼은 말끔한 모습을 보였다. 다른 외과의들은 수년 동안 같은 프록코트를 걸친 채 수술에 임하면서도 이를 오히려 자랑스럽게 여겼다. 세월이 지나며 딱딱하게 엉겨 붙은 피와 고름의 흔적을 사람들은 경외의 눈빛으로 바라보았다. 사회에서 외과의사는 존경의 대상이었고, 내과의사와도 거의 동등한 지위를 누렸다.

리스턴을 비롯한 당대의 여느 외과의들은 사람을 살린다는 자부심을 가질 자격이 그런대로 충분했다. 그들은 해부학에 빠삭했고, 모든 뼈와 근육, 신체 기관의 이름과 위치를 제법 확실히 알고 있었다. 또한 각 기관의 역할을 근본적 메커니즘까지 전부 이해하지는 못해도 대략적으로는 파악하고 있었다. 무엇보다 리스턴 세대의 외과의들은 환자가 수술대에서 출혈 과다로 인해 사망하지 않도록 기술과 손재주를 발전시켰다.

수술의 시행 여부는 환자가 통증을 견딜 수 있을지 없을지를 기준으로 결정했다. 와중에 일부는 통증을 성공적 수술의 전제 조건으로 여기기도 했다. 통증이 신체의 자연적 회복을 촉진한다는 것이었다. 그 논리대로라면 골웨이의 환자는 통증이 부족해서 사망했는지도 몰랐다. 어쨌든 대부분의 수술은 기본 절단술처럼 1분 안에 끝나지 않았다. 그보다 훨씬 더 긴 시간을 필요로 했다. 리스턴은 특히 몇몇 수술을 지나치게 잔인하다고 여겼다. 이를테면 유방절제술은 가슴을 몇 분에 걸쳐 서서히 "최대한 신중하고 주의 깊게" 잘라 내는 수술이었다.

또한 당시에는 감염에 대한 이해가 전무했다. 다시 말해 감염이 무엇이고 어떻게 퍼지며 어떻게 예방되는지에 대한 개념 자체가 없었다. 그나마 리스턴은 깨끗한 에이프런을 두른 채, 제법 깨끗한 손으로, 비교적 깨끗한 기구와 붕대를 사용해 가며 수술에 임했지만, 이는 전적으로 그의 위생 관념과 상식에서 비롯된 행동일 뿐 특정 질병이나 질병 관리 이론에 근거한 조치는 아니었다.

그는 수술 속도가 빠르기로 정평이 나 있었다. 종양 및 혹 제거술은 물론이고 재건술(239쪽 참고)을 집도할 때도 예외가 아니었다. 하지만 그런 리스턴도 때로는 오만으로 인해 과실을 범하곤 했다. (확실히 외과의사의 오만은 외과의 역사를 관통하는 주제이긴 하다.)

그를 시기하는 경쟁자들은 리스턴이 속도에 집착하다 그만 환자의 음경을 절단한 적이 있다며 수군거렸다. 한번은 목이 부은 어린 소년을 수술하다가, 종양이 목동맥과 연결돼 있다는 하급 외과의의 진단을 무시한 채 수술칼을 종양 깊숙이 밀어 넣었는데, 안타깝게도 하급 외과의가 옳았던 것으로 밝혀지면서 소년이 몇 분 만에 사망하는 사건도 있었다.

하지만 제자들을 가장 경악하게 만든 사고는 따로 있었다. 리스턴이 절단술을 하다 그만 수술 보조자의 손가락들을 싹둑 잘라 버린 것이었다. 결과는 참담했다. 환자는 감염으로 인해 사망했고, 문제의 수술 보조자 또한 같은 이유로 사망했으며, 참관자 한 명도 충격으로 인해 목숨을 잃었다. 외과 역사상 유일하게 사망률 300퍼센트를 기록한 수술이었다.

리스턴의 수술은 부산하고 유혈이 낭자하며 충격적인 데다 때때로 실패했지만, 그는 명실상부 당대 최고의 외과의였다. 그의 환자들은 끔찍한 고통에 시달렸지만, 상당수가 살아서 병원을 나왔다. 이 걸출한 외과의가 상대적으로 성공을 거둔 배경에는 무려 2,000년에 걸쳐 외과가 이룩해 온 발전이 있었다. 또한 외과의 그 길고 복잡한 역사의 전환점에는 시신이 훼손된 범죄자들과 부상당한 군인들, 로마의 유명 인사들이 있었다.

몸속

기원후 157년, 로마의 소아시아 속주 페르가몬(오늘날 튀르키예의 서부)

검투사의 경기는 로마 오락의 정점이요, 기술과 흥분과 유혈극이 어우러진 화려한 볼거리였다. 경기일은 축제일이나 진배없었고, 원형극장은 기대에 부푼 채 즐기러 온 군중들로 발 디딜 틈이 없었다.

그날의 막을 여는 주인공은 표범이나 야생마, 성난 곰처럼 머나먼 타지에서 들여온 이국적 동물들이었다. 사람들은 짐승들을 막대기로 찌르며 모의 사냥을 벌였다. 몇 마리는 죽임을 당했지만, 다른 몇 마리는 살아남아 사형집행인의 임무를 부여 받았다. 으르렁대는 군중들 앞에서 지역 범죄자들은 말뚝에 묶인 채 몸이 갈기갈기 찢겨 나갔다. 슬슬 검투사들이 등장할 시간이었다. 구경꾼들의 함성에 검투사들은 손을 흔들어 화답했다. 그들은 우상이자 유명인사였다. 아름답고 탄탄한 몸은 남자들의 경탄과 여자들의 흠모를 불러일으켰다.

검투사들은 2인 1조로 결투를 벌였다. 무거운 갑옷을 두른 전사는 그물과 삼지창을 가진 민첩한 상대와 대치했고, 검을 가진 투사는 창과 단검을 가진 투사와 맞붙었다. 관중 앞에서 펼쳐지는 이벤트였지만, 싸움은 실제로 지독히 잔인했고 그만큼 스릴이 있었다. 장정들은 승리를 위해 싸우며 서로 상처를 입고 입혔다. 그들은 훈련 받은 대로 목의 동맥과 무릎 뒤를 겨누었다. 죽도록 싸워야 했지만, 정작 상대를 죽일 권한은 없었다. 검투사의 생사여탈권은 오롯이 후원자의 몫이었다. 오직 그 사람만이 승리자가 최후의 치명적 일격을 가할지 말지를 결정할 수 있었다. 후원자의 입장에서 보자면, 너무 많은 검투사를 죽게 할 수는 없었다. 그건 마치 연극을 상연할 때마다 배우의 반을 죽이는 꼴이나 마찬가지였고, 그러기에는 대신할 사람을 고용할 여력이 충분하지 않았다.

로마 사회 내에서 검투사의 계급은 바닥에 가까웠다. 노예인데다, 천한 직군에 속해 있었다. 배우는 물론이고 창녀와도 비슷한 지위였다. 그러나 자유롭지 않고 명백히 낮은 신분에도 불구하고 검투사는 명실공히 엘리트 스포츠맨과 같은 대우를 받았다. 그들은 철저한 훈련을 실시하는 와중에 고열량의 식사와 최상급 의료 서비스를 제공받았다. 페르가몬을 비롯한 제국의 주요 도시에서 검투사를 치료하는 의사는 직업적 명망이 높았다. 유명한 검투사에게는 유명한 전담 외과의가 필요했다. 클라우디오스 갈레노스Claudios Galenos*처럼 공명심에 불타는 쇼맨에게는 그야말로 완벽한 자리였다.

갈레노스는 의술의 신 아스클레피오스를 섬기며, 우수한 의사들과 함께 의학을 공부했다. 하지만 그를 외과의사로 만든 결정적 요인은 그것이 아니었다. 그는 주목받는 방법을 알고 있었다. 갈레노스는 검투사 주치의가 되기 위해 면접을 보는 자리에 원숭이를 한 마리 데려갔다. 이어서 그는 원숭이의 배를 갈랐다가 다시 봉합하더니, 이렇게 물었다. "저 말고 이 일을 할 수 있는 사람이 또 있습니까?" 그는 합격했고, 원숭이도 살아남으면서 기쁨은 배가되었다.

검투사 주치의로서 갈레노스는 근육 파열처럼 가벼운 스포츠 외상부터 심각한 전상戰傷에 이르기까지 모든 부상의 치료법을 익히고자 했다. 시합의 생존자들이 경기장에서 빠져나올 때를 기다렸다가 갈레노스는 뼈를 맞추거나 다리를 절단했다. 그는 피를 멈추고 투사들의 건강을 회복하는 데 전문가가 되었다. 초창기 외상 외과의사로서 그는 인체 내부의 작동 방식을 연구하기에 완벽한 위치를 점하고 있었다. 패배한 검투사의 복부 상처에서 장기가 쏟아져 나오면, 갈레노스는 그 기회를 틈타 소화기 계통을 살펴보았다.

---

* 갈레노스의 진짜 이름은 확실치 않다. 대부분의 참고 문헌에서는 '클라우디오스'라는 이름을 사용하지만, 일부 역사가들은 아일리우스Aelius나 율리우스Julius일 가능성이 더 높다고 주장한다.

절단술은 뼈와 근육은 물론이고 둘을 연결하는 조직 띠인 힘줄의 구조까지 들여다볼 절호의 기회였다. 그는 맥박이 뛰는 원리와 일부 혈액은 색이 밝다는 사실을 알아냈다. 훗날 갈레노스는 자신에게 치료 받다 사망한 검투사는 한 명도 없다고 주장했지만, 그들이 건장한 청년이었다는 점을 감안하더라도 이는 믿기 어려운 이야기다. 어쨌든 갈레노스는 의사로서 신화를 구축하고 평판을 유지해 나갔다.

갈레노스는 출세에 발맞춰 동물해부학으로 연구 영역을 넓혔고, 비단 죽은 동물뿐 아니라 산 동물도 제법 자주 실험대에 올랐다. 그는 공공 강연을 주최하여 대중이 보는 앞에서 동물의 몸을 갈라 보이곤 했다. 실험의 주된 대상은 돼지였다. 갈레노스는 돼지가 인간과 가장 유사하다고 생각했다. 그는 특히 살아 있는 돼지의 목을 지나는 신경들을 절단해 보이기를 즐겼다. 그가 신경들을 하나하나 자를 때마다 돼지의 꿈틀대던 몸은 차근차근 마비돼 갔다. 처음에는 뒷다리를 움직이지 못하다가 이내 앞다리가 얌전해지는 식이었다. 갈레노스가 마지막 칼질을 가하면 돼지는 기어이 구슬픈 울음마저 멈추고는 했다.

당대를 풍미한 유명 외과의답게 갈레노스는 결국 마르쿠스 아우렐리우스 황제의 주치의 자리에 올랐다. 하지만 그의 궁극적 포부는 '의학의 아버지'라 불리는 그리스의 히포크라테스 못지않게 유명해지는 것이었다. 갈레노스는 인체가 기능하는 방식을 이해한 의학자로서 영원히 기억되기를 원했다. 그러나 인체해부학과 관련하여 그가 직접적 지식을 취득할 경로라고는 외과의사로 일하는 것뿐이었다. 시체 해부는 기회가 드물뿐더러, 불결하고 불경하다는 인식이 파다했다. 로마 사회의 존경 받는 일원으로서 갈레노스는 그런 행위를 감히 제안할 수조차 없었다. 대신에 그는 주로 동물 해부를 통해 습득한 내용을 근거로 인체해부학적 지식을 쌓아 나갔다. 그래도 알 수 없는 것들은 환자를 진찰하며 유추하거나 되는대로 지어내기도 했다.

그의 추론은 대체로 옳았다. 신경을 잘라 돼지의 비명을 멈추는 실험을 통해 그는 뇌가 목소리를 조절한다는 사실을 이해했다. 일찍이 아리스토텔레스는 뇌가 인체의 냉각장치라는 견해를 내비친 바 있었다. 갈레노스는 동맥이 (공기가 아니라) 혈액을 담고 있으며 각 기관은 저마다 특정한 기능을 담당한다고 판단했다. 또한 그는 맥박의 힘과 빈도, 리듬을 이용해 질병을 진단할 수 있다고 설파했다. 실제로 그는 맥박의 각 유형을 구별하는 법에 관한 정교하고 복잡한 이론을 개발해 무려 열여섯 권의 책으로 펴내기도 했다.

하지만 그의 이론 가운데 일부는 완전히 엉터리였다. 그는 혈액이 간에서 생산되어 정맥을 타고 온몸에 공급된다고 가르쳤다. 그는 심장이 일종의 방 두 개짜리 용광로이고, 두 방을 나누는 벽에는 아주 작은 구멍들이 뚫려 있어 혈액이 이 방에서 저 방으로 스며들 수 있다고 생각했다. 혈액이 온몸을 순환한다거나 심장에서 펌프 작용을 통해 공급된다는 개념은 존재하지 않았다. 동맥의 박동은 그 혈관의 근육조직이 '자연적으로' 수축하고 팽창하며 나타나는 현상이라고 추측했다. 또한 소변이 방광 말고 신장에서 생산된다는 사실을 알아내고도 정작 신장의 위치는 제대로 알아맞히지 못했다.

갈레노스의 돋보이는 업적은 고대 그리스 학자들이 창시한 철학적 의학 이론 사체액설四体液説의 '완성'이었다. 이 학설에 따르면, 각 체액은 저마다 다른 기질 및 성분과 조합을 이뤘다. 즉 황담즙은 불, 흑담즙은 땅, 점액은 물, 혈액은 공기와 제각각 어울렸다. 체액의 균형이 깨지면 질환이 발생했다. 고로 의사는 체액의 균형을 다시 맞추기 위해 혈액을 제거할 수도, 구토를 야기할 수도, 설사를 유도할 수도 있었다. 예컨대 고열은 몸속에 피가 많은 탓에 발생하므로 사혈을 통해 체온을 내려야 마땅하다고 갈레노스는 주장했다. 그런가 하면 우울감은 흑담즙의 과잉이 원인이므로 소화관을 깨끗하게 비워 내야 했다.

갈레노스는 스스로가 명석한 과학자이자 철학자라고 믿었다. 그의 해부학적 지식이 대부분 동물실험에 근거했다는 사실을 감안하면 성과는 그리 나쁘지 않았다. 그는 대체로 실제 실험적 증거를 바탕으로 결론을 내렸고, 그 이론들은 훗날 자연철학자들과 의사들이 해부학적 식견을 가다듬고 향상시키는 데 있어 관념적 토대가 되었다. 문제는 그의 이론이 물경 16세기까지 아무런 저항 없이 받아들여졌다는 점이다.

로마제국은 몰락했고, 이슬람이 부흥했으며, 유럽은 십자군전쟁에 돌입했다. 콜럼버스는 아메리카대륙을 '발견'했고, 마그나카르타가 승인됐으며, 인쇄기가 발명되었다. 하지만 여전히, 그로부터 1,500년이 지나도록 서구의 의학적, 외과학적, 해부학적 지식은 갈레노스의 저술, 그러니까 로마시대 외과의사의 다소 미심쩍은 지식에 바탕을 두고 있었다. 물론 갈레노스의 수많은 오류는 대체로 그의 잘못이 아니었다. 하지만 그로부터 1,000년도 넘는 세월이 지나서야 비로소 내과 및 외과 의사들이 그의 가르침에 의문을 갖기 시작했다는 사실에는 확실히 문제가 있었다.

망자들의 비밀
1536년, 플랑드르 루뱅

　초어스름이었다. 성문이 닫힐 밤이 성큼 다가와 있었다. 루뱅의 성벽 바깥에 설치된 교수대에서 어느 범죄자의 섬뜩한 실루엣이 부드러운 늦바람을 맞으며 흔들거렸다. 시신은 아직 그런대로 멀쩡했지만, 흉곽 안쪽이 들여다보였다. 뼈는 대부분 인대로 연결된 상태였지만, 머리뼈만은 부자연스럽게 한쪽으로 꺾여 있었다. 이는 곧 그 사형수가 목이 졸려 서서히 질식하는 대신 목뼈가 부러져 거의 즉사했다는 방증이었다. 몇몇 신체 부위는 땅바닥에 떨어져 있었는데, 굶주린 개들이 뛰어올라 찢어 낸 흔적이었다. 무릎뼈는 양쪽 다 사라졌고, 발도 한쪽은 행방이 묘연했다. 어깨뼈에 엉겨 붙은 새똥으로 보아 새들도 남자의 썩어 가는 살점을 뜯으며 한바탕 잔치를 벌인 듯했다.

　프랑스에서 플랑드르로 건너오는 불청객들은 당국의 골칫거리였다. 성문 밖에 놓인 채 썩어 가는 시체는 범죄를 저지르면 반드시 엄벌에 처하겠다는 서슬 퍼런 경고의 일환이었다. 그 같은 전시가 소기의 목적을 달성했는지는 분명치 않지만, 신을 경외하는 선량한 행인들이 불안에 떨게 하는 효과는 확실히 있었다.

　그 저녁 그 한길엔 인적이 드물었다. 명민한 의학도 안드레아스 베살리우스Andreas Vesalius는 집으로 향하는 길이었다. 야간 통행금지가 시작되기 직전이었다. 서둘러 시내로 돌아가지 않으면 성문 밖에서 밤을 보내야 할 터였다. 하지만 그는 길가에서 교수대를 발견하자 더 자세히 살피기 위해 저편으로 건너갔다. 이제껏 애타게 찾던, 연구에 알맞은 시체가 바로 거기서 달랑거리고 있었다. 시체를 찾기란 하늘의 별 따기였다. 만약 이번 기회를 놓치면 다른 의학도가 채어 갈 것이 자명했다.

시신의 뼈대를 지탱하는 쇠사슬은 지상 3미터가 조금 안 되는 높이에 걸려 있었다. 게다가 이 사형수는 몸집이 베살리우스에 비해 상당히 컸다. 어찌어찌 시체를 교수대에서 내린다 해도 집까지 통째로 옮기기란 거의 불가능했다. 시간은 그의 편이 아니었고, 확실한 해결책은 시신을 조각조각 떼어 가져가는 것이었다. 베살리우스는 훌쩍 뛰어올라 시체의 한쪽 다리를 움켜쥐었다. 의외로 넙다리뼈가 골반뼈에 야무지게 붙어 있었다. 그 기다란 뼈를 힘껏 잡아당겼다. 마침내 인대 찢기는 소리가 희미하게 나는가 싶더니 관절이 골반 밖으로 튀어나왔다. 그가 문제의 다리를 완전히 뽑아내는 사이, 쇠사슬 끝에 달린 뼈대가 삐딱하게 기운 채 미친 듯 춤을 추었다.

베살리우스는 반대쪽 다리마저 비틀어 뽑아냈다. 발치에 뼈들이 쌓였다. 다음으로 그는 양팔을 빼내기로 했다. 하지만 주의해야 했다. 약한 손뼈들을 잇는 인대가 손상되면 큰일이었다. 이번에도 우선은 손이 닿아야 했다. 마침 교수대의 나뭇결이 거칠어 기둥을 타고 기어오를 수 있었다. 그는 달랑거리는 쇠사슬을 움켜쥐고는 냄새 고약한 시체를 더 가까이 끌어당겼다. 그러고는 한손으로 몸을 가눈 상태에서 다른 손으로 시체의 한쪽 팔을 움켜쥐고 관절에서 비틀어 뺀 다음 땅바닥에 떨어뜨렸다. 그런 뒤에는 쇠사슬을 홱 잡아당겨 시신을 회전시킨 다음, 반대쪽 팔을 향해 손을 뻗었다.

다시 땅으로 뛰어내린 뒤에는 뼈들을 모아 마치 장작인 양 망토 안에 숨겨 넣은 다음 서둘러 성문 안으로 발길을 옮겼다. 집으로 향하는 내내 베살리우스는 그늘을 벗어나지 않았다. 집에 도착한 뒤에는 뼈들을 식탁에 와르르 쏟아 놓더니 곧바로 망치를 집어 들고 다시 교수대로 향했다. 나머지 신체 부위도 마저 가져올 심산이었다.

이제 남은 부위는 머리와 몸통이 전부였지만, 맨 위의 척추뼈를 붙들고 있는 쇠사슬을 떼어 내려면 망치로 힘차게 두드려야 했다. 마침내 흉곽이며 골반이며 두개골까지, 그가 미처 받아 낼 겨를도 없이 우수수 바닥에 떨어졌다. 베살리우스는 아래로 뛰어내려 뼈들을 망토 속에 감췄다.

달빛 아래서 교수대가 긴 그늘을 드리웠다. 베살리우스는 흩어진 연골을 찾아 흙 속을 뒤졌고, 그렇게 모은 조각들을 주머니에 쑤셔 넣었다.

마지막 과제는 성문 안으로 돌아가는 것이었다. 해는 이미 저물어 통행금지가 내려진 시각이었다. 정문을 통해 돌아가려는 시도는 미친 짓이었다. 아무리 베살리우스처럼 학식을 갖춘 사람이라도 파수꾼에게 시신 절도의 정당성을 납득시킬 재간은 없었다. 그는 다른 문으로 향했다. 그쪽이라면 보초에게 들키지 않고 지나갈 수 있을뿐더러 최악의 경우에도 뇌물로 그럭저럭 무마가 가능할 듯싶었다.

그 밤의 모험은 교수대에서 시체를 훔치는 일 정도로 끝나지 않았다. 베살리우스는 남다른 집념의 소유자였다. 일단 무사히 집으로 돌아오긴 했지만, 식탁에 수북이 쌓인 뼈에서 이내 냄새가 진동하기 시작했다. 뼈에 생각보다 많은 살이 붙어 있는 까닭이었다. 연기가 자욱하게 불을 피워도 부엌의 온기 탓인지 고약한 악취는 가려지지 않았다. 불쾌함도 불쾌함이지만, 이웃들이 알아챌까 걱정이었다. 자칫 그랬다가는 곤란한 상황을 피할 수 없을 터였다. 고로 베살리우스는 내친김에 시신의 뼈에서 살을 벗겨 내기 시작했다.

먼저 커다란 팬에 물을 담아 불 위에 올린 다음, 칼을 가져다 뼈에 붙은 근육이며 힘줄이며 피부 조각을 긁어냈다. 그러고는 손가락을 시체의 관절에 집어넣어 연골을 분리한 다음 조심스럽게 한쪽에 내려놓았다. 물이 끓자 뼈들을 팬에 넣었고, 와중에 손발과 같은 부위의 뼈들은 되도록 한데 모아 두려고 신경을 썼다.

몇 분 뒤에는 액체를 걸러 지방을 제거하고 골편과 연골 조각을 골라냈다. 일은 동틀 녘에야 마무리되었다. 부패된 살은 배수로에 버렸고, 골과 연골은 식탁에 수북이 쌓아 놓았다. 이제 남은 일은 골격을 다시 조립하는 일이었다.

엄연히 불법이었지만, 시체 절도는 의학도에게 그리 유별난 행동이 아니었다. 범죄자나 빈자의 잔해가 망실된다고 해서 불평할 사람은 드물었다. 툭 까놓고 말하자면, 오히려 모두에게 좋은 일이었다. 베살리우스만 해도 시체 훔치기가 이번이 처음은 아니었다. 의대생으로서 해부학 실험이 절실했던 그는 이미 다른 젊은 의사들과 의기투합해 파리의 공동묘지에서 시체들을 훔쳐 본 경험이 있었다. 그러나 죽은 사람의 몸을 구하기란 쉽지 않았고, 베살리우스는 끓인 뼈들로 할 일을 일찌감치 구상해 두었다.

16세기 유럽에서는 갈레노스 의학이 (치료를 받은 환자의 다수가 건강을 잃는 와중에도) 여전히 세를 떨치고 있었다. 갈레노스의 '과학적' 저술은 근래에도 재발견과 번역을 거쳐 활발히 적용되는 추세였다. 그의 이론들은 재검토를 거쳐 근대 유럽의 기독교 교리에 흡수되었다. 의학적 치료에는 철저한 환자 검사가 수반되었다. 맥박을 이해하고 요법을 결정하는 근저에는 체액의 불균형이 있었다. 갈레노스의 시대와 마찬가지로 환자가 열이 나서 의사를 찾아가면 그릇에 피를 받아내거나 하제와 깔때기를 가져다 창자를 비워 냈다.

그러나 베살리우스가 개탄한 바와 같이, 당시에 의학 연구는 존경을 넘어 추앙까지 받는 직업이었지만, 외과의사를 바라보는 시선은 하인들에 비해 별로 나을 것이 없었다. 그럼에도 해부학에 대한 환상은 커져 갔고, 그 선봉에는 주로 예술가들이 있었다. 르네상스 예술가들은 인체에, 몸의 형태며 골격 구조며 근육계에 마음을 빼앗겼다. 의사들이 갈레노스의 통찰력에 기댄 것과 마찬가지로, 예술가들은 고대 그리스와 로마 문화가 남긴 아름다운 조각상들로부터 영감을 얻었다. 몇 해 전 레오나르도 다빈치는 몸의 메커니즘에 흥미를 느껴 뇌와 혈관 및 신경계에 관한 인체 해부도를 정교하고도 상세하게 그려 냈었다. 애석하게도 그의 생전에는 세상에 알려지지 않았지만 말이다.

인체 해부는 매우 드물게, 거의 언제나 범죄자를 대상으로 이뤄졌지만, 의학 교육의 일환으로 나날이 인기를 더해 가고 있었다. 학생들은 인체해부학 강의에 당연히 출석해야 했다. 수업은 교수가 강단에 서서 갈레노스의 교과서를 읽는 동안 조교가 시체를 가르는 식으로 진행되었다. 하지만 이런 행사들은 갈레노스가 기술한 내용이 인체의 해부학적 진실과 명백히 배치될 때마다 어색한 상황에 직면하고는 했다. 사람들은 갈레노스라는 희대의 천재가, 인간이 아닌 동물의 몸을 갈라 보았을 가능성이 농후하다는 사실을 점차 깨달아 갔다. 의료계에서도 특히 명민한 의학도들은 갈레노스의 지식에 의문을 품기 시작했다. 외과의 발전을 위해서는 누군가 나서서 모든 신체 기관의 위치와 작동 원리를 제대로 파악해야 했다.

베살리우스는 스스로 인체해부학을 더욱 올바르게 이해하고자 했다. 다시 주방으로 돌아와서, 그는 각 부위의 골과 연골을 가려내기 시작했다. 뼈들을 하나하나 어렵사리 구별해 알맞은 위치에 내려놓으며 그만의 인간 지그소 퍼즐을 조금씩 맞춰 나갔다. 망실된 부분, 그러니까 한쪽 발뼈와 양쪽 무릎뼈는 다른 시체의 것을 '구해다가' 충당했다. 인체는 서로 다른 206개의 뼈로 이뤄져 있다. 그리고 마침내 베살리우스는 그 모든 뼈를 일일이 철사로 신중하게 연결해 하나의 골격구조를 완성시켰다. 고리에 걸고 보니 처음 교수대에 매달려 있던 모습과 별반 다르지 않은 듯했다.

골격구조 짜 맞추기는 시작에 불과했다. 이후로 6년에 걸쳐 베살리우스는 손에 넣는 족족 수많은 시신을 해부했다. 대부분은 사형수들의 시신이었고, 나머지는 공동묘지에서 입수했다. 이 망자들의 의학 발전에 대한 기여도는 상당했다. 그들 덕분에 베살리우스는 인체의 모든 장기와 근육 및 인대의 구조를 짧은 시간 안에 세밀하게 이해할 수 있었다.

그러기를 몇 해, 이윽고 베살리우스는 해부의 대중화에 발맞춰 공개적 해부 실연을 시작했다. 이런 행사는 매번 수백 명의 관중을 끌어들였고, 의대생이 아닌 사람들도 무리에 섞여 있었다. 해부는 이내 대중적 오락으로 자리매김했고, 그 바람에 시신의 공급이 달리기 시작했다. 더불어 그간 사회에서 탐탁지 않게 여겨지던 부류에게는 수익성 좋은 일자리가 창출되었다. 시체 절도범들(빅토리아 시대의 런던에서는 이러한 시체 도굴꾼을 부활자resurrectionist라고 불렀다)은 여럿이 조직적으로 활동하며 넉넉한 수입을 올릴 수 있었다. 하지만 그 일에는 직업적 위험이 없지 않았다. 아무리 당국에서 눈감아 준다고 해도, 시체 절도는 엄연히 불법이었다. 게다가 질병에 걸릴 위험도 감수해야 했다. 작은 상처의 감염으로도 얼마 후 다른 시체들처럼 해부대에 눕혀질 가능성이 있었다.

베살리우스는 『인체의 구조에 관하여De Humani Corporis Fabrica』라는 책을 발표했다. 가동 활자와 목판을 이용한 인쇄술의 발명 덕분에 그는 대단히 정확하고 풍성한 도해를 내용에 삽입할 수 있었다. 그의 삽화들은 인체 내 모든 주요 장기와 신경, 근육의 위치를 정확히 짚어 냈다. 목판화 속 시체들은 마치 아직 살아 있는 사람처럼 의외로 다양한 자세를 취하고 있었다. 인간의 근육을 묘사하는 그림에서는 시신이 어느 소도시 앞 언덕 비탈에서 포즈를 취했고, 도르래에 매달린 시체가 있는가 하면, 마치 삶(혹은 죽음)의 의미를 사색하듯 무덤에 기대어 휴식을 취하는 뼈대도 있었다.

책은 널리 보급되어 유럽 전역의 의사들에게 읽혔다. 그 안에서 베살리우스는 갈레노스의 실수를 200가지 넘게 바로잡았다. 또한 같은 책의 재판본에서는 심장 양쪽의 연결 통로(갈레노스가 말한 작은 구멍)에 관한 내용을 제외시켰다. 하지만 그는 여전히, 심장 구조에 대한 나름의 연구가 무색하게도, 동맥은 심장에서 기원하지만 정맥은 갈레노스의 견해와 마찬가지로 간에서 시작된다고 믿었다.

혈액이 온몸을 순환한다는 결론이 내려진 것은 그로부터 8년 뒤 윌리엄 하비William Harvey에 의해서였다(2장 참고).

1,300년의 침체기를 거쳐, 마침내 해부학은 굳건한 과학적 토대를 갖추었다. 이윽고 외과의를 비롯한 의사들은 인체가 조합되는 방식을 알아차렸다. 베살리우스는 현대 외과학의 발전을 가로막는 첫 번째 장벽을 무너뜨렸다. 그러나 아직 세 개의 장벽이 더 남아 있었다.

전장의 피

1537년, 이탈리아 토리노 인근 들판

사람이 머스킷 탄환에 맞으면 다음과 같은 현상이 벌어진다.

총알이 피부를 뚫는다. 옷 조각과 화약이 딸려 들어간다. 탄환이 살을 찢으며 조직을 태우고 피부 조각을 바깥으로 벌린다. 근육을 파고들며 근섬유를 헤집고 힘줄과 정맥, 동맥을 끊는다.

동맥벽이 파열되며 상처에서 혈액이 분출되기 시작한다. 강한 맥박에 맞춰 핏물이 총알구멍으로 뿜어져 나온다. 뼈를 만나면 총알은 속도를 늦춘다. 뼈가 쪼개지며 날카로운 파편들이 흩어진다. 부러진 뼈의 양 끝이 피부를 찢고 튀어나온다. 이때쯤 총알은 추진력을 잃고 상처에 박힌다. 피에 젖은 근육과 뼈, 옷감, 피부가 총알과 한데 엉기어 간다.

머스킷 총상은 단검이나 장검, 화살로 인한 부상보다 훨씬 상태가 나쁘다. 칼날이나 화살촉은 몸에 꽂힐 때 '깨끗한' 상처를 입힐뿐더러, 운이 좋으면 곧바로 다시 빠져나온다. 하지만 머스킷과 그보다 더 큰 총들이 발명되면서 전장의 형세는 전환되었다. 전장의 몇 안 되는 외과의들은 감당하기 어려운 사상자들을 붙잡고 날마다 씨름해야 했다. 발포와 함께 장정들이 쓰러질 때마다 포연 사이로 가늘고 붉은 물줄기가 솟아올랐다. 다치고 죽어 가는 몸들이 공중으로 핏줄기를 뿜어내고 있었다.

앙브루아즈 파레Ambroise Paré는 일찍이 그 같은 참상을 목도한 적이 없었다. 그는 토리노 포위 작전 당시 프랑스 보병대 소속 사령관으로 전장에 배치된 스물일곱 살의 외과의사였다. 프랑수아 1세는 신성로마제국 황제 카를 5세와의 기나긴 영토분쟁 중에 이탈리아 북부로 문제의 부대를 파견했다. 파레가 도착했을 무렵에는 이미 끔찍한 살육이 자행된 상태였다. 죽거나 치명상을 입은 군인들을 지나치지 않고서는 도저히 전장에 접근할 수 없었다. 그는 죽어 가는 이들의 신음과 도와 달라는 애원을 애써 외면하며 아수라장을 가까스로 헤치고 나아갔다.

베살리우스가 지적한 것처럼, 16세기 유럽의 의료계에서는 아무리 숙련된 외과의사도 사회적 지위가 보잘것없었다. 수술은 보통 이발사들의 손으로 시행되었다. 그들은 정식 의학교육을 받지 않았고 대부분의 시간을 턱수염을 다듬거나 괴상한 사마귀를 잘라 내며 보냈다. 그러다 때때로 의사 곁에서 사혈 요법을 보조하는 것이었다. 한편 파레는 자격을 갖췄거나 공인된 외과의사가 아니었다. 그는 파리 최대 규모의 병원에서 이발사 겸 외과의사로 일해 왔지만, 정식 교육을 거치지 않았을뿐더러 지극히 기초적인 외과 시술 외에는 그 어떤 경험도 갖추지 못한 상태였다. 외과의사라는 직업과 관련된 모든 일을 (그게 진짜 외과의사의 일인가 하는 문제는 차치하고) 파레는 오로지 실제적 체험으로부터 배웠다. 그는 기초 해부학은 물론 절단술처럼 난이도가 상당한 수술법 이론에도 능통했지만, 가진 지식을 실제로 활용할 기회는 여태껏 갖지 못했다. 하지만 이제 전장에 파견된 이상 빠른 속도로 실기에 익숙해져야 할 터였다.

지난 몇 세기 동안 전쟁 기술은 상당히 발전한 데 비해, 전쟁터에서 행하는 외과적 처치에는 거의 아무런 변화가 없었다. 외과의사가 고를 수 있는 선택지는 제한적이었다. 팔다리의 복합골절이나 심각한 부상은 대개 해당 부위를 제거하는 수술로 이어졌다. 병사의 복부에 총알이 박히면 외과의사는 손가락으로 총알을 제거하거나 상처에서 피를 (나중에 감염이 진행되면 고름을) 빼내려 애쓰는 것 외에 할 수 있는 처치가 없다시피 했다. 심하게 다친 병사는 생존율이 형편없었다. 하지만 수술을 하면 어쨌든 살아날 가망이 있었다.

파레는 매일 누군가의 팔다리를 떠나보냈다. 출혈을 멈추기 위해 뜨거운 인두로 상처를 지졌다. 팔이나 다리를 제거할 때마다 그는 환자의 살에 인두를 대고 근육이며 혈관이며 피부를 동시에 그슬렸다. 총상의 치료법도 마찬가지였다. 비교적 큰 상처에는 인두 대신 끓는 기름이 사용되었다. 총구멍에 끓는 기름을 부으면 닿은 부위의 모든 조직이 파괴되지만 출혈만은 멈출 수 있었다. 그 시절에는 화약이 유독하니 인두로 지지거나 뜨거운 기름을 부어 이차적으로 독성을 중화해야 한다는 믿음, 혹은 이론이 있었다. 총알에 맞고도 죽지 않은 병사들은 종종, 총구멍에 끓는 기름을 부을 때의 충격에 생을 마감하고는 했다.

상처 지지기는 잔인할 뿐 아니라 효과도 없었다. 그도 그럴 것이, 외과의사가 팔이나 다리를 절단할 정도의 환자는 이미 엄청난 양의 혈액을 쏟아 냈을 공산이 컸다. 수많은 병사들이 동맥을 봉해보기도 전에 심한 출혈로 목숨을 잃었다. 설령 즉사하지는 않더라도 피를 너무 많이 흘려 회복이 거의 불가능해지는 경우가 부지기수였다.*

파레는 부상병을 더 훌륭하고도 덜 잔인하게 치료할 방도를 백방으로 알아보았다. 무엇보다 그는 보다 효과적인 지혈 방법을 알아내고자 했다. 없는 시간을 쪼개고 쪼개 해부학 교과서를 들여다보았다. 총성이 잦아드는 저녁이면, 도해와 해설 작성에 몰두했다. 그의 목표는, 무턱대고 상처를 봉하기보다 동맥을 차단함으로써 최악의 출혈을 막아 내는 것이었다.

해법은 단순했다. 그의 첫 발명품인 '까마귀 부리'라는 굽은 집게로 동맥을 집어 혈류를 차단하는 것이었다. 비록 그보다 작은 혈관들까지는 차단하지 못하더라도, 최악의 출혈을 멈추고 수술할 시간을 벌기에는 유용한 도구였다.

파레가 다음으로 고안한 해법은 절단술 중에 혈관을 묶는 것이었다. 완전히 새로운 발상은 아니었지만, 이전에 시도된 사례가

---

* 또한 파레는 심각한 화상으로 인한 사상자가 늘어나는 현실과 씨름해야 했다. 적들이 줄줄이 형성해 둔 엄호탄막이 폭발하고 대포가 불발되는가 하면 화약병 및 화약통 관련 사고가 수시로 발생하는 탓이었다. 화상 치료용 연고를 바르면 피부에 끔찍한 수포가 생겨 오히려 상처가 감염되는 사례도 적지 않았다. 파레는 새로운 화상 치료법을 고안했고 전통적 치료법을 수정했다. 어떤 환자에게는 양파즙에 적신 천을 상처에 대는 요법을 시도했는데, 그의 기록에 따르면 치료 효과가 탁월했다.

있다는 증거도 없었다. 그는 먼저 까마귀 부리로 동맥을 쥔 다음, 그 집게로 집은 위치보다 하류에서 혈관을 견사로 묶었다. 이렇게 동맥을 '결찰'하여 영구적으로 막아 놓으면, 결국 혈류가 끊기며 말단부 조직이 죽어 떨어져 나간다는 논리였다.

파레의 첫 저서 『총상에 관한 논문la Méthode de traiter les plaies faites par les arquebuts et autres bastons à feu, et celles qui sont faites par la poudre à canon』은 1545년에 출간되었다. 책에 그는 전쟁터에서 몸소 경험하고 배운 것들을 상세하게 기술해 놓았다. 소작용 인두라든가 끓는 기름을 사용하지 않는 파레의 치료법은 그의 글을 읽은 이들에 의해 널리 적용되었다. 적어도 유럽 본토의 많은 지역에서는, 파레의 책이 외상외과 분야에 일대 변혁을 일으켰다. 하지만 프랑스어로 쓰인데다 라틴어나 영어로 번역되지 않은 까닭에, 특히 영국을 비롯한 여타 지역의 외과의사들은 안타깝게도 여전히 소작 '요법'에 의존하는 실정이었다.

젊고 서툴고 경험이 일천한 외과의였던 파레는 일약 프랑스 제일의 명의로 발돋움했다. 1617년에는 마침내 그의 논문이 영어로 번역되었다. 영문판 제목은 『발사된 탄환(그리고 화살 및 편전)에 의한 상처를 치료하는 법The Method of Curing Wounds Made by Gun Shot(Also by arrows and darts』이었다. 책 속에는 "부상의 사나이"라는 제목의 도해가 섬뜩한 목판화로 여봐란듯이 삽입돼 있다. 남자의 머리는 도끼로 찍혀 있고, 다리에는 총알이, 옆구리에는 단검이 박혀 있으며, 몸 여기저기에는 검이며 화살이며 창이며 편전이 꽂혀 있다. 부상 부위가 무려 열일곱 군데에 달한다. 심지어 파레처럼 기량이 뛰어난 외과의사도 그 사나이만은 여간해서 치료하지 못할 듯싶다.

파레의 까마귀 부리와 결찰법은 확실히 기발하고 혁신적이었지만, 실질적 효과는 기대에 못 미쳤다. 그도 그럴 것이, 가령 절단한 허벅지를 완벽하게 지혈하려면 50개가 넘는 혈관을 결찰해야 했다. 물론 최악의 출혈을 막는 데는 약 10개의 혈관을 결찰하는 정도로 충분할 수 있지만, 임시 야전병원의 열악한 조명과 먼지, 연기 속에서는 고작 10개의 혈관을 결찰하는 일조차 실현이 전적으로 불가능했다.

까마귀 부리로 혈관을 집는 일도 지난하기는 매한가지였다. 미끄러운 동맥이 고압으로 혈액을 뿜어내는 와중에 비명을 질러 대는 환자까지 제압해야 했다. 결찰법이 비로소 진가를 발휘한 것은 (가령 리스턴이 사용한 '프티'식 지혈대처럼) 효과적인 지혈대가 발명된 이후부터였다. 그럼에도 앙브루아즈 파레가 현대 외과에 기여한 공로는 결코 무시할 수 없다. 무엇보다, 환자의 고통을 줄이려 했던 그의 노력은 후대의 외과의사들에게 훌륭한 귀감이 되었다.

베살리우스는 갈레노스의 실수들을 바로잡았고 그로써 외과의사들은 몸의 내부구조에 대해 알게 되었다. 파레는 혈관을 묶어 환자의 실혈사를 막을 방법을 생각해 냈다. 두 사람의 공통점은 현재의 상태에 의문을 제기하고 잘못된 의학적 도그마에 맞설 줄 아는 용기에 있었다. 두 외과의사는 자신이 직접 본 것들을 믿었고 스스로의 경험으로부터 배웠다. 성공적 수술을 가로막던 두 개의 커다란 장벽이 허물어졌다. 다음의 커다란 장애, 그러니까 통증은 그로부터 300년이 넘게 흐른 뒤에야 비로소 극복되었다.

25초
1846년, 런던 유니버시티 칼리지 병원

11월 23일, 어퍼할리가 37번지에 살던 프레더릭 처칠이 병원에 입원했다. 미혼인 그는 평생 남의집살이를 했다. 처음에는 종복으로 시작했고, 지난 16년은 집사로 근무했다.

드레서가 일련의 질문을 던지는 동안 서기는 모든 내용을 받아 적었다. 나중에 그 기록지의 분량은 거의 10쪽으로 늘어날 것이었다.

처칠은 나이가 서른여섯이었고 키는 173센티미터에 안색이 희었다. 성정이 밝고 잠도 잘 자는 편이었다. 비록 8, 9년 전에 비할 바는 아니었지만, 평소 건강 상태 역시 그럭저럭 양호했다. 드레서의 기록에 따르면, 체구는 다소 마른 편이었다. 눈에 띄는 병력이라면, 18년 전에 한 번, 그로부터 10년 뒤에 또 한 번 임질에 걸린 적이 있었다.

1840년에는 오른쪽 무릎이 부어올라 심한 통증에 시달렸었다. 얼마 뒤 가을에는 그 무릎이 느닷없이 구부러지며 극심한 통증을 느꼈다. 1842년에는 왼쪽 다리를 다쳤는데 "이후로 그 다리가 변색"되면서 "전보다 꽤 많이" 부어올랐다.

의사에게 외래 진료를 받아 보기도 했지만, 중도에 그만두었다고 했다. 그러다 1843년에는 종창을 칼로 째고 "불규칙적인 모양의 덩어리들"을 짜냈다. 문제의 덩어리들은 섬유성에 과립 형태를 띠었으며, 크기는 제각기 크고 작은 콩알만 했다. 보존을 위해 그 덩어리들을 알코올에 담근 뒤 현미경 검사가 실시되었다. 약 60밀리리터들이 병을 채울 정도로 많은 양이었다.

"리스턴 교수의 견해"에 따르면 "문제의 덩어리들은 일출된―강제로 밀려 나온―혈액의 잔해"였다. 처칠은 외견상 "건강하지만 건장하지는 않은" 사람으로 묘사되었다. 오른쪽 무릎은 심하게 부어 있었다. 탐침으로 관절강을 꿰뚫을 수 있을 정도였다. 이후로 처칠은 담당의의 지시에 따라 병상에 머물러야 했다. "묽은 장액성 분비물"이 배출되었고, "맥박수는 80"이었으며, "충분한 식사와 우유 1파인트를 섭취"하라는 처방이 내려졌다.

11월 25일에는 리스턴 교수가 친히 환자를 검사했다. 무릎에 탐침을 찔러 넣고 절개를 가했다. 손가락을 넣어 보니 맨 뼈가, 그중에서도 종아리를 이루는 골격 중 하나인 정강뼈의 윗부분이 만져졌다. 당겨 보니 탈구된 상태는 아닌 듯했다. 리스턴은 환부를 깨끗한 온수로 세척할 것과 환자의 철저한 안정을 주문했다.

처칠의 상태는 악화되기 시작했다. 식욕을 상실했고, 드레서의 기록에 따르면 설태까지 끼었다. 보다 내실 있는 음식―갈비 한 토막과 곰국 1파인트, 흑맥주 1파인트―이 처방되었다. 11월 27일에는 허리께에서 극심한 통증이 느껴지더니 이내 발가락까지 확산되었다. 무릎은 점점 더 크게 부어올랐고, 오한과 욕지기에 두통까지 그를 괴롭혔다. 통증을 완화하기 위해 온찜질(습포) 요법이 동원되었다.

12월 17일의 기록에서 환자는 "히스테리 발작을 일으켰고 굉장히 흥분한 상태"였지만, 12월 20일 즈음에는 모습이 나아졌고 "더 건강해" 보였다. 다음 날 그는 수술실에서 다리를 제거할 예정이었다. 그리고 아직 언질을 받지는 못했지만, 프레더릭 처칠은 역사적인 실험의 한 축을 담당하게 되어 있었다.

12월 21일 오후 2시 25분, 환자 이송원들이 처칠을 수술실로 옮겼다. 관람석은 평소와 다름없이 재학생들로 만원이었다. 그들은 평소처럼 극적이고 대개는 끔찍한 행사를 초조하게 기다리고 있었다.

처칠은 완전히 겁에 질렸다. 병원에 입원할 때 이미, 이런 운명을 예감하고 있었다. 그나마 위안이라면 리스턴 교수가 수술한다는 점이었다. 적어도 그는 이 시련을 순식간에 끝내 줄 터였다. 과연 처칠은 고통을 견딜 수 있을까? 이 모든 사람 앞에서 의연한 모습을 보일 수 있을까?

리스턴이 들어왔다. 수술실에 침묵이 내려앉았다. "여러분, 오늘은 양키식 신물질로 환자를 무감각하게 만들어 보겠습니다." 그는 영국 역사상 처음으로 마취제를 사용한 절단술을 시도하려는 참이었다. 일찍이 그 병원에서도 '메스머리즘mesmerism', 그러니까 최면술을 사용한 마취는 시도한 적이 더러 있었지만, 결과는 뒤죽박죽이었다. 기본적으로 메스머리즘은 과학적 근거를 입증하기 어려운 데다, 과학자들 사이에서도 터무니없는 미신으로 간주되었다.

여기서 리스턴이 말한 '양키'는 에테르 마취제를 발명한 미국 보스턴의 치과의사 윌리엄 모턴William Morton이었다. 모턴은 환자들의 이를 뽑을 때 알코올과 황산의 혼합물로 톡 쏘는 냄새가 특징인 에테르라는 휘발성 액체를 사용했다. (치아의 건강 상태가 일반적으로 불량하던 시절이다 보니 환자는 부족하지 않았다.) 모턴의 '무감각insensibility' 요법은 보스턴에 자리한 매사추세츠 종합병원 Massachusetts General Hospital 소속 외과의들의 주의를 끌었다. 그들은 수술에 에테르를 써 보고 싶어 좀이 쑤셨다. 같은 병원의 외과의사 헨리 비글로Henry Bigelow는 미국예술과학아카데미American Academy of Arts and Sciences에 제출한 서한에서 에테르가 치과 진료뿐 아니라 비교적 심각한 수술에서 보인 효과에 대해 기술한 바 있었다. 그의 보고에 따르면, "체구가 다부진" 어느 열두 살 소년은 발치가 끝나고 에테르 기운에서 깨어나자마자 "지금까지 해 본 것 중에 제일 재미있었다"면서 다른 이도 하나 뽑아 달라고 조르기까지 했다. 1846년 11월 초에는 어린 소녀의 다리를 무릎 위쪽에서 절단하며 에테르를 사용했는데, 수술이 진행되는 내내 소녀는 아무런 감각도 느끼지 못했다.

그러나 처칠은 이에 대해 전혀 알지 못하는 상태로 수술대에 누워 있었다. 별안간 고무관 하나가 입에 닿는가 싶더니 숨을 들이쉬라는 소리가 들려왔다. 그는 2, 3분 동안 관 속의 증기를 들이마셨다. 문제의 고무관은 에테르가 담긴 플라스크와 연결돼 있었다. 리스턴이 칼을 준비하고 대기하는 동안 처칠의 깊고 불안한 숨소리만이 수술실의 정적을 깨뜨렸다. 이윽고 그 소리마저 잠잠해졌다.

처칠의 입에서 고무관이 제거되었고, 대신에 에테르 몇 방울로 적신 손수건이 얼굴에 얹어졌다. 리스턴이 관람석을 올려다보았다. 학생들은 여느 때보다 들떠 있었다. 역사책에 기록되고도 남을 수술이 그들의 눈앞에서 시작되려는 참이었다.

"자, 시간을 재시죠!"

리스턴의 수술칼이 처칠의 허벅지를 갈랐다. 지혈대가 조여졌다. 리스턴은 예의 그 날렵한 손놀림으로 다리 둘레에 U자형 절개를 가했다. 살을 한쪽으로 당기고 뼈를 노출시켰다. 톱날이 앞뒤로 움직였다. 실이 꿰이고 바늘이 지나갔다. 잘린 다리가 놓인 톱밥에 핏물이 고여 엉겨 붙었다.

"얼마나 걸렸습니까?"

"28초요."

"26초예요."

"아니, 30춥니다!"

"30초?" 리스턴이 소리쳤다.

"25초!"

수술 기록지에는 마지막 숫자가 기입되었다. 처칠은 내내 무감각한 상태였다. 그의 입은 그 어떤 소리도 내지 않았다. 신음을 내뱉지도, 얼굴을 찌푸리지도 않았다.

"대체 언제 시작합니까?" 몇 분 뒤 환자가 소리쳤다.

관람석에서 웃음소리가 터져나왔다. 수술 후에 웃음을 터뜨리다니, 흔치 않은 광경이었다. 처칠은 겁에 질린 표정이었다. "안 되겠어요. 도저히 못 하겠습니다!" 처칠은 의료진이 절단된 다리를 들어 보여준 뒤에야 비로소 수술이 이미 끝났다는 사실을 알아차렸다. 시선을 내려뜨리자 잘린 다리의 남은 부분이 눈에 들어왔다. 절단부에서 조금씩 피가 스며 나왔다. 훗날 처칠은 당시를 회상하며, 그저 굉장히 추웠고 "뭔가 바퀴 같은 것이 다리 둘레로 지나가는" 느낌이었다고 말했다. 환자 이송원들이 그를 다시 병실로 옮기려 들것을 들고 다가왔다. 그리고 리스턴은 "이 양키식 신물질이 메스머리즘보다 효과가 우수하다"고 선언했다.

얼마 뒤에는 내향성 발톱 환자가 에테르를 흡입한 상태에서 수술을 받았다. 내향성 발톱 수술은 이전까지만 해도 견딜 수 없을 정도로 고통스런 시술에 속했다. 수술은 성공적이었고, 이에 고무된 리스턴이 학술지 《랜싯》에 급히 보낸 서한에 따르면 "가장 완벽하고 만족스러운 결과"를 얻었다.

병실 침대로 돌아오고 몇 분이 지나서야 비로소 처칠은 통증을 느끼기 시작했다. 저녁 7시 무렵에는 고통이 극에 달했다. 드레서가 혈관을 몇 개 더 동여매면서 결찰부는 도합 10곳으로 늘었고, 이후로도 U자형 피판을 봉합하기 위해 몇 바늘을 더 꿰매야 했다. 극심한 고통 속에서도 처칠은 놀랍도록 쾌활한 모습을 보였고, 저녁이 지나면서 통증은 가라앉기 시작했다.

처칠은 병원에 7주 더 머물렀다. 드레서가 작성한 12월 31일 자 기록에 따르면, 그는 나날이 증세가 호전되었고 다리의 절단부는 "소량의 좋은 고름을 분비"했을 뿐 상태가 양호했다. 붕대를 감았다. 1월 말 즈음에는 목발을 짚고 걸을 정도가 되었다. 그리고 2월 11일, 마침내 프레더릭 처칠은 "완쾌하여 퇴원"하게 되었다.

어느 보스턴 치과의사의 선구적 노력과 영국에서 리스턴이 쌓아 온 명성 덕분에, 오래지 않아 에테르는 거의 모든 외과의사가 써 보고 싶어 하는 약제가 되었다. 이 양키식 신물질은 의심할 여지없이 외과의 미래였다. 일부 외과의사들은 여전히 통증이 치유에 필수적인 부분이라고 여겼지만, 다른 선택지가 없다면 몰라도 구태여 그런 외과의에게 수술을 받고 싶어 할 환자는 없었다. 그러나 기록에 따르면, 마취제가 보편화된 크림전쟁(1853~1856년) 기간에도 가령 존 홀John Hall과 같은 외과의사는 자신의 "환자들이 수술칼의 고통을 느꼈으면 하는 바람"을 공공연히 드러냈다고 전해진다.

리스턴은 사람들을 초대해 이른바 에테르 파티를 열기 시작했다. 이 같은 사교 행사의 참석자들은 대개 외과의를 비롯한 의사와 지체 높은 가문의 신사숙녀에 더하여 런던에서 가장 유명한 예술가와 운동선수로 구성되었다. 리스턴의 조수 몇이 에테르를 흡입하고 무감각 상태에 빠지는 모습은 사람들을 열광시켰다.

환자들이 수술 전에 흡입한 비교적 적은 양의 에테르는 길어야 몇 분의 '무의식 상태'만을 보장했지만, 그로 인한 통증의 완화는 무한한 가능성의 시대를 열어젖혔다. 수술을 더 이상 속전속결로 진행할 필요가 없었다. 시간적 여유가 생긴 덕분에 외과의사들은 비교적 복잡한 수술들도 시도할 수 있었다. 한편 리스턴은 마취제의 잠재적 가능성이 최대치로 실현되는 세상을 보지 못한 채 눈을 감았다. 처칠을 수술하고 1년이 채 지나지 않아 그는 선박 사고로 사망했다. 그리고 전광석화처럼 빠른 수술의 시대도 그의 퇴장과 더불어 막을 내렸다.

의술의 최첨단

외과의들이 각종 신기술을 사용해 사람들을 살리는 와중에도, 정작 의학의 발전은 지지부진했다. 의료 전반이 여태 중세에 머물러 있다 해도 과언이 아니었다. 외과가 부정확한 과학이었다면, 서구 의학은 외려 신앙에, 조금은 점성학에 더 가까웠고 과학적 연구의 기반은 부실하기 짝이 없었다. 수 세기가 지나는 동안에도 치료법은 거의 변하지 않았고, 그마저도 범위가 한정적이었다. 의사들이 구할 수 있는 치료제가 많지 않을뿐더러, 개중에 효험이 있는 약제는 더욱 드물었다. 약제상들이 끓여 만든 각종 기묘한 혼합물의 약효를 예측하기란 불가능했다. 일례로 가이즈 병원에서는 "미지의 질환"을 앓는 한 여성에게 "양 머리와 약초 목욕"를 처방했는데, 불쌍한 숙녀를 부속 고기 국물에 재워 두는 요법이 과연 효과적일지는 아무도 장담할 수 없었다. 짐작건대 환자는 비용을 후하게 지불하고 문제의 특권을 누렸을 테지만 말이다.

의사들이 기대할 법한 최선의 치료는 기껏해야 자연적 치유를 돕는 것이 전부였다. 그런 식의 접근법은 혹시 독감이라면 몰라도 결핵이나 매독, 심장질환에는 효과가 있을 리 만무했다. 심지어 1840년대에도 내과의사의 업무는 여전히, 그리고 확고하게 미신에 뿌리를 두고 있었다. 사람들이 적잖은 왕진비를 감수하면서까지 의사를 부를 때는 모종의 치료를 기대하는 것이 상식적이다. 그러나 그 기대에 부응하기에는 내과의들의 선택지가 한정적이었다. 의료 행위는 여전히 갈레노스가 창시한 사체액설을 기반으로 이루어졌다. 의사들은 네 가지 체액, 그러니까 황담즙, 흑담즙, 점액, 혈액의 균형을 유지해야 했다.

수 세기에 걸쳐 해부학에 대한 이해가 깊어지면서, 빅토리아시대 의사의 대부분은 그러한 생리학적 관점의 부조리함을 알게 되었다. 하지만 여전히, 쓸 수 있는 치료법은 과거와 크게 다르지 않았다. 우선 약물을 처방할 수 있었다. 일부는 통증 완화에 효과를 보이기도 했지만, 일부는 가령 수은처럼 독극물이나 다름없었다. 그런가 하면 환자의 몸을 정화한다는 명분하에 구토나 설사를 유도하거나 과량의 혈액을 뽑아낼 수도 있었다. 하지만 이는 모두 사체액설에 근거한 치료법이었다. 다시 말해 쌓여 가는 과학적 반증을 주시해 온 사람에게는 황당하기 그지없는 요법들이었다.

사혈은 빅토리아시대 초기에도 여전히 중요한 치료법으로 다뤄졌다. 근 2,000년 전부터 의사들은 환자의 피를 뽑아내면 혈류에서 '치명적' 물질을 제거할 수 있다고 믿었다. 요컨대 나쁜 피를 건강한 새 피로 대체한다는 논리였다. 의사들은 메스나 랜싯(의학지 《랜싯》의 이름이 여기에서 나왔다)을 가져와 피부를 가른 다음, 얕고 오목한 그릇에 핏물을 받아 냈다. 일부는 '흡각cupping' 요법을 사용했는데, 작고 오목한 유리그릇을 데워 피부의 절개부에 엎어 놓으면, 그릇이 식으며 진공상태가 되어 몸에서 혈액을 빨아들였다.*

간혹 흡각보다 거머리를 선호하는 의사들도 있었다. 거머리는 피부에 붙으면 혈액응고를 방지하는 화학물질을 분비한다. 이 항응혈 물질은 효과가 대단해서 거머리를 떼어 내도 3~4시간은 상처에서 피가 계속 흘러나온다. 특히 거머리는 가령 잇몸이나 눈 주변처럼 출혈에 민감한 신체 부위에서 피를 빼내는 데 유용했다. 또한 미국 거머리는 영국 거머리에 비해 덜 따끔하게 문다고 알려져 있었다. 통념상 거머리의 사육환경으로는 강물과 약간의 토탄을 담은 통이 바람직했고, 피부에 붙이기 전에는 깨끗한 물에 헹구는 것이 추천되었다.

현대의 최첨단 의학 발전에 예민한 내과의들은 난절도scarifier를 사용하기도 했다. 얼핏 시계와 비슷한 메커니즘으로 작동하는 이 잔인한 장치는 "기계 거머리"라는 별칭으로 시장에 유통되었다. 이 "새롭고 현대적인" 장치에는 칼날 여러 개가 나란히 달려 있는데,

---

* 또한 흡각은 통증을 완화하는 데도 효과가 있었고, 1950년대까지 병원에서 흔히 사용되었다.

기계를 피부에 대고 버튼을 누르면 칼날들이 튀어나와 표면을 뚫고 출혈을 일으켰다.

사혈이 효험을 보인 사례들은 짐작건대 플라세보효과, 즉 그 요법에 대한 환자의 믿음에 기인했을 공산이 컸다.* 적어도 사혈 요법에 관한 한 환자들은 돈을 지불한 만큼의 이익을 얼마간 취하고 있었다. 그러나 1860년대 즈음에는 사혈이 단지 무용한 정도가 아니라 오히려 해로운 요법일 가능성을 가리키는 증거가 나날이 쌓이고 있었다. 특히 인체생리학의 발달은 사혈이 적혈구 농도를 감소시킨다는 사실을 입증하는 계기가 되었다. 적혈구 속에는 산소를 운반하는 단백질 복합체 헤모글로빈이 들어 있다.

그러나 이런 과학적 증거에도 불구하고 의사들은 사혈 요법을 완전히 포기하는 데 소극적이었다. 20세기로의 전환기에도 사혈은 여전히 고혈압의 권장 치료법이었다(근거는 혈액량이 줄어들수록 혈압이 낮아진다는 '상식'이었다). 비교적 최근인 제1차 세계대전 시기에도 사혈 요법은 참호에서 독가스 공격을 당한 이들의 치료에 사용되었다.

한편 의사들은 혈액 외에도 다양한 신체 분비물에 주의를 기울여야 했다. 특히 소변은 유용한 진단 도구로 간주되었다. 진단의 근거는 가령 요단백이나 요당의 농도와 같은 화학적 구성이 아니라 색깔이었다. 소변의 색깔에는 많은 의미가 담겨 있다고 그들은 생

---

* 수년에 걸쳐 시행된 몇몇 연구는 플라세보효과가 실제로 꽤 효험이 있음을 보여 주었다. 특정 약물이 자신에게 좋은 작용을 한다고 믿는 환자들은 상대적으로 빠르게 회복되는 경향을 보였다.

각했다. 오직 소변을 근거로 진단하는 전문의까지 있을 정도였다. 그들에게 자문을 구하기 위해 의사들은 환자의 소변이 담긴 플라스크를 보냈다. 그리고 종종, 다소 부득이하게 사혈이 치료법으로 결정되었다. 언제나 그런 식이었다. 의사들은 과학의 발전 속도를 따라가기조차 버거워 보였다. 하지만 그런 와중에도 외과의사들은 새로운 시도에 그 어느 때보다 열정적이었다.

심슨 선생의 흥미로운 실험

1847년, 에든버러

에테르의 인기는 날로 높아졌지만, 이 마취제에는 단점이 있었다. 에테르는 유해가스였다. 들이마시면 구강과 폐에 자극을 일으켰다. 환자의 구토를 유발하는 경향도 있었다. 에테르 투여용 플라스크와 도관은 조작이 까다로운 데다, 알고 보니 마취 효과도 들쭉날쭉했다. 그러나 가장 큰 문제는 에테르의 높은 인화성이었다.

에테르는 수술대 위쪽에 가리개도 없이 걸린 가스등 불꽃으로부터 겨우 몇 인치 떨어진 위치에서 사용되고 있었다. 아주 조금만 틀어져도 가스가 폭발해 화염을 일으킬 가능성이 있었다. 또한 에테르의 장시간 사용이 환자에게 미칠 영향을 누구도 딱 부러지게 말해 줄 수 없었다. 만에 하나 영구적으로 의식을 잃거나 뇌가 손상된다면? 외과의들은 환자의 사망에 익숙했지만, 그런 식의 죽음은 유독 자연스럽게 여겨지지 않았다. 에테르의 유래도 문제였다. 그 마취제를 개발한 인물은 이단자에 '양키'인 치과의사였다. 영국인들, 특히 과학적 교육을 받은 외과의사들로서는 강한 의구심을 느낄 수밖에 없었다.

갖가지 의학적 의문을 해소하는 유일한 길은 환자를 대상으로 실험하는 것뿐이었다. 물론 외과의들은 대체로 이에 대해 반감을 품지 않았다. 하지만 일부는 에테르의 단점들을 가벼이 넘기지 않았고 대안을 모색하기 시작했다.

제임스 심슨James Simpson은 에든버러대학의 젊은 교수였다. 학생 시절 심슨은 로버트 리스턴의 제자로서 그의 첫 수술을 참관한 바 있었다. 당시 심슨의 나이는 겨우 열여섯이었다(참고로 의사 자격증은 열여덟 살에 취득했다). 그때 느낀 공포는 이후로 줄곧 그의 삶 속에 머물렀다. 이제 그는 산과의 어엿한 학장이었다. 그리고 자신이 그 어느 때보다 많은 고통을 날마다 목격하고 있다는 사실을 깨달았다.

심슨은 동네 빵집 아들이었다. 그런 그가 스코틀랜드 의학계에서 그토록 높은 지위에 올랐다는 것은 그 자체로 굉장한 성공이었다. 보아하니 그는 정치적 구변(돈의 힘이 작용했을 가능성도 배제할 수 없다)과 공적 활동, 그리고 무엇보다, 드높은 자신감과 자기신뢰를 통해 그 자리를 따낸 듯했다. 물론 그가 훌륭한 외과의사라는 점 역시 긍정적으로 작용했다.

런던을 방문한 심슨은 첫 에테르 수술을 참관한 직후에 리스턴에게 말을 붙일 기회를 얻었고 그가 수술에 사용한 물질의 정체를 알아냈다. 그것으로 통증을 완화하면, 적잖은 여성을 끔찍한 산고로부터 해방시킬 수도 있을 듯했다. 하지만 문제는 안전이었다. 과연 에테르는 분만 중인 산모에게 써도 괜찮을 만큼 안전한 물질일까? 상당히 오랫동안, 어쩌면 몇 시간에 걸쳐 사용해야 하는 데다, 태아에 미치는 영향에 대해서도 알려진 바가 없는데? 아이가 사산되거나 천치로 태어날 가능성은 없을까? 또한 심슨은 통증완화제의 사용에 대한 종교적 및 도덕적 거부감과 씨름해야 했다. 모름지기 분만의 고통은 자연적인 과정이었다. 창세기 말씀에 따르면, 여성은 아이를 낳는 동안 아픔을 느껴야 마땅했다.

하지만 여기서 물러날 심슨이 아니었다. 그는 손에 들어오는 모든 화학물질을 시험하는 일에 그해 여름을 바쳤다. 온갖 종류의 물질을 배합하는가 하면, 조제한 혼합물을 마시거나 들이쉬기도 했다. 싹수가 조금이라도 보이는 화학물질은 모조리 흡입하거나 소화시켰대도 과언이 아니었다. 그러던 어느 날이었다. 심슨은 리버풀의 어느 화학자가 추천한 신물질을 시험하던 중 까무룩 정신을 잃었다가 바닥에서 깨어났다.

심슨이 의식을 잃기 직전에 시험하던 물질은 다름 아닌 클로로포름이었다. 알코올과 클로르석회로 이뤄진 이 무색의 액체는 약 15년 전에 발명되어 천식 치료제와 각성제로 시중에 판매되고 있었다. 그런데 문제의 실험은 클로로포름이 제약업계의 기존 주장과 정면으로 배치되는 효과를 일으킬 가능성을 암시하고 있었다. 몇 번의 추가 실험 끝에 심슨은 클로로포름을 환자에게 사용하려면 엄격한 테스트가 선행돼야 한다는 판단을 내렸다. 고로 그는 며칠 뒤 기회를 보아 일가친지를 대상으로 시험을 단행했다.

어느 밤, 저녁 식사를 마친 자리에서 그는 일부 손님에게 클로로포름을 한 잔씩 대접했다. 그 달콤한 과일 향을 들이쉬자마자 마법처럼 스르르 긴장이 풀렸다. 그들은 소리 내 웃으며 농담을 던졌다.

공간이 뱅뱅 돌기 시작했다. 대화는 아득하고 희미해졌다. 의자에서 굴러떨어지는 손님이 있는가 하면, 바닥에 드러눕는 손님도 있었다. 그러고는 필름이 끊겼다. "에테르보다 좋군요!" 몇 분 뒤 심슨이 러그에서 몸을 일으키며 이렇게 외쳤다. 그것은 "가장 유쾌한 경험"이었다. 정말이지 너무도 유쾌해서 나머지 손님들도 모두 클로로포름의 황홀감을 느껴 보려 안달할 지경이었다. 심슨의 조카딸은 냄새를 맡자마자 자신이 천사라고 선언하더니 이내 의식을 잃고 소파에 쓰러졌다.

이것으로 심슨은 과학적 실험을 마무리했다. 결과는 대성공이었다. 클로로포름이 환자에게 전에 없던 유익을 가져다줄 것을 그는 믿어 의심치 않았다.

나흘 뒤, 제인 카스테어스의 출산이 막바지에 이르렀다. 자궁이 수축할 때마다 그가 쏟아 내는 비명이 분만실에서 먼 장소까지 퍼져 나갔다. 땀범벅이 된 채 제인은 지쳐 가고 있었다. 심슨의 개입이 필요한 시점이었다. 보아하니 분만겸자, 그러니까 나무 손잡이가 달린 기다란 서빙스푼 한 쌍을 가위 모양으로 연결한 것처럼 생긴 집게로 아기의 머리 양쪽을 집어 끌어내야 할 듯했고, 그 과정에서 산모는 더 큰 통증을 느낄 것이 분명했다.

심슨은 클로로포름을 몇 방울 뿌린 손수건을 카스테어스 부인의 입과 코에 얹었다. 그러고는 "숨을 계속 깊이 들이쉬세요"라고 말했다. 1분도 채 지나지 않아 부인은 잠이 들었다. 그리고 얼마 후 깨어나 작은 여자 아기를 건네받았다. 이 경이로운 화학물질의 임상 적용이 첫 성공을 거두는 순간이었다.

심슨은 이를 자신이 몸소 클로로포름으로 19세기 의학의 판도를 바꿔야 한다는 결정적 증거로 받아들였다. 이 카리스마 넘치는 외과의는 스스로의 이 발견을 전파하는 것을 사명으로 여겼다. 이 것은 그의 "임무"였다. 그는 "사람들에게 그들이 틀렸고 자신이 옳았다는 사실을 가르쳐야" 했다. 심슨은 기회가 있을 때마다 환자에게 클로로포름을 적용하는 한편(일주일 동안 무려 50명에게 이 새로운 마취제를 사용한 적도 있었다), 되도록 많은 사람에게 그것의 효과를 알리기 위해 나름의 마케팅 전략을 세웠다. 다시 말해 점잖은 과학 용어와 라틴어로 작성한 논문을 학술지에 게재하기보다는, 자신의 발견을 대중에게 직접 전달하는 경로를 택한 것이다. 그는 소책자를 제작해 의사들에게 발송했고, 강연과 실연 행사를 개최했다. 심지어는 《스코츠먼Scotsman》에 광고를 실어, 이 새롭고 경이로운 통증완화제를 찬양하기도 했다.

클로로포름은 에테르를 능가하는 마취제일 뿐 아니라, 스코틀랜드 사람의 발명품이었고, 이내 국민적 자부심의 원천이 되었다. 심슨의 자신감은 세상을 감화시켰고, 유럽 전역의 외과의사들이 그의 기법을 적용하기 시작했다. 클로로포름을 개량된 방식으로 투여하려는 움직임도 있었다. 심슨의 친구이자 의사인 스미스는 클로로포름의 직장 내 투여를 시도했다. 그는 주사기에 클로로포름을 채워 자신의 항문에 주입했는데, 몇 시간 뒤에 깨어나 보니, 주사기는 여태 제자리에 꽂혀 있고, 설사를 했는지 주변이 묽은 배설물로 흥건했으며, 항문은 심각한 화상을 입은 상태였다고 한다.

스미스 박사의 불운과는 별개로, 클로로포름은 단점이 거의 없어 보였다. 환자들의 만족도가 높고, 사용이 간편한 데다, 에테르처럼 거추장스러운 장비를 요하지도 않았다. 심슨의 말을 빌리면, "특수한 유형의 흡입기나 기구가 없어도 투약이 가능"했다. "움푹움푹한 스펀지나 리넨, 또는 종잇조각에 약간의 용액을 적셔 입과 콧구멍에 얹은 뒤 1, 2분가량 숨을 깊이 들이쉬게 하면 원하는 효과를 얻어 낼" 수 있었다.

처음 몇 달 동안은 모든 것이 순조로운 듯했다. 하지만 1848년 1월 28일, 뉴캐슬 인근에 위치한 마을 윈래턴의 열다섯 살 소녀 해나 그리너가 발톱 제거 수술을 받으러 토머스 메기슨이라는 외과의를 찾아가면서 상황은 바뀌었다. 몇 달 전 해나는 에테르 마취하에 비슷한 수술을 받은 적이 있었고, 그래서인지 비교적 두려움이 덜한 편이었다. 그럼에도 긴장한 소녀를 친척 아저씨는 모든 것이 잘될 거라는 말로 안심시켰다. 메기슨 선생은 새로운 마취제 클로로포름을 사용할 예정이었다. 고로 해나는 수술 중에 그 어떤 감각도 느끼지 않을 것이었다.

해나가 의자에 앉았다. 메기슨은 클로로포름 1티스푼을 떨어뜨린 천 조각을 소녀의 코에 얹었다. 해나는 두 차례 깊은 숨을 들이쉬더니 메기슨의 손을 물리쳤다. 메기슨은 한 번 더 시도해 보자고, 대신 이번에는 자연스럽게 숨을 들이쉬라고 말했다. 30초쯤 지났을까? 해나의 팔 근육이 경직되고 숨이 조금 가빠졌다. 맥을 짚어 보니, 강도가 다소 약해진 듯했지만 빈도는 그대로였다.

메기슨은 수술 보조자 로이드 선생에게 수술을 시작하라는 지시를 내렸다. 로이드는 수술칼을 사용해 반원형 절개를 가한 다음 발톱을 살살 비틀어 들어 올렸다. 해나가 몸부림치기 시작했다. 그러더니 갑자기 몸을 앞으로 움직였다. 메기슨은 클로로포름이 충분한 효과를 발휘하지 못한 탓이라고 판단했지만, 투여량을 늘리지는 않았다. 해나가 눈을 감았다. 하지만 메기슨이 손을 뻗어 눈을 벌리자, 뜬 상태를 계속 유지했다. 걱정이 밀려들었다. 해나의 입도 벌어진 상태였고, 입술과 얼굴은 돌연 창백해졌다.

물을 가져오게 해 소녀의 얼굴에 끼얹었다. 해나는 움직이지 않았다. 브랜디를 먹여 보기로 했다. 입술에 갖다 대고 고함을 지르자, 겨우겨우 삼키기는 했다. 절박한 심정으로 메기슨은 소녀를 바닥에 눕힌 뒤 랜싯으로 팔을 갈라 사혈을 시도했다. 피는 겨우 몇 방울밖에 떨어지지 않았다. 목정맥에서도 사혈을 시도했다. 하지만 피는 겨우 한 스푼 정도밖에 받아 낼 수 없었다. 메기슨이 클로로포름을 투여한 지 3분 만에, 결국 해나 그리너는 사망했다.

나흘 뒤 사인을 밝히기 위한 심리가 진행되었다. 메기슨은 배심 원단 앞에서 해나의 마지막 몇 분에 관해 진술해야 했다. 심리를 열고 해나를 부검한 의사들의 기록에 따르면, 소녀의 양쪽 폐는 "매우 심하게 충혈된 상태"였다. 또한 검시관 플라벨이 기록에 포함시킨 클로로포름에 대한 쥐 실험 관련기사에 따르면, 그 쥐가 죽은 원인 역시 폐울혈이었다. 고로 배심원단은 해나가 "클로로포름에 의한 폐울혈로 사망"했다고 결론지었다.

심슨은 심리 결과에 이의를 제기했다. 해나의 사망은 물과 브랜디 때문일 가능성이 더 높다는 것이었다. 후속 연구의 결과를 보더라도, 클로로포름이 해나의 폐에 직접적 영향을 미쳤을 가능성은 희박했다. 하지만 적어도 부분적으로는 소녀의 죽음에 영향을 미쳤을 공산이 컸다. 또한 클로로포름 마취하에 사망한 첫 환자는 해나가 맞지만, 마지막 환자는 그가 아닐 수도 있었다. 외과의들이 내향성 발톱 제거부터 주요 절단술까지 온갖 수술에 클로로포름을 사용하기 시작하면서, 갈수록 더 많은 사람이 죽어 나갔다. 어느 외과 의사의 기록에 따르면, 그 죽음들은 갑작스럽고도 극적이었다. 마치 "환자가 총에 맞기라도" 한 것처럼.

기이하게도, 죽은 환자는 대부분 젊고 건강한 이들이었다. 또한 비율적으로, 수술에 대한 두려움이 클수록 클로로포름을 쓰다 사망할 가능성이 높아지는 듯했다. 사망 환자의 수는, 마취제로 여전히 에테르를 선호하는 잉글랜드에 비해 클로로포름을 주로 선택하는 스코틀랜드에 더 많았다. 의외로 심슨은 별다른 곤란을 겪지 않았다. 그의 환자는 딱 한 명을 제외하면 모두 클로로포름 마취 후에도 살아남았다. 더욱이 사망한 환자가 몹시 쇠약한 여성이었다는 점을 근거로 환자의 죽음과 문제의 화학물질 사이에는 일말의 관련성도 없다고 심슨은 (적어도 그의 생각으로는) 일축할 수 있었다. 그러나 상황은 점점, 파티 환각제로 시작해 매일 성공적으로 사용되던 한 물질이 사람의 목숨을 해칠 가능성을 가리키고 있었다.

그때껏 클로로포름 마취제에는 과학적 근거가 결여돼 있었다. 문제의 화학물질이 인체에 미치는 영향이라든지 적정 용량에 관한 연구가 제대로 시행된 예가 없었다. "손수건에 약간의 용액을 적셔 사용하라"는 심슨의 지침만으론 부족하다는 사실을 사람들은 비로소 깨달아 갔다. 어린 소녀에게는 늙은 남자에 비해 적은 용량을 투여해야 할까? 손수건은 얼마나 오랫동안 환자의 얼굴에 대고 있어야 할까? 이처럼 근본적이고 과학적인 질문들을, 이전에는 누구도 굳이 던지지 않았다. 하지만 다행히, 일찌감치 그런 문제를 파고든 사람이 있었다.

런던의 의사 존 스노우John Snow는 마취제의 발전 과정을 매우 주의 깊게 지켜봐 왔다. 에테르의 투여 방식과 관련하여 새로운 유형의 증기흡입기를 비롯한 여러 개선점을 고안했을 뿐 아니라, 에테르의 적정한 (그리고 안전한) 투여 농도를 계산하도록 돕기 위해 몇 가지 표를 작성하기도 했다.

스노우는 성격이 심슨과 정반대였다. 과학적 연구에 신중하게 매진하는, 조용하고 차분하면서도 근면한 남자였다. 사람들을 살리기 위한 그의 노력은 비단 마취제의 개량에만 국한되지 않았다. 1848년에는 런던에서 수만 명의 목숨을 앗아간 콜레라의 발생 원인을 연구하기도 했다.*

스노우는 마취제에 관한 논문을 집필하면서 심슨을 비판하지 않으려고 각별히 주의를 기울였다. 누가 뭐래도 심슨은 "클로로포름의 유용한 쓰임새를 세상에 알린" 인물이었다. 하지만 스노우는 외과의를 비롯한 의사들이 그 물질을 과용하고 있다고 확신했다. 그는 클로로포름의 농도 변화에 따른 효과를 연구하여, 그 결과를 기반으로 이른바 "마취 수준degrees of narcotism"을 정리했다. 마취 수준 1도는 환자가 의식이 온전하여, 클로로포름을 흡입하며 느끼는 기분 좋은 감정을 대체로 인지하는 단계를 의미했다. 2도에서 4도까지는 다양한 단계의 무감각 또는 무의식 상태를 가리켰다. 마취 수준 5도에서는, 개구리 실험으로 미뤄 보건대, 환자가 호흡정지 또는 심부전 상태에 빠질 위험이 있었다.

---

* 스노우는 콜레라가 공기가 아니라 오염된 물을 통해 전파된다는 사실을 밝혀냈다. 안타깝게도 런던의 당국자들은 수천 명의 시민이 추가로 목숨을 잃은 뒤에야 비로소 그의 결론을 사실로 받아들였다.

스노우의 결론에 따르면, 클로로포름은 호흡기와 심장에 공히 영향을 미쳤고, 무감각과 죽음은 글자 그대로 종이 한 장 차이였다. 고작 3분의 1 티스푼의 클로로포름으로 환자를 기절시킬 수 있었고, 2분의 1 티스푼으로는 환자를 죽일 수도 있었다. 그의 추론에 의하면, 클로로포름의 적정 용량은 사람에 따라 달랐다. 젊고 건강한 환자를 무의식 상태에 빠뜨리는 데는 비교적 많은 양의 클로로포름이 필요했고, 이는 자칫 치사량을 투여하는 결과로 이어질 수 있었다. 그런가 하면 "두려움이 심한" 환자는 숨을 최대한 오래 참는 경향을 가진 까닭에, 이윽고 숨을 들이쉴 때는 심정지를 일으킬 정도로 고용량의 클로로포름을 한꺼번에 흡입해 버릴 가능성이 다분했다.

이에 더하여 스노우는 환자의 계층과 감수성에 따라 아래와 같은 차이를 보인다고 결론지었다.

지력이 뛰어난 사람들은 클로로포름을 흡입하고도 가장 오랫동안 의식을 유지하는 경향을 보이는 반면에 지능이 변변찮은 사람들, 가령 병원에서 이따금 마주치는 일부 뱃사람을 비롯한 육체노동자들은 흡입과 거의 동시에 의식을 잃고는 술 취한 듯 소란을 피우는 경우가 대부분이다. 또한 그들과 전혀 다른 계층에도 클로로포름을 흡입하자마자 기다렸다는 듯 의식을 놓아 버리고는 이내 비몽사몽의 경지에 이르는 사람들이 존재하는데, 언질을 주자면 히스테릭한 여성들이 바로 그런 부류다.

「클로로포름을 비롯한 마취제의 작용 및 투여에 관하여On Chloroform and Other Anaesthetics: Their Action and Administration」(1858년)

물론 클로로포름의 효과는 지능이나 교육 수준, 사회적 계층과는 아무 관련이 없다. 하지만 용량의 제한과 조절에 관련된 주장만큼은 확실히 어느 정도 일리가 있었다. 이를테면 "히스테릭한 여성들"처럼 "기다렸다는 듯 의식을 놓아 버리는" 이들에게는 더 적은 용량의 클로로포름을 사용하라는 조언은, 귀담아들을 만했다. 약물에 대한 환자의 감수성은 고려하지 않은 채 일률적으로 몇 방울의 액체를 손수건에 뿌려 사용하는 행위는 전적으로 위험하다고, 스노우는 확신했다. 일찍이 개량식 에테르 투여 장비를 개발한 인물답게, 이제 그는 클로로포름 흡입기를 설계하는 작업에 착수했다.

이윽고 스노우는 안전하고 사용하기 쉽고 믿을 만한 방법을 고안해 냈다. 정리하자면 이렇다. 먼저 정량의 클로로포름 액체를 플라스크에 담는다. 여기에 도관을 연결한다. 환자의 얼굴에 마스크를 씌운다. 의사가 두 손으로 플라스크를 감싸면, 액체가 데워지면서 클로로포름 일부가 증발하여 환자가, 심지어 히스테릭한 여성까지도 편안히 들이쉴 만한 기체가 만들어진다. 이 방법으로 그는 4,000명이 넘는 환자에게 클로로포름을 투여했다. 그중 사망한 이는 한 명뿐이었고, 다른 합병증이 사인일 가능성도 배제할 수 없었다.

1853년경, 스노우는 빅토리아 여왕의 주치의가 되었다. 여덟째 왕자 레오폴드를 출산할 때는 여왕에게 친히 클로로포름을 투여했다. 출산 관련 합병증은 나타나지 않았다. 또한 통증 완화를 목적으로 소량만 투여했을 공산이 컸다. 그러나 소식을 들은 의료계는, 감히 여왕 폐하의 목숨을 위험에 빠뜨렸다며 스노우를 맹비난하는 사설을《랜싯》에 실었다. 사설은 클로로포름의 "유독한 작용"이 자 첫 유발할 수 있는 "개탄스러운 참사들"을 거론하는가 하면, 여왕 에게 그 약물의 투여를 권한 그에게 "엄중한 책임"을 물어야 한다고 주장했다.

이 같은 논란에도 불구하고 스노우는 물러서지 않았다. 더욱이 실적 면에서 그의 성과는 타의 추종을 불허했다. 4년 뒤에 여왕이 비어트리스 공주를 출산할 때도 그는 클로로포름을 사용했다. 만약 심슨이 주치의였다면 세간의 우려는 비교적 타당했을지 모른다. 하지만《랜싯》은 마취제로 사람들의 목숨을 위험에 빠뜨렸다며, 심슨이 아닌 스노우에게 비난을 퍼부었다. 또한 안타깝게도 스노우는 자신의 의학적 혹은 공중보건학적 성과를 끝내 제대로 인정받지 못했다.

제임스 심슨은 1870년에 쉰아홉의 나이로 사망했다. 그는 스코틀랜드의 영웅이었고, 의학적 공헌으로 기사 작위를 받은 최초의 인물이었다. 에든버러에서 성대한 장례식이, 스코틀랜드 역사상 가장 큰 규모로 개최되었다. 조기가 게양되었고 거리에는 3만 명의 조문객이 늘어섰다. 동상과 기념비가 세워졌다. 심슨의 이름을 딴 병원들이 생겨났다.

한편 존 스노우는 심슨보다 10년 먼저 세상을 떠났다. 스노우는 심슨의 발견에 안전성을 더한 인물이었다. 하지만 마취제에 관한 스노우의 위대한 저작은 그의 사후에야 비로소 출간되었다. 스노우의 소박한 무덤은 친구와 동료들이 모은 돈으로 세워졌다. 스노우의 이름을 딴 선술집이 한 곳 생겨났다.

클로로포름은 20세기까지 마취제로 인기를 누렸다. 결과적으로는, 심슨의 제안대로 클로로포름 몇 방울을 천 조각에 떨어뜨려 적용하는 방식이 가장 보편화되었다. 그러나 스노우의 노력은 결코 헛되지 않았다. 그를 본받아 외과의들은 린트 마스크를 착용했고, 도표를 참고해 클로로포름의 투여량을 조정했으며, 특히 '점적병'이라는 기구를 고안해 냈다. 이제 클로로포름은 가장 곤란한 상황에서도 (상대적으로) 안전하게 사용될 수 있었고, 특히 야전병원에서 마취제로 각광을 받았다. 그럼에도 여전히 일부 사람들은 의심을 완전히 거두지 않았다. 비교적 나이가 지긋한 외과의들은 여전히 통증 완화 요법에 회의적이었고, 자신들이 칼을 댈 때마다 병사들이 내지르는 비명을 오히려 더 듣고 싶어 했다. 그 "우렁찬 외침"은 장정들이 생존을 위해 싸우고 있다는 확실한 신호였다.

마취제의 발명으로 외과의들은 이제 성공적 수술을 가로막는 세 번째 장벽을 정복했다. 이로써 그들은 해부학을 온전히 이해하고 출혈을 멈추는 단계에서 한발 더 나아가, 새롭고 보다 과감한 수술까지 시도할 수 있게 되었다. 이제 사람들은 치료 받는 시기를 앞당기기를 원했다. 특히 여성들은 조기에 외과의를 찾아가 가슴의 작은 멍울을 암종이 커지기 전에 제거할 수 있었다.

이론적으로는, 그 어느 때보다 많은 사람이 목숨을 건졌어야 했다. 그러나 실제로는, 점점 더 많은 사람이 죽고 있었다. 대략 환자 다섯 명 가운데 한 명이 시체안치소에서 병원 생활을 마감하는 실정이었다. 일부 병원의 경우 수술 환자의 절반가량이 죽음을 각오해야 했다. 모든 병동이 초토화되었다. 이름하여 '병원증 hospitalism'이라는 질병이 원인이었다. 일부 병원의 경우 입원이 곧 사형선고였고, 차라리 집에서 운명을 기다리기로 결심하는 사람들도 적지 않았다. 과학과 의학의 눈부신 발전이 무색하게도 너무 많은 환자가 죽어 갔지만, 아무도 그 이유를 명확하게 밝혀내지 못했다.

이제 손을 씻으세요
1846년, 빈

산욕열은 끔찍한 질병이었다. 분만 후 며칠 이내에 산모는 불편함과 아픔, 체온상승을 느끼기 시작했다. 농양과 짓무른 상처가 전신으로 번지면서 배가 부어올랐다. 감염이 확산되며 조직을 파괴하고 중요 기관을 공격했다. 뇌수막염—뇌를 둘러싼 수막이 부어오르는 병—이 병발하여 발작을 일으키거나 의식을 잃을 수도 있었다. 회복되는 사례는 드물었다. 더욱이 증세가 심각한 경우에는 갓 태어난 아기까지 사망하는 사례가 적지 않았다.

빈 종합병원 산과 병동 내 진료소 한 곳에서만 해마다 수백 명의 산모가 산욕열로 목숨을 잃었다. 1846년 1월에는 총 336명이 아이를 낳았고 그중 45명이 사망했다. 같은 해 2월에는 산모 293명 가운데 53명이 숨졌다. 사망률은 18퍼센트, 환자 5명 가운데 1명이 사망한다는 뜻이었다.

빈 종합병원 산과는 진료소가 두 곳이었다. 제1진료소에서는 의사들—대개는 의대생들—이 환자를 보았고, 제2진료소에서는 조산사가 운영을 전담했다. 산과 병동 진료소를 둘로 나눌 당시만 해도 병원 간부들은 조산사가 관리하는 병동의 사망률이 상승할 것으로 예상했다. 그들의 주장을 빌리면, 그것은 그저 상식이었다. 조산사는 의사에 비해 충분한 교육을 받지 못했고, 접근법이 비과학적인 데다, 지력도 떨어질 수밖에 없다는 것이었다(여자 의사는 없었다).

그러나 결과는 정반대였다. 조산사들이 전담하는 진료소의 사망자가 현격히 적었다. 1846년을 놓고 보면, 의사들이 운영하는 진료소는 사망자 수가 총 459명(11.4퍼센트)인 데 비해, 조산사들이 운영하는 진료소는 105명(2.7퍼센트)에 그쳤다. 실로 놀라운 차이였다. 그리고 이 소식은 삽시간에 도시 전체로 퍼져 나갔다.

두 진료소는 격일로 번갈아 가며 환자를 받았다. 교대 시간은 오후 4시였다. 출산이 임박한 임신부들은 오래 기다리더라도 가능하면 의사가 아닌 조산사가 운영하는 진료소에 입원하려 했고, 그러다 보니 길거리나 마차 안에서 아이를 낳는 촌극이 빚어지기도 했다. 제1진료소에 배정됐다는 사실을 알아채고는 비명을 지르며 병원에서 뛰쳐나오거나 복도에서 끌려 나오는 이들도 있었다.

뭔가 조치를 취해야 했다. 위원회가 출범했다. 불균형의 원인을 조사해 문제를 반드시 매듭지어야 했다. 비난의 화살은 남자 의대생, 그중에서도 '특히 외국인들'에게로 향했다. 검사를 너무 거칠게 한다는 것이었다. 외국 학생의 대부분이 축출되었다. 그래도 사망률이 줄지 않자 '빈의 대기와 기운, 흙의 상태'로 비난의 화살이 돌아갔다. 그로 인해 '병독病毒, miasma', 즉 오염된 공기가 침투하여 병을 퍼뜨린다는 이유였다. 하지만 병원 간부들은 다시금 난관에 봉착했다. 만약 공기가 원인이라면, 유독 제1진료소에서 더 많은 여성이 죽어 나가는 이유는 또 어떻게 설명한단 말인가!

환자들도 비난의 화살을 피하지 못했다. 이들은 대개가 극빈층 여성이었다. 부유한 여성들은 통상 집에서 아이를 낳았다(가정분만의 사망률은 1퍼센트 미만이었다). 만약 산모의 기질이나 느슨한 정조 관념이 원인이라면? 그곳의 환자 중에는 정조를 잃은 여성이 많지 않던가? 하지만 결국 간부들은 원인을 밝히지 못한 채 자구책으로 입원 날짜에 변화를 주었다. 여성들이 더 이상 자신이 들어갈 진료소를 예측할 수 없도록 만들어 버린 것이다. 이제 입원은 사실상의 도박이 되었다. 그것도 산모의 목숨을 놓고 벌이는 도박.

두 진료소 사이에는 임원진이 놓쳤거나 어쩌면 간과했을 중대한 차이가 있었다. 의사들은 기량을 연마한다는 명분하에, 최근에 사망한 환자들의 시신에 접근할 권한이 있었다. 조산사들은 시체를 이용한 실습이 법적으로 불가능한 까닭에 마네킹이나 자기 인형을 활용해야 했다. 결과적으로 의사와 의대생들은 시체안치소에서 많은 시간을 보냈고, 필요할 때면 병동으로 돌아와 시체 냄새가 풀풀 나는 손으로 환자를 진료했다. 심지어 그 향이 여성을 매혹한다고 주장하는 학생도 더러 있었다.

1847년 스물아홉 살의 헝가리 내과의사 이그나츠 제멜바이스 Ignaz Semmelweis는 그 병원 산과학 교수의 제1보조자로 채용되었다. 제1진료소에서 근무하며 그는 산욕열의 참상을 목격했다. 열성적이면서도 친절하고 젊은 의사 제멜바이스는 이 모든 사망의 원인을 밝혀내겠다는 집념에 사로잡혔다. 그가 치료한 환자들이 10명당 2명꼴로 죽어 나가고 있었다. 어떻게든 해결책을 찾아내야 했다.

제멜바이스는 죽은 환자의 부검을 실시했을 뿐 아니라, 자신이 생각할 수 있는 모든 이론을 파고들었다. 그는 문제의 질병이 여성의 분만 자세와 관련되었을 가능성을 의심했다. 초산인 산모에게 더 빈발하는 것으로 보아, 분만 시간이 상대적으로 길어지는 탓일 가능성도 있었다. 의사에 대한 산모의 두려움도 용의선상에 놓였다. 남학생들이 보는 앞에서 진찰을 받는 일이 정숙한 여인에게 심적 부담으로 작용했을 가능성이 상당했다. 특히 산욕열의 소인이 있는 여성의 경우, 진찰에 대한 두려움이 발병을 부추겼을 가능성이 있었다. 하지만 정숙성을 거스르는 요인은 그 외에도 많았기에 그 이론은 빠르게 배제되었다.

제멜바이스는 한 사제가, 대개는 병자성사를 집행하기 위해 산모들 사이를 지나는 모습을 지켜보았다. 혹시 그 질병은 죽음에 대한 두려움을 퍼뜨리는 성직자와 관련이 있지 않을까? 확실히, 그리고 당연하게도 그 사제는 제2진료소보다 제1진료소를 더 자주 찾고 있었다. 사제들이 지니고 다니는 작은 종을 울리지 말아 달라는 요청에 그는 흔쾌히 응해 주었다. 그러나 설령 두려움이 산모들의 죽음을 유발한 요인이었다 해도, 아이들의 죽음에 대해서만큼은 그 이론으로 설명할 수 없었다.

도대체가 맞아떨어지는 이론이 없었다. 제멜바이스가 제시한 그 어떤 이론도 '왜 제1진료소에서는 제2진료소에 비해 많은 여성이 사망하는가'라는 근본적 물음에 제대로 답하지 못했다. 원인이 묘연해지자 집착은 이내 절망과 분노로 바뀌었다. 상관들은 그의 행동에서 이상을 감지했다. 그가 시도하는 온갖 변화들은 그저 기묘하고 무용할 뿐이었다. 제멜바이스는 휴식이 필요했다. 그것이 모두를 위하는 길이었다.

1847년 3월 제멜바이스는 두 동료와 함께 베네치아로 떠났다.

당시 그 이탈리아 도시는 오스트리아 제국의 영토로서 다시금 인기 있는 관광지가 되어 있었다. 부분적으로 이는, 당대의 기적이라 일컬을 정도로 오스트리아의 전원 지대를 빠르게 관통하는 선로가 신설되면서 이전보다 왕래가 훨씬 편리해진 덕분이었다. 베네치아에서 귀한 예술품을 구경하다 보면 제멜바이스도 기운을 회복할 성싶었고, 이내 그 기대는 현실로 이뤄진 듯했다. 활기를 되찾은 그는 다시 빈으로 향했다. 돌아가서 산욕열과의 씨름을 재개해야 했다.

하지만 돌아온 그를 맞이한 것은 절친한 벗의 부고였다. 야코프 콜레츠카 교수는 법의학의 선구자였다. 그는 사람들의 사망 경위를 밝히는 작업에 매료된 나머지 주기적으로 부검을 실시했다. 그리고 부검 도중에 죽음의 신을 맞닥뜨렸다. 콜레츠카는 학생 몇 명을 데리고 시체해부 실습을 진행 중이었다. 그때 절개를 하던 누군가의 손이 미끄러지며 실수로 콜레츠카의 손가락을 찔렀다. 교수는 이를 대수롭지 않게 여겼다. 작은 상처였고, 그런 유의 부상은 굉장히 흔했다. 모름지기 외과나 의학 관련 종사자라면 직업상 메스로 베일 위험 정도는 감수해야 했다.

몇 시간도 채 지나지 않아 상처 주변이 붉어지기 시작했지만, 걱정할 정도는 아니었다. 하지만 이내 붉은 기가 팔뚝으로 번지는가 싶더니 고열과 더불어 통증이 나타나기 시작했다. 곧이어 몸 여기저기에 고름이 잡히더니 배가 부어올랐다. 장기들이 감염되었고 폐렴과 뇌수막염을 앓았다는 사실이 사후에 검시를 통해 밝혀졌다. 결국 콜레츠카는 의식이 혼미해지면서 혼수상태에 빠져들었다. 그러다 감염된 지 고작 며칠 만에 숨을 거두었다. 제멜바이스는 실의에 빠졌다.

콜레츠카는 단순한 친구가 아니었다. 함께 일할 때가 많았고, 산욕열에 대한 제멜바이스의 집념을 한결같이 지지해 준 동료였다. 그런데 콜레츠카는 죽은 뒤에도 한 가지 일로 제멜바이스를 돕게 되었다. 사연은 이렇다.

검시 프로토콜을 읽어 내려가던 제멜바이스는 이내 친구의 증상이 산욕열로 사망한 여성들의 증상과 동일하다는 사실을 알아차렸다. 애도는 잠시 미뤄야 했다. 산모들의 사망원인을 알아낸 이상 비탄에 잠겨 있을 때가 아니었다. 그는 "콜레츠카의 직접적 사인이 밝혀졌다"고 선언했다. "해부용 시체의 작은 입자들로 오염된 부검용 칼에 베인 상처, 엄밀하게는 해부용 시체의 입자로 인한 상처의 오염이 그의 죽음을 유발했다"는 것이었다.

만약 그 친구의 죽음이 시체의 입자에서 기인했다면, 산모들의 죽음 또한 같은 것에서 기인했을 공산이 컸다. 의사들은 부검을 시행하는 동시에 환자를 진료하고 있었다. 질 검사를 시행하기 전에 그들은 기껏해야 비누로 손을 씻었고, 그래도 해부용 시체의 냄새는 가시지 않았다. 의사들이 질병을 퍼뜨리고 있었다. 그들의 손으로 직접 죽음을 옮기고 있었다. 제멜바이스도 예외가 아니었다. 그역시 환자들을 도우려다가 오히려 죽이고 있었다. 충격적인 결론이었다. "산과의사 가운데 나만큼 시체를 많이 부검한 사람은 드물다. 나로 인해 얼마나 많은 산모가 이른 나이에 목숨을 잃었는지는 오직 신만이 아실 것이다. 다름 아닌 우리 의사들이 수많은 죽음을 유발하고 있다는 사실을 우리 가운데 누구도 알지 못했다." 그는 이렇게 적었다.

제멜바이스는 해부용 시체에서 나온 물질이 환자에게 전파되지 않게 하려면, 비누로 가볍게 손을 씻는 것 이상의 조치가 필요하다고 판단했다. 1847년 5월 중순, 그는 새롭고도 엄격한 지침을 진료소에 도입했다. 모든 의사는 환자를 검사하기 전에 클로르석회라는, 표백제와 매우 흡사한 부식성 화학물질로 손을 씻어야 했다. 이런 취지에서 제멜바이스는 아래와 같은 공고문을 게시했다.

검진을 목적으로 병동에 출입하는 모든 학생과 의사는 입실 전에 반드시 병동 입구의 세면기에 담긴 클로르석회 용액으로 손과 손가락을 철저히 세척해야 한다. 소독은 1회 방문 시 1회로 충분하나, 검진 환자가 바뀔 때마다 반드시 비누와 물로 손을 씻어야 한다.

결과는 제멜바이스가 기대한 것 이상이었다.

1847년 4월까지만 해도 사망자 수 57명에 월별 사망률 18.27퍼센트라는 최악의 수치를 기록했지만, 5월에는 각각 36명과 12.24퍼센트로 줄어들더니, 6월이 되자 감소세가 뚜렷해졌다. 사망자 6명에 사망률 2.38퍼센트, 조산사가 운영하는 병동에 비해서도 낮은 수치였다. 이후로도 상황은 다달이 호전되어서, 1848년 3월과 8월에는 단 한 명의 환자도 사망하지 않았다. 통계적으로 이제는 가정보다 병원에서 분만하는 쪽이 더 안전했다. 제멜바이스 덕분에 병원이 마침내 생명을 구하는 기관으로서 제 역할을 하게 된 것이었다.

결론은 명확했다. 산욕열은 시신에서 떨어져 나온 입자에서 비롯된 질병이었다. 빈의 대기며 기운이며 흙의 상태는 물론, 산모의 두려움이나 외국인 의학생과도 아무 관련이 없었다. 제멜바이스의 견해를 빌리자면, "산욕열이 동물성 유기물질의 전파에서 기원했다는, 반박의 여지가 없는 증거"가 확인된 셈이었다.

제멜바이스는 마땅히 영웅 대접을 받아야 했다. 하지만 그의 태도가 걸림돌이었을까? 아니면 그가 외국인이란 사실이 문제였을까? 일부 동료들은 그를 무시했을 뿐 아니라, 클로르석회 용액에 손을 씻으라는 새 지침을 번거롭게 여겼다. 피부에 자극적일뿐더러, 비록 제1진료소의 사망자 수가 극적으로 감소한 것이 사실이라고는 해도 제멜바이스의 결론에는 과학적 설명이 빠져 있다고 그들은 생각했다. 대관절 "동물성 유기물질"이 무엇이기에, 그 썩어 가는 살의 여취가 건강하고 젊은 여성을 죽일 수 있다는 말인가?

제멜바이스의 "반박의 여지가 없는 증거"는 퇴임을 코앞에 둔 진료소장의 반박에 직면하게 되었다. 소장은 몇 달 남지 않은 재임 기간이 순탄하게 흘러가길 바랐다. 그런데 그를 보필해야 할 아랫사람이 도리어 문제를 키워 가고 있었다. 의사들은 이 새롭고 복잡한 절차를 못마땅하게 여겼다. 제멜바이스는 자신의 주제도 모른 채 불만을 조장하고 있었다.

제멜바이스의 성취가 제대로 인정받지 못한 데는, 어쩌면 제멜바이스 자신에게도 부분적 책임이 있었다. 그는 자신의 결론에 매몰된 나머지, 반대의견을 표하는 모든 사람을 상대로 언쟁을 벌이거나 돌연 화를 내고는 했다. 빈 종합병원 소속의 의사들이나 유럽 각지 출신의 방문 의사 몇 명을 제외하면, 제멜바이스의 연구 결과를 아는 사람이 거의 없었다. 관련 논문이 몇몇 의학지에 게재되긴 했지만, 기고자는 제멜바이스가 아니었다. 그의 지침을 도입한 병원도 몇 군데 있긴 했지만, 대부분은 도입하지 않았다.

요컨대 빈 종합병원의 내부자들이나 제멜바이스의 가까운 친구들을 제외하고는, 그의 성취에 대해 아는 사람이 없다시피 했다. 상관들은 끝내 그를 감당하지 못했고, 병원과의 계약은 당연한 수순처럼 종료되었다. 1850년에 그는 헝가리의 페슈트(오늘날의 부다페스트)로 돌아가 센트 로쿠시Szent Rókus 병원의 산과학 교수가 되었다.

그곳의 상황은 빈에 비해 훨씬 열악했다. 빈 종합병원은 적어도 현대적 시설이었다. 하지만 센트 로쿠시 병원의 산과 병동은 병상이 여덟 개에 불과한 데다, 그나마도 한 병상은 전날 밤에 산욕열로 사망한 환자가, 바로 옆 병상은 다 죽어 가는 환자가 차지한 상태였다. 나머지 여섯 환자는 분만의 막바지에 다다랐지만, 그들 또한 산욕열을 앓고 있는지라 살아서 병원을 떠날 가능성이 몹시 희박했다. 게다가 담당 외과의는 매일 아침 병동 회진을 돌기 전 부검을 시행하고 있었다.

제멜바이스는 신속히 청결 프로그램을 가동했다. 클로르석회를 사용해 손과 기구를 엄격히 세척하는 절차를 도입했다. 1856년에는 센트 로쿠시 병원 환자의 산욕열로 인한 사망률이 1퍼센트 미만까지 떨어졌다. 빈 종합병원에서 이룬 성취를 능가하는 결과였다.

치열한 정치적 논쟁 끝에 제멜바이스는 페슈트 의과대학의 산과 과장으로 임명되었다(처음에 그는 유력한 후보자가 아니었다). 하지만 이름만큼 근사한 자리는 아니었다. 병동은 불결하기 짝이 없었다. 공동주택 건물 내의 비좁고 환기도 잘 안 되는 방 몇 곳이 시설의 전부였다. 게다가 입원환자의 3분의 1이 산욕열로 사망하다 보니, 심지어 극빈층 여성들조차 입원을 한사코 피하는 실정이었다. 또다시 제멜바이스는 예의 그 청결 프로그램을 도입했지만, 어찌된 영문인지 이번에는 사망률이 좀처럼 내려가지 않았다. 그는 침대보로 눈길을 돌렸다.

비용 절감을 명목으로 그 병원은 놀랍도록 저렴한 가격에 한 세탁 회사와 거래 중이었다. 그토록 비현실적인 가격이 가능했던 이유는 금세 밝혀졌다. 알고 보니 그 회사는 사실상 침대보를 세탁하지 않고 있었다. 냄새 나고 얼룩진 시트를 걷어 갔다가 다음 날 비슷한 상태로 되가져 오는 것이었다. 이곳에서 감염원은 의사들이 아니었다. 시트에 묻은 모종의 '물질'이 원인이었다. 문제의 세탁 회사와 거래를 중단하자 사망률은 뚝 떨어졌다.

1857년, 어느덧 30대 후반에 접어든 제멜바이스는 친구의 열아홉 살짜리 딸과 결혼했다. 그의 어린 아내는 다섯 아이를 낳았다. 첫째는 출생 직후에 사망했고, 둘째도 감염으로 목숨을 잃었지만, 적어도 산욕열 때문은 아니었다. 또한 19세기에는 그와 같은 비극적 사건이 그리 드물지 않았다. 제멜바이스는 안정된 생활을 유지했고, 외국에서 들어온 취업 제안을 거절하기도 했다. 그는 자신이 이룩한 필생의 업적을 글로 남기기로 결심했다.

마침내 1860년 『산욕열의 병인, 개념, 예방*The Etiology, Concept and Prophylaxis of Childbed Fever*』을 출간했을 때 그가 맞닥뜨린 것은 지독한 무관심이었다. 그나마 얻은 반응도 부정적인 내용이 주를 이뤘고, 제멜바이스의 이론은 폄하되었다. 스코틀랜드의 제임스 심슨을 비롯한 유수의 외과의들이 잇따라 그를 비난했다. 이미 다수의 외과의가 산욕열의 원인을 두고, 난관염과의 관련 가능성을 비롯해 나름의 이론을 정립한 상태였다. 빈 종합병원 역시 제멜바이스의 "별난" 발상을 실행이 불가능하다는 이유로 일찌감치 폐기해 버렸다. 《빈 의학 저널Viennese Medical Journal》에 실린 한 의사의 논문을 빌리자면, "클로르석회 세척 이론은 오래전에 효용성을 상실했으니 이제 더 이상은 그 이론에 속지 말아야" 했다.

안타깝게도, 가장 객관적 위치에서 그 책을 읽은 사람조차도 제멜바이스를 향해 대체로 회의적인 시선을 보냈다. 사람들의 냉대는 어찌 보면 자연스러운 일이었다. 그도 그럴 것이 『산욕열의 병인, 개념, 예방』은 그가 빈에서 했던 실험들이나 질병에 맞서 이룩한 성과보다는, 그가 받은 대우의 부당함과 그로 인해 느낀 절망감을 토로하는 내용이 주를 이뤘다. 에필로그 역시, 미래에 대한 일말의 희망이 감지되긴 하지만, 도움을 갈구하는 병적이고 헛된 외침의 성격이 다분했다.

현재로서는 미래를 내다보는 것만으로도 과거에 내가 겪은 비극들을 견딜 수 있다는 확신이 든다. …설혹 내가 살아생전에는 좋은 날을 보지 못하더라도, 그로 인해 나의 죽음은, 그날이 조만간 반드시 도래하리라는 확신에 힘입어 밝아질 것이다.

두서없고 때때로 독설로 가득한 책의 내용은, 제멜바이스의 정신 건강이 쇠했다는 방증이나 다름없었다. 그는 툭하면 화를 내고 멍해지는가 하면 우울감에 시달렸다. 그의 조언을 듣지 않은 의사들에게는 살인자라고 비방하는 서한을 보냈다. 병원 예배당에 나가, 자신이 유발한 죽음들에 대해 기도로 용서를 구하기도 했다. 폭음을 일삼았고, 매음굴에 드나들었다. 아내는 절망에 빠졌다. 의사들은 제멜바이스에게 휴가를 권했다.

제멜바이스는 가족과 함께 빈행 열차에 올랐다. 그리고 그곳에서 옛 친구 헤브라 교수를 만났다. 헤브라는 자신의 새 병원을 제멜바이스에게 무척 보여주고 싶어 했다. 성화에 못 이겨 제멜바이스는 아내와 자식들을 남겨 둔 채 헤브라를 따라 문제의 시설을 보러 갔다. 하지만 알고 보니 그 병원은 니더외스트라이히주 정신병원이었다. 제멜바이스는 그대로 붙잡혀 구속복에 묶인 채 정신병동에 수용되었다.

다음 날 아내가 찾아왔지만 면회는 금지되었다. 제멜바이스는 탈출을 시도했다. 하지만 이내 간병인 여섯에게 제압당했고, 명목상 보호를 위해 격리 병실에 감금되었다. 이후에 벌어진 일에 관해서는 설이 분분하다. 혹자는 그가 제압 과정에서 두들겨 맞았다고 믿는다. 혹자는 그가 손가락을 (이 또한 어쩌면 제압 과정에서) 베었다고 말하기도 한다. 어느 쪽이든 며칠 뒤 제멜바이스는 건강이 심하게 나빠졌다. 열이 오르며 몸이 붓더니, 곳곳이 곪고 헐기 시작했다. 결국 시설에 수용된 지 2주 만에 이그나츠 제멜바이스는 숨을 거두었다. 사인은 그의 친구 야코프 콜레츠카와 산모 수천 명의 목숨을 앗아 간 바로 그 질병이었다.

당시에는 제멜바이스의 죽음을 애도하는 이가 거의 없었다. 사람들은 언제나 그를 미치광이로 취급했고, 그의 기괴한 사망은 세간이 통념에 확신을 불어넣을 뿐이었다. 어쨌든 제멜바이스는 정신병원에 들어간 지 얼마 되지 않아 사망했고, 그의 아이디어들도 주인과 운명을 같이했다. 제멜바이스의 연구가 재평가되고, 청결이 감염의 확산을 막을 수 있다는 그의 발견이 온전히 인정받기까지는 이후로도 오랜 세월이 걸렸다.* 하지만 그때까지는, 명성은 다른 누군가의 차지였다.

수술은 성공적이었으나, 환자는 사망하였다
1865년, 글래스고

조지프 리스터Joseph Lister가 병동을 걷고 있었다. 외과 교수인 그는 각 병상 앞에 차례로 멈춰 환자들과 이야기를 나눴다. 그러다 종종 간호사를 시켜 시트를 걷어 내고는 상처를 살펴보았다. 어쩌면 그것은 우울한 경험이었다. 썩어 가는 살덩이의 들큼하고 역겨운 냄새가 방 안에 번졌다. 환자들은 기분 좋게 회복을 확신하며 병원에 도착했다가 2주 뒤에 죽어 나가고는 했다. 외과의 상당한 발전에도 불구하고 너무 많은 환자들이 괴저와 고열, 패혈증에 목숨을 빼앗겼다. 노출된 상처는 높은 확률로 질환에 감염되었다. 심지어 작은 증식물이나 사마귀의 제거처럼 지극히 간단한 수술조차 죽음으로 귀결될 수 있었다.

사지절단술 환자가 넘쳐 나는 상황은 리스터를 슬프게 했다. 놀다가 잘못 넘어지거나 (교통사고가 늘면서) 짐마차라든지 시가전차에 치이는 바람에 다리뼈가 부러져 찾아오는 어린이들도 있었다.

---

* 제멜바이스는 사망한 뒤로도 몇 십 년이 지나서야 비로소 공로에 상응하는 인정을 받았다. 이제 부다페스트에는 그의 이름을 딴 대학교가 있고, 많은 이가 그를 '어머니들의 구원자'로 여긴다.

만약 아이의 피부가 찢어져 있으면 며칠 안에 감염으로 살이 썩어 결국 다친 다리를 절단해야 하리라는 것을 리스터는 알고 있었다. 외과의사가 질병을 다스리지 못하는 탓으로 너무 많은 팔다리가 잘려 나갔다.

와중에 외과의사들은 새로운 수술법의 개발에 심혈을 기울이고 있었다. 단순히 팔다리나 증식물을 잘라 내는 방식을 뛰어넘어야 했다. 마취제의 등장으로 더 긴 수술 시간이 확보되면서 외과의에게는 새로운 기법들을 시도할 여력이 생겼다. 모름지기 외과의라면 몸을 가르고 내부의 기관들을 수술할 줄 알아야 했다. 그러나 리스터처럼 지각 있는 외과의들은 반드시 필요한 경우가 아니면 수술을 멀리했다. 불가피한 경우가 아니고서는 살에 칼을 대지 않았고, 배를 가르는 수술은 더더욱 회피했다. 모든 상처는 질병과 죽음의 잠재적 원인이었다.

문제의 질병 혹은 모든 질병의 원인은 여전히 미스터리였다. 어쩌면 나쁜 공기, 일종의 병독이 질환을 퍼뜨리는지도 몰랐다. 하지만 이곳은 신설된 병원이었다. 병실 천장은 높았고, 병상은 간격이 넉넉했으며, 옆으로는 커다란 창들이 나 있었다. 바닥은 단단한 목재였고, 벽은 하얗게 회칠한 상태였다. 게다가 밝고 바람도 잘 통했다. 물론 다 완벽하지는 않았다. 글래스고가 산업도시다 보니 공기 중에는 연기와 스모그가 자욱했다. 하지만 과연 그것이 이 지독한 질병의 진짜 원인일까? 미신을 신봉하는 환자들은 병원의 위치를 문제 삼았다. 콜레라 희생자들의 묘지 위에 지어졌다나. 정말 그게 원인일까? 리스터는 모든 가능성을 열어 두고 검토하기로 마음 먹었다.

리스터는 훌륭한 외과의였지만, 특별히 뛰어난 축은 아니었다. 차근차근 단계를 밟은 뒤에야 그는 글래스고에서 현재의 지위에 오를 수 있었다. 유니버시티 칼리지 런던에 다니며 로버트 리스턴 밑에서 의학을 공부한 이래로 그는 한 사람이라도 더 살리려는 열망에 경도되었다. 리스터는 리스턴이 마취제를 처음 사용하는 현장을 지켜보았고, 이를테면 통증완화제의 개발로 인한 수술 시간의 연장과 같은 외과의 기술적 발전 과정에 관심을 기울여 왔다. 그러나 리스터가 집도한 절단술 환자의 사망률은 동시대의 평균에서 좀처럼 낮아지지 않았다. 그가 수술한 환자의 절반가량이 목숨을 잃는 형국이었다.

외과의 발전은 시나브로 멈추었다. 이제 외과의들은 몸의 작동 방식을 알았고 출혈을 제어할 수 있었다. 심지어 환자들을 안전하게 재운 상태로 수술을 진행할 수도 있었다. 하지만 이 모든 발전이 무색하게도 너무 많은 입원환자가 죽어 나갔다. 감염 문제가 해결되지 않는 한 외과는 더 이상 앞으로 나아갈 수 없었다. 또한 배를 갈라 충수를 떼어 내거나 장기를 수술하는 행위는 전적으로 불가능했다.

여가 시간이면 리스터는 과학자가 되었다. 화학 공업 분야를 제외하면 이른바 풀타임 과학자가 귀하던 시절이었다. 신사에게 과학 연구는 진정한 직업이 아니라, 취미에 가까웠다. 과학은 집안 내력이었다. 리스터의 아버지는 와인상이자 존경 받는 현미경 전문가로, 현미경 기술의 유의미한 개선책을 고안한 바 있었다. 아들인 리스터는 개구리를 대상으로 자기만의 실험을 시작했다. 그는 상처에 염증이 생겼을 때 나타나는 현상을 현미경으로 관찰했다. 괴저가 살이 썩어 가는 과정, 즉 부패라는 사실은 알고 있었다. 그가 이해할 수 없는 부분은, 왜 단순골절(피부 안에서 뼈만 부러진 상태) 환자는 치유되는데 복합골절(부러진 뼈가 피부를 찢고 나와 공기 중에 노출된 상태) 환자는 감염되는가 하는 것이었다.

의학사의 크나큰 비극 중 하나는 질병과 감염이 미생물로 인해 유발된다는 사실을 의학계가 깨닫기까지 너무 오랜 시간이 걸렸다는 점이었다. 17세기에 현미경이 발명되면서 '균germ'의 존재가 드러나긴 했지만 그 이상은 진척이 없었고, 이들 '현미경적' 생물과 질병을 관련짓지도 않았다.

심지어 제멜바이스처럼 비범한 인물도 예외는 아니었다. 죽을 때까지 그는 질병이 사체에 묻은 모종의 물질이 아니라 사체 자체에 의해 퍼진다고 믿었다. 더욱이 더러운 환경과 감염률을 관련짓는 외과의는 없다시피 했다. 플로렌스 나이팅게일은 병원의 위생적 환경이 사망률을 유의미하게 감소시킨다는 사실을 입증했다. 또한 그 옛날에 로버트 리스턴이 상대적으로 적은 환자를 잃었던 이유도 그의 남다른 위생 관념에 있을 터였다. 그리고 하나 더, 리스턴의 유달리 빠른 수술 속도 역시 사망률 감소에 긍정적 영향을 미쳤다. 하지만 마취제의 등장으로 수술 시간이 종종 길어지면서 상처의 노출 시간도 덩달아 길어졌고, 그로 인해 감염의 위험성 또한 높아졌다.

물론 질서와 청결에 대한 강박 덕분에 빅토리아시대의 영국은 다른 어느 지역보다 수술 환자의 생존율이 높았다. 그러나 대개는 말쑥한 차림으로 병원에 도착하는 외과의들도 일단 수술실에 들어가면, 수년 동안의 수술로 인해 피와 고름이 너절하게 묻은 오래된 프록코트를 걸친 채, 이전 환자에게 사용했다가 녹슬지 않도록 천으로 닦아 둔 기구들을 다시 집어 드는 것이었다.

그러던 어느 날 리스터는 같은 대학 화학과 교수 토머스 앤더슨으로부터, 프랑스에서 루이 파스퇴르가 시행했다는 몇 가지 실험 이야기를 듣게 되었다. 파스퇴르의 연구는 단순하고도 흥미로웠다. 한 실험에서 파스퇴르는 플라스크에 담긴 고기 수프를 끓여 살균한 다음, 그 유리용기의 입구를 정제솜으로 막아 공기 외에는 그 무엇도 통과하지 못하게 했다. 그 상태로 두었더니, 수프는 며칠이 지나도 상하지 않았다. 하지만 정제솜을 제거하자, 이내 부패하기 시작했다. 물질을 썩게 만드는 것은 공기 자체가 아니었다. 공기에 함유된 무엇이었다. 파스퇴르는 이를 증명해 냈고, 그 무엇의 정체가 균, 그러니까 공기 중의 미생물이라고 추정했다.

파스퇴르 실험의 백미는 백조목플라스크라는, 목 부분을 길게 늘여 구부린 형태로 특수 제작한 유리용기를 사용했다는 데 있었다. 그러면 공기는 플라스크 내부를 자유롭게 드나들 수 있지만, 공기 중의 먼지나 현미경적 유기체는 목 부분에서 흐름이 막혀 걸러질 수밖에 없었다. 파스퇴르는 그 백조목플라스크에 고기 수프를 담았고… 수프는 상하지 않았다.*

파스퇴르가 발표한 논문을 통독하기란 녹록한 일이 아니었지만, 리스터의 노력은 보상을 받았다. 증거를 취합하여 분석하면 분석할

---

* 파스퇴르의 연구는 1857년과 1860년 사이에 잇따라 논문으로 발표되었다. 같은 시기에 제멜바이스는 저서의 집필에 한창이었고, 그가 파스퇴르의 연구에 관해 알았다거나 생전에 병원 감염과 미생물을 관련지었다는 증거는 존재하지 않는다. 제멜바이스의 성과가 극히 제한된 경로를 통해서만 발표되었다는 점을 감안할 때 파스퇴르가 제멜바이스의 연구를 접했을 가능성은 없다고 역사가들은 추측한다.

수록, 환자들의 사망원인이 바로 그 균이라는 확신이 굳어져 갔다. 그러자 이런 생각이 들었다. 만약 문제의 미생물을 죽이거나 상처에 유입되지 않도록 조절할 수 있다면 감염을 막을 수도 있지 않을까? 하지만 파스퇴르는 실험 장치를 살균할 때 열을 사용했다(이 방법은 훗날 저온살균법으로 불리게 된다). 그런데 살아 있는 사람의 상처는 도대체 무엇으로 살균한단 말인가?

리스터는 다양한 화학물질과 혼합물을 가지고 몇 가지 실험을 진행했지만 결과는 썩 만족스럽지 않았다. 답은 하수에서 나왔다. 약 160여 킬로미터 남쪽으로 스코틀랜드 국경 저편 잉글랜드에 위치한 도시 칼라일의 당국자들은 배수관과 정화조의 하수를 처리할 새로운 방법, 정확히는 석탄산(페놀)이라는 화학물질을 사용한 악취제거를 시도 중이었다. 석탄산은 콜타르에서 얻는 물질로, 균을 죽이는 효과가 몇몇 연구를 통해 입증된 바 있었다. 리스터는 생각했다. 만약 하수 속 미생물을 살멸하는 데 쓰는 화학물질이라면, 상처 속 미생물을 살멸하고 감염을 예방하는 데도 쓸 수 있지 않을까? 어차피 외과 병동은 썩어 가는 살덩이의 고약한 냄새가, 처리되지 않은 하수의 악취에 버금갈 정도로 진동하는 곳이었다. 외과의 관행에 따라 리스터는 자신의 새로운 '무균수술법(방부법)'을 환자에게 직접 시험해 보기로 결정했다.

1865년 8월 12일, 제임스 그린리스라는 열한 살 소년이 짐마차에 치였다. 그날 늦게 소년은 글래스고 왕립 병원에 입원했다. 왼쪽 다리의 복합골절이었다. 짐마차 바퀴가 경골, 즉 정강이뼈를 두 쪽으로 부러뜨린 것이었다. 부러진 뼈가 피부를 찢으면서 길이 3.8센티미터, 너비 1.9센티미터 가량의 상처가 났다. 리스터는 소년의 상처에 금속 탐침을 찔러 넣어 부러진 뼈를 검사했다. 출혈은 의외로 심하지 않았다.

평소 같으면 환부를 덮고 소년이 안정을 취하도록 조치했겠지만, 부목을 대어 상처의 치유를 도모하더라도 결국에는 다리를 절단할 확률이 높다는 것을 리스터는 알고 있었다. 소년은 불구가 되어 참혹하리만큼 불우한 인생을 살게 될 것이었다.

그렇게 만들 수는 없었다. 리스터는 병원에서 숙식하는 연수 외과의사 맥피 선생에게, 희석하지 않은 석탄산 용액에 담근 린트 붕대로 상처를 감으라고 지시했다. 붕대를 두른 뒤에는 주석박 시트를 덧대었는데, 석탄산의 증발을 방지하기 위해서였다. 그런 다음에는 제임스의 부러진 다리 양쪽으로 부목 두 대를 댔다.

나흘 뒤 제임스는 상처가 쓰라리다고 말했고, 이에 리스터는 붕대를 풀어 상태를 살피기로 했다. 소년에게 움직이지 말라고 단단히 일러둔 다음, 리스터는 조심스레 부목을 제거하고 붕대를 벗겼다. 그에게는 언제나 거북한 순간이었다. 썩어 가는 살과 부패물의 냄새가 코를 찌르는 통에 참지 못하고 뒤로 물러나는 일이 다반사였다. 또한 그가 자리에 앉아 환자에게 이제 남은 치료법은 다리를 절단하는 것뿐이라고 차분히 통보하는 시점도 보통은 이때쯤이었다.

린트 붕대의 마지막 조각이 제거되었다. 그러자 생전 처음 보는 광경이 리스터의 눈앞에 펼쳐졌다. 화농의 징후라고는 없었다. 상처는 더할 나위 없이 말끔했다. 석탄산 특유의 향 말고는 냄새도 나지 않았다. 우려스러운 부분이라야 상처의 가장자리가 붉다는 것 정도였다. 리스터의 짐작으로는 석탄산에 의한 화상인 듯했다. 소년이 호소한 쓰라림의 원인은 다행히 질병이 아니라 붕대에 있었다.

리스터는 다시 붕대를 감았고, 이번에는 깨끗한 물로 희석한 석탄산 용액을 사용했다. 닷새 뒤에 그는 상처를 다시 살펴보았다. 고름을 비롯한 감염의 징후는 나타나지 않았지만, 석탄산으로 인한 화상은 여전했다. 이번에는 석탄산과 올리브유 혼합물을 써 보기로 했다. 또 며칠 뒤에는 붕대를 물에 적신 린트 천으로 교체했다. 6주가 지나자 상처는 완전히 치유되었다. 제임스는 부목을 제거한 다음 걸어서 집으로 돌아갔다. 리스터의 말마따나 "지극히 고무적인 결과"였다.

1867년 3월 16일, 리스터의 첫 연구 결과가 학술지 《랜싯》에 실렸다. 당시에 그는 자신이 고안한 무균수술법으로 총 11명의 환자를 치료한 상태였다. 그중 단 1명만이 사망했고, 사인은 리스터의 상처 치료법과는 무관한 합병증이었다.

이제 비로소 복합골절 환자들은 온전한 팔다리로 퇴원할 희망을 가질 수 있다. 다음 단계는 이 요법을 수술에 적용하는 것이었다. 수술실은 리스턴이 활약하던 시절에서 달라진 부분이 거의 없었다. 얼룩진 나무 수술대 주위로는 대개 경사진 관람석이 자리했고, 외과의가 수술할 때면 참관자들은 밖에서 신던 부츠를 갈아 신지도 않은 채 수술대 곁으로 모여들곤 했다. 길거리의 흙먼지가 신창에 갈려 목재 바닥에 박혔다. 조명은 가스등이었고, 심지어 촛불일 때도 있었다. 그 같은 수술 환경에 걸맞은 무균법을 고안하기란 정말이지 크나큰 도전이었다. 리스터는 석탄산에 기대를 걸어 보기로 했다.

수술 전에 그는 모든 것을 석탄산으로 세척했다. 손이든 기구든 거즈든 붕대든 가리지 않고 희석한 석탄산 용액에 담갔다. 환자의 피부는 석탄산을 묻힌 솔로 닦았고, 석탄산 용액에 적신 타월을 상처 주위에 얹었다. 공기 중의 균을 처리하는 데는 신형 장비가 동원되었다. 알코올램프로 가열하면 고압의 석탄산 증기가 분무되도록 특별히 고안한 장치였다. 이때 비말의 크기는 반드시 작게 조절해야 했다. 너무 크면 자칫 눈에 화상을 입힐 수 있었다.

클로로포름이 환자를 재우면, 리스터는 소매를 걷어붙이고 수술을 시작했다. 석탄산 증기로 자욱한 가운데 수술이 치러졌다. 모든 기구는 석탄산 용액에 잠시 담갔다 사용했고, 수술대와 그 주위로는 석탄산 분무가 내려앉았다. 리스터는 목 피부에 석탄산이 닿지 않도록 코트 깃을 세웠다. 마치 폭풍우 속에서 수술하는 것 같았다. 상처를 닫을 때는 석탄산 용액에 담근 장선(양의 창자로 만든 봉합사)을 사용했다. 상처가 곪던 시절에는 봉합사를 쉽게 제거할 수 있었다. 말캉하게 썩어 가는 조직에서 실을 당겨 빼내면 그만이었으니까. 하지만 이제 감염 문제가 해소되면서, 봉합사나 결찰사의 제거가 어려워질 가능성이 있었다. 장선은 살균이 가능할 뿐 아니라 천연 소재로 만들어져 몸에 흡수되기 때문에 나중에 굳이 제거할 필요가 없었다.

확실히, 쾌적한 수술 환경은 아니었다. 하지만 결과는 그 불편을 상쇄하고도 남았다. 무균수술법을 도입하기 전에는 그 병원 수술 환자 35명 가운데 16명이, 2명당 1명꼴로 사망했다. 그런데 무균수술법이 도입된 1865년 여름 이후로는 수술 환자 40명 가운데 6명만이 목숨을 잃었다. 50퍼센트에 육박하던 사망률이 15퍼센트 수준으로 떨어진 것이다. 그야말로 괄목할 만한 성취였다.

하지만 모든 사람의 관심을 끌지는 못했다. 이 '리스터법Listerism'을 엉터리라며 배척하는 사람도 있었다. 증거를 보여 줘도 외과의들은 균이 감염을 일으킨다는 발상 자체를 받아들이지 않았다. 그들은 이 '작은 괴물들'을 리스터가 만들어 낸 허상으로 치부했다. 심지어 균의 과학적 근거를 이해하는 외과의들도 리스터의 요법을 흔쾌히 받아들이지 못했다. 석탄산 분무로 자욱한 공간에서 수술하기란 불편하고도 불쾌한 경험이었다. 뉴욕의 외과의사 윌리엄 홀스테드William Stewart Halsted는 벨뷰 병원 직원들이 석탄산 연기라면 질색하는 바람에 하는 수 없이 천막에서 수술하기도 했다. 그런가 하면 수술실을 청결히 유지하고 손을 깨끗이 씻는 것만으로 좋은 결과를 얻은 외과의들도 있었다. 리스터는 석탄산으로 손을 세척하면서도, 낡고 피로 얼룩진 코트만은 여전히 착용한 상태로 수술에 임했다.

결국 리스터는 석탄산 분무 지침을 폐기했다. 공기 중의 그 어떤 균보다 그의 손이나 기구를 통해 감염될 위험이 훨씬 크다는 사실을 깨달았기 때문이었다. 그로부터 10년이 넘게 지나서야 비로소 의료계는 점차 리스터의 아이디어를 수용하고 수술실에 변화를 주기 시작했다. 수술실을 깨끗이 닦고, 낡은 목제 수술대는 반들반들한 금속제로 바꿨다. 바닥에는 리놀륨을 깔았다. 외과의들은 오래된 수술 코트와 결별하고 깨끗한 리넨 셔츠에 수술 가운을 걸치기 시작했다. 손을 씻었고 기구는 가열하거나 석탄산 용액에 담가 살균했다. 상처에는 석탄산에 적신 붕대를 감았다. 고무장갑을 끼는 외과의들도 생겨났다. 아직 수술실에서 마스크를 쓰는 외과의는 없었던 까닭에 기침이나 재채기가 환자의 목숨을 앗아 갈 위험은 여전했지만, 수술로 인한 사망률은 꾸준히 감소하는 추세였다.

리스터법은 어느덧 당연한 절차로 자리매김했다. 조지프 리스터는 국가적 영웅이 되었고, 외과의사 최초로 작위를 수여 받았으며, 그의 업적을 기리는 공공 기념비까지 세워졌다. 리스테리아Listeria라는 세균명도 그의 이름에서 따왔다. 또한 수많은 사람이 리스테린으로 입을 헹구며 날마다 알게 모르게 그를 추념한다.

1842년에는 로버트 리스턴과 같은 세계 일류의 외과의사가 수술한 환자도 살아서 병원 문을 나설 가능성이 6명당 1명꼴에 불과했다. 더욱이 복합골절 환자들은 수술만이 유일한 살 길이었기에, 마취도 없이 다리가 톱으로 잘리는 와중에도 딱딱한 나무 수술대에 붙들린 채로 끔찍한 고통을 견뎌야 했다. 10년 뒤에도 여전히 그들은 살기 위해 팔다리를 잘라 내야 했지만, 적어도 이때는 통증완화제가 있었다. 그러나 클로로포름으로 인한 죽음이 없다고 가정하면, 생존 가능성은 별반 달라지지 않았다.

이윽고 19세기 말엽에는 수술의 안전성이 그런대로 개선되었다. 생존 가능성은 (수술에 따라 다르긴 하지만) 10명당 1명꼴보단 나아졌고, 환자가 온전한 팔다리로 퇴원할 가능성이 크게 높아졌다. 초기의 숱한 시행착오에도 불구하고, 성공적 수술을 방해하는 네 가지 장벽은 마침내 허물어졌다. 외과의들은 해부학을 이해하고, 출혈을 차단하고, 통증을 조절할 수 있을 뿐 아니라, 감염을 일으키지 않고도 수술을 시행할 수 있게 되었다. 외과의가 건드리지 못할 신체 부위란 더 이상 존재하지 않았다. 수술은 과학이 되어 갔다. 외과의는 무엇이든 할 수 있었다.

2장

심장의 일

심장으로 통하는 문

1902년 9월 15일, 앨라배마주 몽고메리

자정에서 겨우 몇 분이 지난 시각이었다. 도시의 작고 먼지 자욱한 도로는 칠흑같이 어두웠다. 말이 흙먼지를 일으키며 부지런히 달렸다. 보이지 않는 돌이나 구덩이 위를 지날 때마다 마차가 심하게 흔들렸다. 유명 의사 루서 리어니더스 힐Luther Leonidas Hill의 손길이 닿기에는 다소 궁벽한 지역이었다. 이곳에서는 낮에도 길을 잃기 쉬웠다. 흑인 거주 구역이었고, 주민들 대부분은 적절한 의학적 치료를 받을 만한 형편이 아니었다. 의사들이 이곳을 방문하는 목적은 대개 자선 활동을 위해서였다. 하지만 힐이 불편함을 무릅쓰고 이 늦은 시간에 군이 왕진을 나선 데에는 다 그럴 만한 이유가 있었다. 너무 늦게 도착하지만 않으면, 그는 한 생명을 구할 수도 있을 터였다.

석유램프 불빛이 창밖으로 새어나왔다. 그 조그만 나무 오두막의 문 주위로 사람들이 삼삼오오 모여 있었다. 여자들 몇이 흐느끼고 있었다. 와중에 어리둥절해 보이는 아이들을 모아들이려 애쓰는 이도 있었다. 나이가 지긋한 남자들은 어두운 구석에서 담배를 썹으며 무슨 말인가를 중얼거리다 고개를 설레설레 흔들었다. 문가에는 두 남녀가 서로의 손을 꼭 잡은 채 서 있었다.

밖에서 기다리던 파커 선생과 윌커슨 선생이 힐을 오두막의 유일한 방으로 맞아들였다. 기다란 헛간보다 그다지 나을 게 없는 건물이었다. 가구라야 테이블 하나와 딱딱한 나무 의자 몇 개, 구석에 놓인 철제 난로 정도가 고작이었다. 이윽고 힐은 소년을 보았다. 헨리 마이릭은 열세 살 나이에 사경을 헤매고 있었다. 침대에 누운 소년의 피부는 투명에 가까웠고 호흡은 극도로 미약했다.

헨리는 그날 오후 다섯 시경 칼에 찔렸다. 범죄와의 관련성 여부는 불분명했지만, 싸우다가 다쳤다고는 믿기 어렵다고 힐은 생각했다. 그러기엔 소년의 외모가 너무도 섬세했다. 파커와 윌커슨은 부상 6시간 뒤 이곳에 도착했다. 힐이 도착했을 때는 소년이 칼에 찔린 뒤로 거의 8시간이 지나 있었다. 힐은 몸을 앞으로 기울여 환자의 상태를 살폈다.

칼날은 소년의 가슴을 왼쪽 젖꼭지로부터 오른쪽으로 6밀리미터 남짓 떨어진 자리에서 찌르고 들어갔다. 힐이 상처에 손가락을 넣어 깊이를 측정했다. 미약한 심장박동에 맞춰 선홍색 핏물이 흘러나왔다. 마치 누가 피를 머금은 스펀지를 쥐어짜는 듯했다. 피부는 한 부분이 삼각형으로 어둡게 멍들었는데, 그 피가 대부분 흉곽 안으로 짜내어졌다는 방증이었다. 손도 입술도 코도 차가웠다. 맥박을 확인했지만 박동이 거의 느껴지지 않았다. 몸을 숙여 가까이 다가가도 심장 뛰는 소리가 좀처럼 들리지 않았다.

의식은 오락가락했다. 힐은 소년을 부드럽게 흔들며 기분이 어떠냐고 물었다. 소년이 대답을 시작했지만, 목소리에 힘이 없었다. 아무래도 통증이 굉장히 심각한 듯했다. 그러나 가망이 아주 없어 보이진 않았다. 힐은 밖으로 나가 헨리의 부모를 찾았다. 그러고는 아들을 살릴 희망이 없지 않다고, 수술하면 가능할 수도 있다고 말했다. 부모는 수술에 동의했다.

심장에 관한 한 의학박사 루서 리어니더스 힐은, 설령 전 세계까지는 아니더라도 미국 남부에서 손꼽히는 권위자였다. 열아홉의 나이에 의학자로서 첫 학위를 취득한 그는 앨라배마와 뉴욕, 필라델피아 주에서 의과대학을 다녔다. 1883년 9월부터 1884년 3월까지는 런던에서 6개월을 지내며, 현대 외과학의 대부 조지프 리스터에게 수학하기도 했다. 고향인 몽고메리로 돌아와서는 의학계에서 자신만의 전문 분야를 개척했다. 심장손상 연구에 본격적으로 뛰어든 것이었다. 2년 전에는 심장손상을 치료한 환자들의 알려진 사례를 취합해 보고서를 발표했다. 또한 심장 수술도 공부했다. 힐은 심장을 수술하는 방법과 관련 환자의 생존 가능성에 대해 알고 있었다. 하지만 심장손상 환자를 직접 보는 것은 이번이 처음이었다.

힐은 오두막의 하나뿐인 테이블 가에 램프 두 개를 놓아 달라고 요청했다. 나머지 의사들은 석탄산으로 최대한 깨끗이 주변을 닦기 시작했다. 힐이 헨리를 침대에서 들어다 그 딱딱한 표면 위에 눕혔다. 어느새 오두막은 의사들로 만원이었다. 아까 힐의 남동생과 함께 도착한 로빈슨 선생은 클로로포름 마취 준비에 한창이었다. 힐이 수술 기구를 석탄산 용액에 담갔다가 테이블 옆에 펼쳐 놓았다. 로빈슨이 점적병을 꺼내 적정량의 클로로포름을 마스크에 떨어뜨린 뒤 그걸로 소년의 얼굴을 덮었다. 새벽 1시 허름한 나무 오두막에서 루서 힐 선생은 역사상 거의 최초로 인간의 박동하는 심장을 수술하려 하고 있었다.

힐이 수술칼을 집어 들었다. 그러고는 흉골—가슴 한복판을 세로로 길게 지나는 가슴뼈—의 왼쪽을 덮는 피부에 첫 번째 절개를 가했다. 칼날을 깊숙이 찔러 넣은 다음, 흉골 바깥쪽으로 3번 갈비뼈 윗면을 따라 절개를 진행했다. 갈비뼈를 덮는 피부와 결합조직, 근육을 한꺼번에 절개해야 했다. 두 번째 절개는 왼쪽 6번 갈비뼈를 따라 가했고, 이후 수직 절개를 추가해 두 절개선을 연결했다. 이로써 힐은 소년의 살에 사각형의 세 변을 새긴 셈이 되었고, 이제 그 절개선을 따라 빨간 핏물이 새어 나오고 있었다. 소년의 심장으로 들어가는 문이었다.

이어서 힐은 골절단겸자를 집어 들더니, 흉부의 수직 절개선을 따라 노출된 갈비뼈 세 대를 자르기 시작했다. 절단기가 지나갈 때마다 툭 소리와 함께 갈비뼈가 깔끔하게 부러졌다. 힐은 갈비뼈와 가슴뼈를 연결하는 갈비연골을 마치 경첩처럼 사용해, 절단한 갈비뼈와 그것을 덮는 피부로 이뤄진 문을 조심스레 열어 심장을 노출시켰다.

심장. 크기가 주먹통만 하고 속에 공간을 품은 이 근육 펌프는 1분에 약 70회, 하루에 약 10만 회, 1년이면 약 3,600만 회를 뛴다. 인간의 평균 수명을 기준으로 하면, 일생 동안 25억 회 이상을 뛰는 셈이다. 또한 심장은 분당 5리터에 가까운 혈액을, 총 길이가 10만 킬로미터에 육박하는 혈관을 통해 온몸으로 내보낸다. 혈액 순환이 4분 이상 멈추면 산소 부족으로 인한 영구적 뇌손상이 유발된다. 심각한 상처를 방치하거나 심장이 칼에 찔리면 인간은 1분 안에 과도한 출혈로 사망할 수 있다.

힐은 헨리의 박동하는 심장을 내려다보았다. 심장을 보호하는 섬유성 주머니인 심낭이, 다친 심장의 피가 들어차며 부풀고 있었다. 심장은 그 핏물의 압박에 맞서 분투 중이었다. 심낭은 금방이라도 터질 듯했고, 심장이 뛸 때마다 상황은 계속 나빠져 갔다. 힐은 흉기에 찔린 상처가 넓어지도록 심낭 벽을 가늘게 베었다. 이내 피가 쏟아져 나왔지만, 압력이 완화되면서 심장은 박동이 점차 강해졌다. 좋은 신호였다.

힐은 남동생에게 심낭에 손을 넣어 소년의 심장을 흉부 입구 쪽으로 들어 달라고 요청했다. 마침내 힐은 상처가 뚫린 자리를 볼 수 있었다. 칼은 심장의 긴 두 방 중 하나인 좌심실의 두꺼운 벽을 내뚫었다. 산소화된 혈액은 좌심실을 거쳐 압력이 높은 상태로 심장을 떠나 온몸을 순환한다.

힐의 남동생이 헨리의 박동하는 심장을 손으로 감싸 쥐었다. 심장이 뛸 때마다 상처에서 핏줄기가 뿜어져 나왔다. 확실히 얌전한 기관은 아니었다. 그가 아무리 애써도 심장은 계속 발딱거렸고 피에 젖어 미끄럽기까지 했다. 힐은 만곡된 봉합침과 장선을 집어 상처를 꿰매기 시작했다. 봉합이 진행될수록 출혈은 점차 감소하고 갈라진 상처가 붙으면서 혈액이 응고하기 시작했다.

심장은 여전히 뛰고 있었다.

힐의 남동생은 심장을 도로 심낭 안에 살며시 집어넣었고, 힐은 그 위에 식염수를 부어 세척과 약간의 소독을 도모했다. 이어서 그는 연골 경첩을 되돌려 심장 문을 닫고 골과 근육, 피부를 제자리에 봉합했다. 45분 만에 수술은 끝이 났다. 힐은 헨리를 들어 다시 침대에 눕혔다. 비록 미열이 있고 의식이 오락가락하긴 했지만, 소년의 심장은 여전히 힘차게 뛰고 있었다.

그로부터 사흘 후 헨리의 상태가 호전되기 시작했다. 열닷새 후에는 똑바로 앉을 수 있었고, 몇 주가 지나자 흉터를 사람들에게 자랑스레 내보일 정도로 완쾌되었다. 힐은 크게 기뻐했다. 이제 그는 미국에서 심장손상을 성공적으로 치료한 최초의 외과의사였다.

그해 말엽 해당 증례에 관한 보고서를 발표하면서 힐은 1896년에서 1902년 사이에 진행된 수술 중 비슷한 건을 추려 헨리의 사례와 함께 표로 정리했다. 제아무리 야심찬 심장외과의라도 그 표를 보면 마음이 가라앉을 수밖에 없었다. 부상의 원인은 다양했다. 칼과 총탄에 가위까지 있었다(가위로 공격 당한 환자의 경우 총 여섯 번을 찔렸다). 마취하에 수술한 환자가 있는가 하면 마취 없이 수술한 환자도 있었다. 어떤 환자는 즉시 수술을 받았지만 어떤 환자는 그러지 못했다. 워낙 많은 수술이 죽음으로 귀결된 탓에 그 사례들을 놓고 확고한 결론을 끌어내기는 무리였다. 출혈이나 감염으로 사망한 환자도 있고 수술 중에 실혈로 사망한 환자도 있었다. 힐이 정리한 총 39건의 수술 가운데 환자가 생존한 사례는 고작 14건에 불과했다(참고로 가위에 찔린 환자는 살아남았다). 1902년에는 심장 수술 환자가 3명당 2명꼴로 목숨을 잃었다. 끔찍한 통계였다. 사정이 그렇다 보니 외과의사 대부분은 심장 수술을 기피하기 십상이었다.

심장이 다른 기관에 비해 특히 더 복잡하기 때문은 아니었다. 심장은 가운데의 벽을 통해 양쪽으로 나뉘어 있다.* 16세기에 베살리

---

* 갈레노스(1장 참고)는 이 벽에 자잘한 구멍이 나 있어, 혈액을 한쪽 방에서 다른 쪽 방으로 통과시킨다고 믿었다. 그의 생각은 틀렸다. 하지만 출생 전에는 실제로 구멍이 하나 존재한다. 이 구멍을 통해 혈액은, 아직 기능하지 않는 폐를 우회할 수 있다. 출생 후에는 이 구멍이 닫히는 것이 일반적이지만, 이른바 '심장중격결손' 환아들은 그 구멍이 닫히지 않은 상태로 태어난다.

우스(1장 참고)는 심장의 해부학적 구조를 비교적 올바르게 묘사했지만, 혈액은 몸에 흡수되고 이를 대체할 혈액이 간에서 새롭게 만들어진다고 믿었다. (베살리우스 이후로 거의 100년이 지난) 1628년에는 영국 의사 윌리엄 하비가 혈액이 몸속을 순환한다는 견해를 골자로 한 소논문 「동물의 심장과 혈액의 활동The Movement of the Heart and Blood in Animals」을 발표했다.

하비는 심장이 두 개의 주요 부분으로 나뉘며, 그중 오른쪽은 몸으로부터 혈액을 받아들여 폐로 내보내고 왼쪽은 폐로부터 혈액을 받아들여 몸 곳곳으로 내보낸다고 설명했다. 또한 양쪽 모두 위아래로 방이 하나씩 존재하는데, 윗방인 심방은 상대적으로 작고 아랫방인 심실은 상대적으로 길다고 부연했다.

혈액은 상대정맥과 하대정맥이라는 굵직하고 주요한 정맥을 거쳐 심장에 이른다. 이때 혈액은 산소가 부족한 상태로 심장에 들어와 우심방을 채우기 시작한다(심방은 피를 받아들이는 공간이다). 우심방이 채워지면 심장근육이 수축하면서 삼첨판막을 거쳐 우심실로 혈액을 밀어낸다(심실은 혈액을 내보내는 공간이다). 우심실 근육이 수축하면 혈액은 폐로 내보내져 산소를 공급받는다. 산소화된 혈액은 좌심방을 통해 심장으로 돌아와 승모판막(이첨판막)을 통과한 다음, 좌심실을 거쳐 심장 밖으로 내보내진다. 좌심실의 근육성 벽은 우심실에 비해 두꺼운데, 혈액을 몸의 곳곳으로 밀어내려면 훨씬 더 강한 힘이 필요하기 때문이다. 인간의 정상적 심장은 이 모든 과정, 그러니까 판막이 열리고 닫히거나 혈액이 들어오고 나가거나 근육이 수축하고 이완하는 과정을 원만하면서도 율동적으로 수행한다.

외과의 역사를 돌아보면, 외과의들은 새롭고 위험하고 검증되지 않은 수술을 대개 두려워하지 않았다. 1900년대 무렵의 외과의들은 내부 기관을 수술하기 위해 기꺼이 신체를 갈랐다. 충수절제술은 예사였고, 손상된 조직을 복원했으며, 복합골절을 접합할 수도 있었다. 수술은 깔끔하게, 비교적 고통 없이, 대개는 성공적으로 치러졌다. 외과의들은 자신감이 넘쳤고, 사회 구성원으로서 추앙을 받았다. 그러나 심장 수술만큼은 여전히 두려움의 대상이었다.

1896년 영국의 유명 외과의사 스티븐 패짓Stephen Paget은 심장 수술이 "자연이 정한 한계에 봉착했다"고 선언했다. 소화계통 수술의 선구자 크리스티안 빌로트Christian Albert Theodor Billroth가 쓴 글은, 모르긴 해도 대부분의 외과의에게 더욱 뼈아프게 다가왔을 것이다. 그는 "누구든 심장 수술을 시도하는 외과의는 동료들의 비판적 시선을 감수해야 할 것"이라고 적었다. 그리고 외과의 가운데 어느 누구도 그런 대접을 원하지 않았다.

심지어 20년이 지나 제2차 세계대전이 벌어지던 시기에도 외과의들은 심장 수술을 기피했다. 상당수의 군인이 가슴에 박힌 유산탄 파편을 끝내 제거하지 못했고, 단순히 출혈 과다로 사망하는 경우도 적지 않았다. 일부 병사는 심장에 총알이 박힌 상태로 수년간 생존하기도 했는데, 주변의 조직이 저절로 아문 덕분이었다. 뛰어난 외과의사 조지 그레이 터너George Grey Turner는 군병원에서 수술하던 시절에 포탄 파편을 제거해야 하는 상황에 직면했지만, "인간과 외과의의 역량을 넘어서는 일"이라는 결론에 도달했다. 심지어 수술하지 않으면 환자가 죽을 것 같은 상황에서도, 외과의사 대부분은 수술을 단행할 용기를 내지 못했다.

보랏빛 심장

1944년 6월 6일, 결전의 날

노르망디 해변에 군인들이 상륙하고 채 몇 분도 지나지 않아 부상병들이 배로 돌아오기 시작했다. 상륙용 주정은 구급선이 되어 해변에서 함선으로 분주히 부상병을 실어 날랐다. 함선들은 군대 수송선에서 간이 병동과 수술실을 갖춘 수상 병원으로 변신했다. 걸을 수 있는 부상자는 치료를 적당히 마치면 또다시 전투를 위해 해변으로 보내졌다. 거친 너울에 흔들리는 함선 위에서 의사들은 위중한 부상자들을 살리기 위해 온갖 노력을 기울였다. 해변은 탈환되었다. 연합군은 내륙으로 이동했다. 그리고 마침내 함선들은 잉글랜드로 귀환했다.

부상병 후송 작전은 상륙 못지않게 면밀히 계획되었다. 병원선이 영국해협 양쪽을 힘겹게 오가는 동안, 간호사와 의사 들은 진격하는 군대를 따라 야전병원을 꾸렸다. 부상자들을 본국으로 송환할 비행기와 일단의 구급선에 특별 병원 열차까지 준비돼 있었다. 한편 잉글랜드에서는 노르망디에 투입될 병력이 남쪽 해안을 따라 집결하던 시기에, 부지를 징발해 새 병원을 건립할 준비에 돌입했다. 치료를 요하는 부상병이 얼마나 많이 발생할지는 장군들도 그저 짐작만 할 뿐이었다.

글로스터셔주의 소도시 시런세스터 인근에 위치한 스토웰 공원에 제160연합군종합병원이 새롭게 완공되었다. 완만한 코츠월드 구릉지대와 자연석으로 지은 돌담에 둘러싸인 데다 군데군데 삼림지까지 자리해 있어, 잉글랜드의 푸르고 쾌적한 땅이란 표현이 아깝지 않은, 요양하기에 그야말로 완벽한 장소였다. 비록 공습을 피할 목적으로 도시가 아닌 시골에 세워지긴 했지만, 런던과 브리스톨의 항구, 남쪽 해안으로 통하는 철도가 연결돼 있었다. 근처에는 이착륙장이 자리했고, 대규모의 콘크리트 도로망도 이미 갖춰진 상태였다.

병원 건물 자체는 니슨 헛Nissen Hut—벽돌 기초 위에 골함석으로 길쭉하게 지은 반원형 단면의 조립식 막사—을 나란히 배열해 놓은 것에 불과했다. 각 막사는 용도에 따라 병실이나 사무실, 수술실 등으로 불렸다. 식당과 간호동, 장교 회관도 있었다. 심지어 연병장까지 갖추었는데, 그렇다고 열병식에 환자들을 무리하게 동원하진 않았다. 이 병원에 들어오는 환자 중에는 심각한 부상으로 전투에서 죽음 직전까지 갔다 온 군인들도 있었다. 제160연합군종합병원은 제15흉부외과 센터와 빨간 머리 소령 드와이트 하켄Dwight Harken의 근거지였다. 그는 하버드에서 수련을 받은 외과의사로, 과감하고 당당하며 야심만만한 데다 젊기까지 했다.

겨우 서른넷의 나이에 하켄은 이미 세계 일류 흉부외과의로서 사람들의 존경을 한몸에 받고 있었다. 스토웰 공원에서 외과 팀을 이끌게 된 무렵에는 암종을 제거하는 새 수술법을 완성한 상태였고, 전쟁 전에는 (매사추세츠주에 있는) 보스턴과 런던에서 걸출한 외과의들과 함께 일했다. 그는 심장을 위시하여 그 어떤 신체 부위도 외과의사가 손대지 못할 곳은 없다고 확신했다. 심장은 그저 기계적 펌프에 불과했다. 왜 그토록 많은 외과의가 심장손상 다루기를 기피하고, 이물질이 그곳에 자리하도록 내버려두어 심장의 기능을 방해하고 군인들을 혈독으로 서서히 죽게 하거나, 더 나쁘게는 급성 심장마비를 일으키게 만드는지를 그는 이해할 수 없었다. 심장을 수술하는 것은 외과의의 의무가 아닌가? 하켄은 심장 수술을 시행할 기회가 더 많이 주어져야 한다며 상관들을 상대로 로비를 벌였고, 왕립 외과 대학Royal College of Surgeon 학장 그레이 터너도 그들 중 하나였다. 하켄은 설득에 성공했다. 결국 심장 수술을 마음껏 추진할 수 있게 된 것이다.*

부상병들이 병원에 도착하기 시작했다. 간호사들은 즐비한 들것 사이를 누비며, 최선의 치료를 약속한다는 말로 장정들을 안심시켰다. 참혹한 부상을 입은 이가 제법 있었지만, 그 말 자체는 사실이었다. 일부 병사들은 총알이 폐를 관통해 숨 쉬기조차 버거워했다. 그런가 하면 유산탄 파편이 몸속 곳곳에 박혀 기침과 함께 피를 토하거나 폐에 물이 들어찬 이들도 있었다.

드와이트 하켄은 밤낮없이 쪽잠을 자 가며 수술에 매달리기 시작했다. 하켄도 동료들도 에너지와 열정으로 고된 일정을 버텨 나갔다. 수술은 대체로 가슴을 열어 총알이나 유산탄, 혹은 같이 딸려 들어온 군복 조각 등의 잔해를 제거하는 과정으로 이뤄졌다. 그런 부상을 입고도 병사들은 놀랍게도 살아 있었다. 부상자 이송에 군이 기울인 노력도 노력이거니와, 워낙 건장한 청년들이다 보니 혈전을 치르고도 목숨을 건진 듯했다.

또한 의술의 발전도 하켄의 편이었다. 이제 페니실린을 사용할

---

* 그레이 터너는 하켄이 수술을 원하는 이유를 이해한다면서도 그 젊은 외과의가 중요한 고려사항, 즉 그가 누군가의 안락한 성채 안에 달갑지 않은 손님을 들였다는 점에 대해 간과했다고 덧붙였다.

수 있었고, 더 나은 마취제가 개발됐으며,* 혈액은행이 세워져 수혈도 가능해진 상태였다(제1차 세계대전 시기까지만 해도 의사들은 여전히 일부 부상자에게 '사혈' 요법을 실시했다). 무균수술법에도 진전이 있었다. 수술실은 백색 도료를 발라 최대한 깨끗하게 유지했다. 누구나 가운과 마스크를 착용했고, 손을 철저히 세척했으며, 외과의들은 대체로 고무장갑을 꼈다.

또한 하켄은 엑스레이에 더하여 형광투시법fluoroscopy이라는 새로운 영상기술까지 사용할 수 있었다. 형광투시법은 환자의 신체를 투과한 방사선을 형광판으로 받아 투시된 상을 관찰한다는 점에서, 엑스레이의 생중계 영상이나 마찬가지였다. 하지만 움직이는 영상을 제공한다는 점에서 통상적 방사선 사진과는 달랐다. 하켄은 매일 낮이고 밤이고 진단 영상을 촬영해 이물질의 위치를 파악한 다음 환자의 가슴을 열었다. 폐를 꿰매고 다시 부풀리는가 하면, 감염된 조직을 잘라 냈다. 회복한 병사들에게는 그들의 몸에서 제거한 금속 파편을 기념품으로 주었다.

그러던 어느 날 형광투시판에 난제 중의 난제가 모습을 드러냈다. 한 군인이 가슴에 총알을 맞았는데, 엑스레이에서 얌전히 박혀 있는 듯 보이던 것이 형광판에서는 발딱거리고 있었다. 원인은 단 하나, 문제의 총알이 그 군인의 심장에 들어앉았기 때문이었다. 심장

---

* 비록 1944년에는 여전히 에테르가 마취제로 종종 사용됐지만, 이제 의사들은 주사 마취제를 포함하여 비교적 다양한 선택지를 고를 수 있었다. 큰 수술을 하다 환자가 '의식불명'에 빠지면, 튜브를 직접 기관氣管(숨통)에 삽입하여 공기나 산소, 마취 가스를 폐에 직접 통과시킬 수 있었다. 제제의 사용은 마취과의사의 통제 아래 이뤄졌다. 이른바 이 기관내삽관은 오늘날에도 여전히 사용되는 요법이다.

이 박동할 때마다 총알도 함께 발딱거렸다. 하켄으로서는 결코 놓칠 수 없는 기회였다. 그는 문제의 군인을 수술하기로 마음먹었다.

하켄은 준비된 외과의였다. 심장의 정교한 수술이 가능하다는 것은 일찍이 동물실험을 통해 확인해 두었다. 그는 개의 심장을 잇 달아 수술했고, 회를 거듭할수록 수술로 개가 죽는 일이 줄어들 었다. 하켄은 숙련된 의사와 간호사로 유기적인 수술 팀을 꾸려, 이 런 순간을 대비해 훈련까지 시켜 둔 상태였다. 그들과 함께라면 실 패는 불가능했다. 적어도 하켄은 그렇게 확신했다.

니슨 헛 공간의 절반을 차지하는 수술실이 금세 인력과 장비로 꽉 들어찼다. 수술대 주위로는 기구 카트가 놓였고, 가스 마취기와 거대한 심전도계—환자의 심장박동 양상을 두루마리식 그래프용 지에 그려 보이는 기기—도 자리를 차지했다. 적합한 수혈용 혈액 병도 들여놓았다. 의사는 하켄 외에 수술을 보조할 외과의 두 명과 마취의 한 명, 심전도를 모니터할 외과의 한 명이 더 있었다. 소독간 호사 셜리 밴 브래클도 합류했다. 준비는 모두 끝났다. 이제 그 젊은 군인을 재워 수술을 시작할 차례였다.

모름지기 외과의라면 환자의 가슴을 열 때 신중을 기해야 했다. 자칫 잘못될 가능성이 상당하기 때문이었다. 그러나 하켄은 망설임 없이 한 발 길이의 절개를 가하더니 견인기로 갈비뼈를 벌린 뒤 박 동하는 심장을 노출시켰다. 역시 우심실에 커다란 이물질 조각이 박혀 있었다. 하켄은 상처를 꿰맬 봉합사를 준비한 다음, 근육 외 층을 잘라 작은 구멍을 냈다. 피가 뿜어져 나오는데도 심장은 여전 히 뛰고 있었다. 환자가 너무 많은 피를 흘리기 전에 출혈을 멈춰야 했다. 또한 심실세동, 즉 심장근육이 정상적 리듬을 상실하고 불규칙적으로 박동하는 사태만은 어떻게든 막아야 했다. 과연 그는 해 낼 수 있을까?

하켄의 두 손이 흥건한 핏물 속에서 분주히 움직였다. 모든 것이 새빨갰다. 하켄은 겸자로 유산탄을 단단히 집은 다음 끌어당겼다. 문제의 금속조각은 빠져나오기는커녕 그가 기껏 잘라 놓은 구멍을 틀어막고 있었다. 출혈이 멈췄다. 심장은 계속 뛰고 있었다. 그러다 갑자기, 마치 샴페인의 코르크 마개가 열리듯, 파편이 구멍에서 튀어나왔다. 급류가 솟구치듯 대량의 피가 뿜어져 나왔다. 심장은 여전히 뛰고 있었지만, 여유를 부리기에는 시간이 촉박했다. 과량의 출혈을 막으려면 단 몇 초 안에 구멍을 닫아야 했다. 환자의 혈압이 떨어졌지만, 하켄은 당황하지 않았다.

수술 보조자가 봉합사를 묶으려 애쓰는 사이 하켄은 간호사 셜리를 아슬아슬하게 피해 겸자와 유산탄을 수술실 저쪽으로 내던졌다. 그러고는 또다시 봉합을 시도했지만, 지독한 출혈은 도무지 멈출 기미가 보이지 않았다. 절박한 심정으로 하켄은 손가락을 구멍에 찔러 넣었다. 출혈이 멈췄고, 심장은 여전히 뛰고 있었다.

하켄은 손가락을 그대로 끼워 놓은 채 구멍 주변을 꿰매기 시작했다. 바늘을 손가락 밑으로 통과시켜 반대쪽으로 빼내 가며 상처를 맞붙여 틈을 조금씩 봉해 나갔다. 그 자리에 있던 한 외과의는 차라리 하켄의 손가락을 잘라 심장벽에 그대로 끼워 뒀으면 일이 더 쉽게 풀렸을 거라고, 훗날 웃으며 당시를 회상하기도 했다. 봉합이 어느 정도 견고해지자 하켄은 천천히 손가락을 빼냈다. 하지만 뭔가가 손을 붙드는 느낌이 들었다. 알고 보니 장갑까지 심장벽에 꿰매 붙인 것이었다. 장갑을 끊어 내자 혈압이 올라가기 시작했다.

군인은 완전히 회복되었고, 드와이트 하켄은 박동하는 심장을 성공적으로 수술한 첫 번째 외과의가 되었다. 그는 최초의 진정한 심장외과의였다.

오래지 않아 하켄은 그 같은 수술을 연거푸 시행했다. 그리고 덤으로 유산탄이며 총알이며 옷 조각처럼 인상적인 트로피를 수집해 나갔다. 모두 군인들의 심장에서 제거한 것들이었다. 결국 그는 총 134명의 환자를 수술했다. 그리고 아무도 죽지 않았다. 제160연합군종합병원에서 실시된 이 비범한 수술에 관한 소식은 삽시에 곳곳으로 퍼져 나갔다. 모두가 이 젊고 역동적인 의사를 만나고 싶어 했다. 일류 외과의와 장군은 물론 켄트 공작부인에 (엘리자베스 2세의 어머니인) 엘리자베스 왕비까지 그 병원을 친히 방문했다. 심지어 글렌 밀러(트럼본 연주자-편집자 주)는 악단을 이끌고 찾아와 병실을 순회하며 몇 곡을 연주하기도 했다. 하켄의 수술 가운데 한 건은 영화로도 제작되었다. 그가 수술하는 동안 할리우드의 촬영기사는 수술대보다 높게 설치된 일종의 간이 비계에 몸을 의지한 채 그 피비린 수술 과정을 소상히 화면에 담았다.

수술을 하면 할수록 하켄의 기술은 점점 완벽해졌다. 새로운 수술이 고안되고 시도되었다. 그러다 문득 금속 파편을 빼내는 데 전자석이 유용할 수도 있겠다는 생각이 뇌리를 스쳤다. 곱씹을수록 기발한 발상이었다. 그는 거대한 전자석을 주문해 크레인으로 수술대 위쪽에 매달았다. 안타깝게도 그는 거대 자석이 수술실에 가져올 결과를 사전에 면밀히 검토하지 못했다. 스위치를 켜고 전자석에 동력을 공급하는 순간 조명이 어두워지더니 심전도계가 미쳐 날뛰고 수술실 내의 금속 기구란 금속 기구는 일제히 전자석을 향해 떠오르기 시작했다. 다행히 부상자는 발생하지 않았지만, 관련 계획은 폐기되었다.

하켄을 찾아온 어느 외과의는 그의 수술에 깊은 인상을 받았지만, 마음 한편으로는 이런 의구심이 들었다. 과연 전쟁이 끝나도 이 선구적 수술법이 지금처럼 쓸모가 있을까? 군인의 심장에서 총알을 제거하는 수술법을 평화 시에도 사용할 일이 있을까? 하지만 이 방문 의사는 중요한 사실을 놓치고 있었다. 하켄의 진정한 업적은 유산탄 제거술을 완성했다는 데 있지 않았다. 그보다 훨씬 뛰어난 무엇, 그러니까 박동하는 심장을 수술하면서도 환자를 죽이지 않을 수 있다는 걸 증명했다는 데 있었다. 심장은 더 이상 손댈 수 없는 장기가 아니었다. 안전하고 성공적인 수술이 가능한 기관이었다.

전쟁이 터지기 전에 하켄은 승모판막 협착증을 수술하겠다는 야망을 품었다. 승모판막 협착증은 좌심방과 좌심실 사이의 혈류를 조절하는 승모판막에 생기는 질환이다. 대개는 류머티즘열로 인해 발병하고 승모판막 입구를 좁아지게 만든다. 환자들은 심장이 약할 때 나타나는 여러 문제에 시달리는데, 대표적 예로는 혈액순환 장애와 호흡곤란이 있다. 그로 인해 환자들은 정상적 생활이 불가능해지며 대부분 이른 나이에 생을 마감한다. 일찍이 1920년대에 두어 명의 외과의가 이 질환의 치료를 시도한 적이 있지만, 환자들은 수술대에서 잇따라 숨을 거두었다. 전쟁에서 축적한 경험을 바탕으로 하켄은 승모판막 협착증 환자를 다시 수술해 보기로 마음먹었고, 그런 생각을 품은 외과의는 비단 하켄만이 아니었다.

1948년 하켄은 심장판막의 수술에 성공한 네 명의 외과의 가운데 한 명이 되었다.* 이제 환자들은 심장에 칼을 대고도 살아남을 수 있었다. 게다가 수술법도 비교적 간단했다. 심장벽을 살짝 절개한 다음 그 자리에 미세한 수술칼이나 가위, 혹은 외과의의 손가락을 밀어 넣어 문제의 판막을 다시 열어 주면 그만이었다. 수술 부위를 눈으로 확인하기란 불가능했다. 외과의들은 촉감에 의지해 수술을 진행했다. 또한 모든 과정이 핏물이 흥건하고 심장이 계속 뛰는 상황에서 이뤄졌다.

이러한 수술법을 일컬어 '폐쇄성 심장closed-heart' 수술이라 하는데, 일견 '속전속결형' 심장 수술이라는 이름도 제법 그럴듯하게 어울렸다. 외과의들의 기법이 나날이 발전하면서 수술은 갈수록 안전해졌다. 그럼에도 예기치 않은 합병증이 나타나거나 새로운 실험적 수술이 잘못될 경우 환자의 사망은 대체로 불가피했다. 그리고 실제로 많은 환자가 죽었다. 수술 중에 시야 확보가 불가능한 데다, 수술 시간도 턱없이 부족했으니까. 심장을 한 곳만 절개해도 어마어마한 양의 출혈이 발생했다. 수혈을 병행하더라도 심장을 째고 절개부를 봉합하기까지 외과의에게 주어지는 시간은 고작 4분이 전부였다. 그 시간을 초과했다가는 자칫 환자가 실혈로 사망할 수 있었다. 더욱이 추가적 절개를 가했다가는 과다한 출혈로 인해 환자가 즉사할 공산이 컸다. 그러므로 더 큰 야망을 실현하기 위해서는 외과의가 수술 부위를 눈으로 확인할 수 있어야 했다. 또한 무엇보다, 시간적 여유가 절실했다.

---

* 심장판막에 대한 최초의 수술은 필라델피아에서 찰스 베일리Charles Bailey에 의해 시행되었다. 하켄은 그보다 며칠 늦게 첫 심장판막 수술을 시행했지만, 결과는 하켄이 최초로 발표했다.

비글로 선생과 마멋들
1951년, 캐나다 토론토 인근의 초원

존 맥버니 선생은 비참한 하루를 보내고 있었다. 초원은 지독히도 추웠다. 몸은 젖었고 무릎까지 흙먼지가 묻었다. 마멋은 '어디에나 지긋지긋할 정도로' 많고, '못 말리는 말썽꾸러기'라고 농부들은 입을 모아 장담했지만, 그는 문제의 심술쟁이들을 온종일 구경조차 하지 못했다.

맥버니로서는 속이 터지는 상황이었다. 딴에는 마멋 잡이를 진두지휘할 만반의 준비를 갖추고 나온 참이었으니까. 그는 매일 아침 긴 장화를 신고 삽을 챙겨 길을 나섰지만, 성과는 초라했다. 마멋들이 뛰쳐나오길 기대하며 땅을 파헤치고 은신처에 물을 쏟아부어도, 굴 옆에서 지키고 앉았거나 발을 쾅쾅 굴러 봐도 결과는 마찬가지였다. 게다가 이제는 아이디어마저 고갈돼 갔다.

맥버니에게 마멋 잡는 일을 맡긴 사람은 윌프레드 '빌' 비글로라는 외과의사이자 밴팅 연구소Banting Research Institute 내 심혈관 연구실의 책임자였다. 그는 동면을 이해하고 싶었다. 초원이 눈으로 덮이면 마멋은 굴에서 몸을 웅크린 채 겨울잠을 잔다. 동면하는 동물은 주변의 온도에 맞춰 심부체온이 내려가고 심장박동과 대사 및 순환이 느려지는데, 덕분에 빙점보다 겨우 몇 도쯤 높은 온도를 견딜 수 있다. 비글로는 인간도 비슷한 상태로 만들 수 있다고 여겼다. 동면을 유도하여 순환을 늦출 수 있다는 생각이었다. 그렇게 몸이 요하는 산소의 총량을 줄여 주면, 외과의가 심장을 가르기에 충분한 시간을 확보할 수도 있을 듯했다.

비글로가 추위의 효과에 관한 연구에 처음 관심을 가진 시기는 1941년이었다. 당시에 토론토 종합병원Toronto General Hospital의 젊은 외과의였던 그는 어느 날, 만취 상태로 몇 시간 동안 눈밭에 쓰러져 있다가 양손에 심각한 동상을 입은 환자를 치료하게 되었다. 가까스로 병원에 도착한 환자에게 비글로가 해 줄 만한 치료라고는 그 가엾은 남자의 얼어붙은 (게다가 괴저에 걸린) 손가락들을 절단하는 것뿐이었다. 안타까운 일이었지만, 그 난처한 경험을 계기로 비글로는 동상과 추위의 작용에 관한 의사들의 지식이 얼마나 앙상한지를 깨닫게 되었다. 그는 몸의 신진대사가 저온에 반응하는 방식을 연구하기로 마음먹었다. 그리고 3년 후 저체온에 관한 첫 연구논문을 발표했다.

전쟁이 끝나자 비글로는 (캐나다군 의무대 소속 외과의로서의 복무를 마치고) 심혈관 수술 분야의 전문의가 되기 위해 수련을 받았다. 하루는 밤늦게 근무를 하는데, 영감이 퍼뜩 떠올랐다. 그가 지금껏 추위에 관해 습득한 지식을 심장 수술과 관련된 문제에 적용할 수도 있겠다는 생각이 불현듯 들었다. 그는 동물을 대상으로 실험에 착수했다.

연구자들은 차디찬 물이 담긴 수조에 마취한 개들을 담가 저체온 상태를 유도함으로써 혈액순환을 늦춰 보기로 했다. 첫 실험 결과는 혼란스러웠다. 개들은 정상체온일 때보다 몸을 냉각했을 때 오히려 더 많은 산소를 소모하고 있었다. 비글로는 개들이 마취된 상태임에도 몸을 떨고 있다는 사실을 알아차렸다. 근육을 수축하는 데 필요한 에너지를 공급하느라 오히려 전보다 많은 산소를 쓰게 된 것이었다. 연구자들이 마취제를 근육이완제이기도 한 에테르로 교체하고 개의 체온을 조금씩 낮추자, 혈액순환과 심장박동이 느려지면서 개의 각 기관이 요하는 산소량이 감소했다. 체온이 섭씨 7도 떨어지면 산소소비량은 반으로 줄어드는 식이었다.

비글로는 성격이 대범했다. 자신의 발견을 공유하고 결과를 발표하는 데 거리낌이 없었다. 누군가는 그가 미쳤다고 여겼고, 누군가는 그의 연구가 유망하다고 여겼다. 실험을 통해 비글로는 개를 마취하고 냉각하여 심장을 수술하는 일이 가능하다는 사실을 증명했다. 수술 후 깨어난 개들 가운데 상당수는 영구적 손상의 징후라곤 없이 무사히 회복되었다. 인간에게도 같은 요법으로 좋은 결과를 기대할 수 있을까? 외과의들의 시선이 집중되기 시작했다.

한편 비글로는 더 야심찬 목표를 지향하고 있었다. 그는 비단 저체온만이 아니라 동면의 비밀까지 밝혀내고 싶었다. 만약 몸의 속도를 늦추는 화학물질, 혹은 호르몬을 찾아낸다면? 그는 마멋을 찾아다니기 시작했다. 아니, 보다 정확하게는, 연구의 책임자로서 (현명하게도) 그 일의 적임자를 파견하기로 했다.

맥버니가 초반에 겪은 어려움에도 불구하고, 비글로의 연구 팀은 금세 마멋 잡이에 능숙해졌다. 그들은 마멋을 굴 밖으로 나오게 하려면 물을 쏟아붓는 방법이 최선이라는 사실을 알아냈다. 트럭 세 대가 농장과 농장 사이를 오갔고, 차들이 지나는 곳마다 농부며 지역민으로 구성된 구경꾼들이 늘어섰다. 그곳에서는 근래 보기 드물게 흥미로운 사건인 듯했다.

첫 번째 트럭은 정찰차였고, 정찰 팀의 임무는 마멋 굴을 찾는 일이었다. 두 번째 차량은 물을 가득 채운 수조 트럭이었다. 맨 뒤의 트럭은 마멋을 가둘 우리를 싣고 다녔다. 일단 잡힌 마멋들은 탈출하려고 갖은 애를 썼다. 도무지 깨물 수 없을 것 같은 우리를 물어뜯어 놓는가 하면, 빠져나갈 수 없을 것 같은 컨테이너를 탈출하고는 했다. 날카로운 이빨로 연구자들의 손을 무는 행동은 예사였다. 몇몇 팀원은 일에 염증을 느끼기 시작했다. 언제부턴가 모든 연구원이 그 잔짐승을 두려워하고 있었다.

우여곡절 끝에 비글로는 잡아들인 마멋들로 세계 최초의 (그리고 유일의) 마멋 농장을 꾸렸다. 넓고 울타리로 격리된 데다 (마멋의 관점에서는) 호화로운 굴까지 완비돼 있어, 대략 400마리의 마멋을 수용할 수 있었다. 굴은, 터널을 따라가면 지하 탱크가 나오고 그 위로 흙더미가 덮인 구조였다. 안에서 마멋이 보기에는 이상적은 신처였지만, 연구자들은 녀석들 몰래 흙더미에 뚜껑을 설치해 두었다. 동면에 들어간 마멋에게 접근할 통로를 미리 확보해 놓은 것이었다.

마멋이 겨울잠에 들면, 과학자들은 굴 뚜껑을 열고 그 동그랗게 웅크린 털 뭉치들을 집어 올릴 수 있었다. 깨어 있을 때와 달리 (그리고 과학자들에게는 천만다행으로) 마멋들은 예민하게 반응하지 않았다. 처음으로 그 잔짐승들이 귀여워 보이기까지 했다. 연구자들은 혈액과 지방, 단백질, 스테로이드를 추출하여 측정하고 분석하고 기록했다. 그 결과 마멋의 몸을 동면 중에도 상하지 않게 지키는 모종의 화학물질이 존재한다는 사실을 입증했다. 이제 연구진에게 남은 숙제는, 그 알 수 없는 활성물질의 정체를 밝혀내는 것뿐이었다.

하지만 빌 비글로는 동면의 비밀을 밝혀낼 때까지 기다릴 생각이 없었다. 이미 그는 성공적 개 실험을 통해 저체온법이 인간에게도 안전하다는* 사실을 증명한 상태였다. 고로 이 시점에서 그 캐나다 의사가 할 일은 적당한 환자가 나타나기를 기다리는 것뿐이었다. 하지만 그의 이런 의지와는 상관없이, 역사는 그가 주인공이 되도록 내버려두지 않았다.

심장을 열다
1952년 9월 2일, 미니애폴리스의 한 대학병원

초록색 타일을 붙인 수술실은 빅토리아시대식의 현대판이나 다름없었다. 이제 참관자들은 수술대를 경사지게 둘러싸는 관람석 대신 위쪽 방에서, 돔형 천장에 뚫린 유리창을 통해 수술을 지켜볼 수 있었다. 더욱이 그날의 수술은 확실히, 참관할 가치가 있었다.

그 당시 미니애폴리스 대학병원에서 일하던 심장외과의들은 유난히 밝고 야심만만하며 대담한 구석이 있었다. 외과 과장은 플로이드 존 루이스Floyd John Lewis였고, 그를 보조하는 젊은 외과의사 월터 릴러하이Walter Lillehei는 앞으로 심장외과의사의 전형이 될 인물이었다. 그는 자신감이 넘쳤고, 회복력이 뛰어났으며, 나중에 보니 쇼맨 기질도 있었다. 무엇보다 이들은 실패를 두려워하지 않았다.

환자는 재클린 존슨이란 이름의 가냘프고 연약한 다섯 살 소녀였다. 아이는 심장의 윗부분에 자리한 두 방(심방) 사이에 구멍이

---

* 상당히 안전한 것은 사실이었다. 비록 몸을 지나치게 냉각하면 심장이 완전히 멈출 가능성이 여러 실험에서 제기되긴 했지만.

있다는 진단을 받았다. 수술하지 않으면 소녀는 머지않아 죽을 운명이었다. 심장은 이미 부어올랐고 몸은 나날이 약해져 갔다. 마취과의사가 (몸을 떨지 않도록 근육 이완제를 사용해) 아이를 재우자, 외과 팀이 고무관을 장착한 특수 담요로 아이의 몸을 감쌌다. 이어서 담요의 옆면을 맞붙여 납작한 헝겊 띠로 동여맨 다음 찬물이 고무관으로 지나가도록 수도꼭지를 틀었다.

의료진은 소녀의 체온을 느리게, 아주 조금씩 떨어뜨렸다. 1도를 내리는 데만 25분이 걸릴 정도였다. 마침내 2시간 14분이 흐른 뒤에야 소녀의 심부체온은 정상체온보다 9도가 낮은 섭씨 28도까지 내려갔다. 체온과 더불어 심박수도 함께 내려갔다. 이제 재클린의 심장박동수는 정상인의 반 정도였다. 비글로의 연구를 근거로 계산하면, 뇌의 산소 부족 없이 심장을 수술할 수 있는 시간이 4분에서 6분으로 늘어난 셈이었다. 하지만 과연 6분은 소녀의 심장을 갈라 결함을 고치고 다시 봉합하기에 충분한 시간일까? 늘어난 그 2분이 과연 수술의 성패를 좌우할 수 있을까?

외과의사들이 담요를 풀자 루이스가 재클린의 가슴을 갈랐다. 소녀의 심장은 느리게 뛰고 있었다. 혈액순환을 차단할 준비를 했다. 릴러하이는 스톱워치를 작동시켰다.

이제부터 6분. 그 안에 모든 것을 끝내야 했다.

루이스의 손놀림은 신중하고도 정확했다. 공연히 서둘렀다가는 자칫 치명적 결과를 유발할 수 있었다. 심장으로 들어가는 정맥과 심장에서 나가는 동맥을 지혈대로 조였다. 이로써 몸의 혈액순환이 멈췄지만, 심장은 여전히 뛰고 있었다. 루이스는 우심방을 갈라 심장의 내부를 노출시켰다. 핏물이 흥건한 가운데 진행되는 폐쇄성 심장 수술에서와 달리, 재클린의 심장은 사실상 말라 있었다. 루이스는 수술 부위를 명확히 관찰할 수 있었다. 결손 부분은 그가 예상한 모습 그대로였다. 좌심방과 우심방 사이에 구멍이 하나 뚫려 있었다. 봉합을 시작했다.

2분이 남았다.

루이스는 그새 봉합을 마치고 심장에 식염수 용액을 부었다. 구멍이 잘 막혔는지 확인하기 위해서였다. 누출이 있었다. 한 바늘을 더 꿰매고 다시 식염수를 부었다. 구멍은 폐쇄되었다.

1분이 남았다.

루이스는 두꺼운 심장벽 근육을 봉합하기 시작했다. 심장은 여전히 뛰고 있었지만, 갈수록 리듬이 약해지고 박동은 불규칙해졌다.

30초 전.

루이스가 동맥과 정맥을 조이던 지혈대를 풀었다. 혈액이 흐르기 시작했다. 외과의들이 심장을 손으로 움켜쥐더니 이내 주무르기 시작했다. 심장의 정상적 리듬을 되돌리기 위해서였다.

시간 종료.

루이스는 최대한 신속하게 소녀의 가슴을 닫은 뒤 온수가 담긴 욕조(엄밀히 말하면 농장 카탈로그를 보고 주문한 급수용 구유)로 아이를 옮겼다. 심장박동이 강해졌다. 소녀는 무사할 것이었다. 다섯 살배기 재클린 존슨은 열하루 뒤에 병원 문을 나섰다. 그리고 자라서 두 아이의 엄마가 되었다. 외과적 관점에서 보자면, 실로 놀라운 발전이었다. 바야흐로 개심수술, 개방성 심장 수술의 시대가 눈앞에 성큼 다가와 있었다.

한편 마멋 농장에서는

비록 인간을 대상으로 한 개심수술에 최초로 성공한 외과의가 되는 데는 실패했지만, 빌 비글로는 자기 이론의 타당성이 입증됐다는 사실에 진심으로 기뻐했다. 많은 환자가, 특히 어린아이들이 그에게 목숨을 빚지게 되었다. 저체온법은 외과의사에게 여분의 시간을 벌어 주었다. 덕분에 외과의들은 비로소, 기존에는 불가능하던 수술들을 실행에 옮길 수 있었다. 비글로는 심장 수술 기법을 꾸준히 개량해 나갔다. 전기자극을 이용한 심박조율기(심박동기)를 최초로 개발했을 뿐 아니라, 마멋 연구도 계속 이어 갔다.

비글로의 팀은 거의 10년에 걸쳐 마멋을 잡아들였다. 농장은 번창했고, 그 작은 말썽꾼들은 여전히 사람을 물었다. 한편 연구실에서는 예의 그 의사들이 마멋의 갈색 지방물에서 추출물을 채취하고 있었다. 연구자들은 그 지방 덩이가 동면의 비밀을 푸는 열쇠라고 판단했다. 그들은 각 표본을 분석하고 화학적 조성을 확인했다. 1961년 12월에는 그들의 피나는 연구가 마침내 빛을 발하는 듯했다. 한 실험에서 완전히 새로운 물질이 발견됐으니까 말이다. 마멋의 동면을 가능케 하는 화학물질이 드디어 정체를 드러낸 것일까?

연구자들은 해당 물질을 소량으로 추출하여 기니피그에게 주사했다. 그러자 녀석들의 체온이 저온으로, 이전에 견딜 수 있던 한계치보다 훨씬 낮은 온도까지 내려갔다. 부작용은 없었다. 마침내 비밀이 풀린 것일까? 연구 팀은 거대한 흥분에 휩싸였다. 그들은 추가 실험을 위해 이 새로운 화학물질을 약병에 담아 오타와에 있는 국립연구회National Research Council를 찾아갔다. 심지어 하이버닌

Hibernin*이라는 이름까지 붙여 둔 상태였다.

병원은 일류 변리사를 선임했고, 비글로는 특허를 신청했다(지난 번처럼 미네소타주의 외과의사가 그의 연구 산물에 숟가락을 얹는 상황을 미연에 방지해야 했다). 나사NASA도 조사에 착수했다. 어쩌면 장기간 우주공간을 탐사하는 우주비행사에게 그 물질이 유용하게 쓰일지도 몰랐다. 몇몇 기자들이 낌새를 알아채고 접근했지만, 연구자들은 침묵을 지켰다. 심지어 한 연구자는 유망한 보직 제안에 대한 수락을 보류하면서까지 마멋 연구에 더 많은 시간을 쏟아부었다.

하이버닌을 환자에게 써 보기로 했다. 어쨌든 기니피그는 살아남았으니까. 수술 대상으로는 심장에 구멍이 뚫린 환자 두 명이 선정되었다. 그 두 인간 기니피그의 몸에 하이버닌을 주입할 수 있도록 도관이 연결되었다. 비글로는 환자의 체온을 약 섭씨 18도까지 내릴 수 있다고 봤다. 이전에 성공한 모든 사례보다 최소 4도가 낮았고, 덕분에 외과의들은 훨씬 더 많은 시간을 확보할 수 있을 터였다. 수술은 둘 다 성공적이었다. 다만 한 가지 눈에 띄게 기이한 점이 있었다. 수술 후에 환자들은 여느 경우에 비해 굉장히 오랫동안 잠에서 깨어나지 않았다. 어지러워 보이기도 했다. 이상한 일이었다. 회복실 간호사들의 말로는, 흡사 술에 취한 사람들 같았다.

이만하면 하이버닌의 효과는 입증됐으니 실험 결과를 발표하라는 압력이 거세졌다. 여기저기서 특종을 기대하며 몰려들었다. 캐나다 과학계의 괄목할 만한 성취였다. 그 무렵 비글로는 워싱턴의

---

* 정식 화학명은 1-부틸 2-부톡시카보닐메틸프탈레이트1-butyl, 2-butoxy-carbonyl-methyl-phthalate이다.

특허청에서 발신한 편지 한 통을 받았다. 해당 화학물질은 이미 특허가 등록돼 있다는 내용이었다. '하이버닌'은 대략 20년 전부터 정맥 내 플라스틱 도관을 유연하게 만드는 가소제로 사용되어 온 물질이었다. 비글로는 격분했다. 어떻게 마멋의 생체에서 추출한 물질이 공업용 화학물질과 같을 수 있단 말인가! 힘이 빠지는 상황이었지만, 연구 팀은 끝으로 한 번 더 과학적 확인 절차를 밟아 보기로 했다. 과학자들은 깨끗한 플라스틱 도관을 잘라 물에 담근 다음, 몇 시간 뒤에 그 물을 분석했다. 하이버닌이 추출되었다.

외과의들이 뽑아낸 물질은 마멋의 지방에 함유된 기적의 성분이 아니라, 단지 그들이 연구에 사용한 도관에 들어 있던 가소제일 뿐이었다. 문제의 가소제는 효과가 강화된 알코올이나 다름없었다. 그래서 환자들이 술 취한 사람처럼 행동한 것이었다. 그럼에도 비글로와 연구 팀이 그 일을 웃어넘길 수 있었다는 사실은, 비글로에 대해, 그가 어떤 리더였는지에 대해 많은 점을 시사한다. 혹한의 겨울에 마멋 농장을 방문한 세월이 10년, 마멋에게 물린 세월이 10년, 연구에 몰두한 세월이 10년이었다. 이렇게 되고 보니 대중에게 비밀로 해 두기를 천만다행이었다.

비글로의 연구진은 동면의 비밀을 전혀 밝혀내지 못했다. 마멋 농장은 폐쇄되었고 연구자들은 다른 주제로 옮겨 갔다. 비글로는 종종 '지적인 겸손'을 논할 때 당시의 경험을 소소한 예로 거론하고는 했다. 하지만 그의 연구가 아예 쓸모없지는 않았다. 이를 발판으로 저체온법에 알코올을 활용하는 방안에 관한 연구가 새롭게 시작될 수 있었다. 알고 보니 알코올은 혈관을 이완하여 몸의 냉각을 더 원활하게 하고 장기적 손상을 경감시키는 효과가 있었다. 비글로의 저체온요법은 개량을 거쳐 오늘날에도 여전히 수술실에서 사용된다.

릴러하이 박사의 흥미로운 제안

'약진'은 과학과 의학 분야에서 특히 남용되는 낱말 가운데 하나다. 진보는 대부분, 수술이나 기술의 작은 변화라든지 치료법과 장비의 개량이 서서히 누적되면서 이뤄진 결과인데도 말이다. 하지만 심장 수술만 놓고 보면, 진보의 유일한 경로는 과감하고도 새로운 약진이었다. 힐은 손상된 심장을 바느질했다. 하켄은 박동하는 심장에 칼을 댔다. 그리고 루이스는 역사상 최초로 개심수술에 성공했다. 이 외과의들은 생생히 살아 있는 환자를 대상으로 완전히 새로운 발상을 실행에 옮길 용기가 있었다.

저체온법은 명실상부 대단한 약진이었다. 덕분에 외과의들은 몇 가지 치명적 심장병을 본격적으로 치료할 수 있었다. 그러나 저체온법에는 심각한 시간적 제약이 있었다. 의사들은 고작 몇 분 안에 혈류를 차단하고 심장을 절개하여 결함을 바로잡은 다음, 심근을 봉합하고 혈액순환을 재개해야 했다. 저체온법은 시간을 얼마간 벌어 주었지만, 시간의 제약을 완전히 없애 주지는 못했다. 또한 개심수술은 잘못될 수 있는 요인이 너무 많았다. 마취제에 문제가 발생하거나 환자의 체온을 낮추는 과정에서 난관에 부딪힐 수 있었다. 그런가 하면 봉합 과정에서 보이지 않는 신경을 실수로 꿰어 심장 박동을 저해하거나 심지어 멈춰 버릴 가능성도 있었다(이러한 상태를 일컬어 '심장블록heart block'이라 한다).

선구적 외과의들이 가장 두려워한 것은 오진이었다. 최초의 개심 수술 환자 재클린 존슨은 심방중격결손을 앓고 있었다. 다시 말해 심장의 두 윗방인 심방 사이에 구멍이 나 있었다는 얘기다. 그런데 심장병 환자 중에는 훨씬 더 심각한 사례도 존재할 수 있었다. 예를 들어 양 심실 사이에 구멍이 뚫려 있다든지, 판막이나 근육, 신경에 결함이 존재할 수 있었다. 심지어 의사 가운데 상당수가 지레 정복을 포기해 버리는 심장병도 있었다. 이름부터 괴이한 팔로네징후*가 그 대표적 예다. 팔로네징후 환자는 심실 사이에 구멍이 나 있을 뿐더러, 우심실과 폐 사이가 막혀 있고, 심장의 오른쪽이 비대하며, 심장에서 나오는 주요 동맥인 대동맥이 뒤틀려 있다.

1950년대에는 외과의들이 결함의 상태를 판단하기 위해 쓸 만한 도구가 많지 않았다. 기껏해야 엑스레이로 심장 사진을 찍고 심장박동을 청진하고 심전도계로 리듬을 살피는 정도가 고작이었다. 대개는 진단이 맞았지만, 때로는 틀리기도 했다. 막상 심장을 열어 보면 예상보다 구멍이 클 때도 있고, 하나인 줄 알았는데 둘일 때도 있고, 복합적 문제가 드러날 때도 있었다. 또한 제아무리 손이 빠르고 솜씨가 훌륭한 외과의사도 시간에 쫓기기가 일쑤였다. 수술을 제때 끝내지 못하면 환자는, 무엇보다 어린이는 수술대에서 숨질 수밖에 없었다.

저체온법은 시곗바늘의 속도를 늦추었지만, 이제 외과의들은 시간이 아예 멈추기를 바랐다. 이렇듯 보다 복잡한 문제들을 해결하

---

* 이 선천성 심장질환의 수상쩍은 병명은 1884년에 그 질환을 처음으로 설명한 마르세유의 외과의사 에티엔 루이 팔로Etienne-Louis Fallot의 이름에서 따온 것이다.

려면 심장을 완벽히 고립시켜야 했다. 혈액(궁극적으로는 산소) 공급의 중단으로 인해 몸의 다른 부분을 위험에 빠뜨리지 않고도 순환을 차단할 방법을 강구해야 했다. 다시 미네소타 대학으로 돌아가서, 이제 부교수가 된 외과의사 월터 릴러하이는 다소 기이하지만 놀랍도록 단순한 아이디어를 생각해 냈다. 요컨대 수술 환자의 혈액을 다른 사람의 심장을 빌려 순환시킨다는 발상이었다.

이론은 다음과 같았다. 환자 외에 건강한 사람을 한 명 더 수술실에 데려온다. 건강한 사람의 몸에서 나온 동맥혈이 펌프를 통해 환자의 몸에 들어간다. 이 산소화된 혈액은 환자의 동맥으로 곧장 들어가 그의 몸속을 순환하게 된다. 순환을 마치고 탈산소화된 혈액은 환자의 심장이 아니라 공여자의 심장으로 돌아간다. 교차순환cross-circulation으로 알려진 이 개념은 실로 어마어마한 가능성을 품고 있었다. 두 사람이 연결되어 혈액을 공유하는 동안, 외과의들은 마음껏 환자의 심장을 열어 둘 수 있었다. 그렇게 되면 중대한 결함을 바로잡을 시간도 넉넉해질 터였다.

건강한 공여자는 당연히 환자와 혈액형이 일치해야 했다. 하지만 이는 그리 문제가 되지 않았다. 공여자는 대개 환자의 부모이거나 가까운 가족이었으니까. 더욱이 환자의 부모라면 죽어 가는 자녀를 도울 기회를 마다할 이유가 없었다. 물론 지극히 건강한 성인을 수술실에 데려와 진정제를 투여하고 다른 사람의 몸에 연결하는 일에는 위험이 수반됐지만, 그 위험은 충분히 무릅쓸 가치가 있었다. 한데 문제될 게 무엇이란 말인가?

릴러하이는 위험을 회피하는 부류가 아니었다. 특히 보상이 두둑할수록 더욱 그랬다. 만약 성공하면, 많은 아이를 때 이른 죽음에서 구할 수 있었다. 그는 동물실험을 통해 기법을 가다듬기 시작했다. 주로 낙농업계에서 우유를 옮길 때 사용하는 펌프 하나와 맥주 통의 탭에 연결하는 플라스틱 도관을 구했다. 수술실에 장비와 인력을 배치할 방안과 두 환자에게 각각 필요한 절차도 생각해 둬야 했다. 그리고 무엇보다, 두 환자를 연결하기 위해 릴러하이 자신이 고안한 시스템이 완벽하다는 확신을 얻어야 했다. 펌프에서 기포가 아주 작은 하나라도 발생했다가는 자칫 뇌졸중이 유발될 수 있었다. 그리고 이는 환자나 공여자의 영구적 뇌손상으로 이어질 수 있었다. 수술 중에 무엇이든 잘못되면 환자도 공여자도, 어쩌면 두 사람 모두 죽음을 맞을 수 있었다. 그러니까 릴러하이는 사망률이 자칫 200퍼센트에 이를 수도 있는 수술법을 개발한 셈이었다.

이론은 이제 그만
1954년 8월 31일, 미니애폴리스의 한 대학병원

하워드 홀츠는 평범한 직업을 가진 평범한 남자였다. 그는 업무 시간의 대부분을 바깥에서, 미네소타 고속도로를 유지하고 보수하는 일에 할애했다. 나이는 스물아홉이었고, 슬하에 건강한 세 자녀를 두었으며, 아내는 넷째를 임신 중이었다. 요컨대 하워드 홀츠는 평범하기 그지없는 인물이었다. 하지만 혈액만은 남달랐다. 그는 RH⁻ AB형, 그러니까 인구의 1퍼센트에서만 발견될 정도로 지극히 드문 혈액형의 소유자였다. 그의 이름은 헌혈자 명단에 등록돼 있었다. 물론 헌혈은 헌혈이고 온몸의 혈액을 공여하는 일은 완전히 다른 문제였지만, 릴러하이의 수술에 헌혈자로 참여해 달라는 제의를 받았을 때 그가 부탁받은 임무가 정확히 그 일이었다.

릴러하이는 3월부터 수술에 교차순환법을 적용해 왔다. 비록 여전히 위험은 상당했지만, 수술은 제법 체계가 잡혀 가고 있었다. 첫 수술은 한 살배기 사내아이를 대상으로 실시되었고, 결과는 성공적이었다. 환자와 혈액 공여자는 약 19분 동안 서로 연결돼 있었다. 안타깝게도 아기는 열하루 뒤에 다른 합병증으로 세상을 떠났다.

4월에는 세 살배기 소년과 네 살배기 소녀를 수술했다. 두 수술 모두 성공적이었다. 쇼맨 기질이 다분했던 릴러하이는 일주일쯤 뒤에 기자회견을 열어 수술의 성공을 자랑스레 공표했다. 심지어 그 작고 귀여운 소녀는 휠체어를 타고 나와 부모와 함께 카메라 앞에서 포즈를 취했고 아이의 아버지, 그러니까 공여자는 기자들의 질의에 응답하기도 했다. 기자들은 이 가엾은 소녀가 죽음의 문턱에 다다랐었고 폐렴을 앓았으며 산소 텐트 안에서 살아야 했던 적도 있다는 얘기를 들었다. 이제 소녀는 자라서 정상적이고 건강한 삶을 누릴 수 있었다(그리고 마땅히 그래야 했다).

신문에 묘사된 교차순환법은 '기적적'이고 '대담한' 데다 '해괴하기'까지 했다. 환자 가운데 일부는 사망했지만, 그런 케이스들은 보도되지 않았다. 공식적 사망률 같은 건 존재하지 않았다. 1954년에 교차순환법은 중병에 걸린 많은 어린이가 살아서 어른으로 성장할 수 있는 최선의 기회였다. 수술 여부를 결정하는 일이 고역이었지만, 부모의 대부분은 고심 끝에 수술이 아이에게 가장 희망적인 치료법이라는 판단을 내렸다. 미니애폴리스의 그 병원은 교차순환법을 실시하는 세계 유일의 장소였고, 부모의 대부분은 그런 수술을 받을 기회를 갖는 것조차도 행운이라고 여겼다.

마이크 쇼의 부모도 릴러하이에게 그 기적적 치료법을 제안 받았다. 열 살인 마이크는 병세가 심각했다. 진단명은 팔로네징후였고, 아이는 태어나고부터 줄곧 병원을 들락거리고 있었다. 한눈에도 소년은 아파 보였다. 몸이 여위었고 창백했다. 푸른 기가 도는 피부는 차라리 투명에 가까웠다. 파리한 얼굴 양쪽으로 튀어나온 귀는 수척하다는 인상을 배가시켰다. 마이크는 몇 걸음만 걸어도 숨이 가빴다. 수술을 받지 않으면 겨우 몇 달밖에는 살지 못할 운명이었다. 하지만 릴러하이라면 아이를 살릴 수도 있을 듯했다.

마이크의 부모는 릴러하이의 교차순환법에 동의 의사를 밝혔다. 위험하다는 건 알았지만, 이 외과의를 믿어 보기로 했다. 적어도 그는 솔직했다. 아들의 수술 전망을 섣불리 낙관하지 않았다(비록 팔로네징후 환자를 교차순환법으로 수술하려는 시도는 이번이 처음이었지만, 뚜껑을 열어 보기 전에는 아무도 결과를 단정할 수 없었다). 소년의 혈액 검사가 실시되었다. 가족구성원 가운데 아이와 혈액을 나누기에 가장 적합한 이를 고르기 위한 절차였다. 하지만 이내 예기치 않은 난관이 발목을 잡았다. 마이크의 부모나 친척 가운데 RH¯ AB형 혈액형을 가진 사람이 나타나지 않은 까닭이었다. 별수 없이 그들은 생판 모르는 남에게 도움을 청해 보기로 했다.

릴러하이가 상황을 설명하자, 예의 고속도로 노동자 하워드 홀츠는 수술을 위해 자신의 몸을 제공하는 일에 동의해 주었다. 마이크 쇼와는 일면식도 없는 사이였지만, 하워드는 만약 자신의 자녀가 아팠더라도 누군가는 같은 행동을 했으리라고 여겼다. 한 아이의 생명이 위태로웠고, 하워드는 자신의 거절이 마이크에게는 사형

선고나 다름없다는 사실을 알았다. 수술의 안전이 관건이었지만, 이전의 공여자 가운데 부작용으로 고통 받는 사람은 없는 듯했다. 설사 위험하다고 해도(릴러하이는 위험이 따른다는 사실을 명확히 설명해 두었다) 그런 위험은 단연코 감수할 가치가 있었다. 하워드는 마이크와 소년의 가족을 만났다. 수술 날짜가 결정되었다.

교차순환법은 두 환자를 돌봐야 하는 까닭에 외과의사 역시 두 팀이 필요했다. 고로 작은 수술실에 놀랍도록 많은 인원이 투입되었다. 공간은 빽빽이 들어찬 사람들로 바글거렸다. 모든 사람이 가운과 마스크를 착용했고, 다들 조금씩은 불안해 보였다. 왼쪽으로는 심장병 환자가 누워 있었다. 소년의 머리맡에는 마취과의사와 그의 보조자가 자리했다. 그들은 교차순환이 시작될 때까지 환자의 양쪽 폐에 공기를 끊임없이 보충해야 했고, 그러고 나면 여지없이 녹초가 되곤 했다. 낮은 커튼이 마취과의사를 릴러하이와 그의 보조자들로부터 갈라 놓았다.

수술모와 마스크를 쓴 상태에서도 릴러하이는 쉽게 눈에 띄었다. 기다란 흉터 하나가 그의 목을 타고 내려가다 가운 속으로 사라졌다. 종양 제거 수술의 흔적인 그 흉터는 그의 머리를 한쪽으로 기울어 보이게 만들었다. 수술대 위에서는 조명 세트가 아래쪽을 비췄다. 이에 더하여 릴러하이는 이마에 헤드램프까지 착용한 상태라, 소년의 가슴에 난 핏빛 구멍을 명확히 들여다볼 수 있었다. 헤드램프 전원은 바닥의 소켓에 플러그를 꽂아 연결했는데, 모양새가 마치 낡은 스탠드를 대충 수선하여 제작한 듯했고, 외과의사의 얼굴 위로는 불빛이 불편하리만큼 뜨겁게 내리쬐였다.

주요 수술대의 오른쪽에는 하워드가 누워 있었다. 그 역시 잠든 상태였다. 수술에 반드시 필요한 절차는 아니었지만, 마취는 공여자의 고통(또는 지루함)을 덜어 줄 것이었다. 다만 마취의 깊이는 가능한 한 얕게 유지해야 했다. 하워드의 혈관에서 순환하는 약물은 마이크의 혈관에서도 순환할 수밖에 없었으니까. 또한 마취과의사는 공여자의 호흡이 규칙적인지도 확인해야 했는데, 두 환자가 서로 연결돼 있는 동안에는 하워드가 두 사람 몫의 호흡을 감당해야 하기 때문이었다. 한 외과의가 하워드의 오른쪽(우리가 보기에는 왼쪽) 다리를 절개하고는 넙다리동맥에 도관을 하나 삽입했다. 같은 다리의 주요 정맥인 큰두렁정맥에도 도관이 하나 들어갔다.

양 수술대 사이로는 혈액을 채운 맥주 호스가 구불구불 이어져 있었다. 밝은 색의 산소화된 혈액이 한 방향으로 수술대를 가로지르는 동안, 반대 방향으로는 어두운 색의 정맥혈이 흘렀다. 혈액은 착유기 펌프를 지나며 압력을 조절하는 단계를 거쳤는데, 소년의 연약한 순환계가 과부하되는 사태를 방지하기 위해서였다. 일련의 작은 기계 손가락들이 관 속 혈액에 압력을 가하면서 펌프가 부드럽고 율동적인 소리를 냈다. 간호사들이 두 환자 사이를 오갔다. 한 외과의는 혈류를 감시했다. 그사이 릴러하이는 마이크 쇼의 심장을 갈랐다.

관람석에서 창을 통해 내려다보는 이들에게는, 심지어 대단히 숙련된 외과의들에게도 실로 괄목할 만한 수술이었다. 그들이 살면서 목격한 수술 가운데 이보다 대담하고 야심만만하며, 순전히 무모할 수도 있는 수술은 아마도 없을 터였다. 릴러하이가 찬찬히, 꼼꼼하게 환부를 가르고 봉합하는 사이 몇몇 참관자들은 마이크 쇼와 하워드 홀츠가 둘 다 살아서 수술대를 벗어날 확률을 머릿속으로 계산했다.

펌프의 스위치가 꺼졌다. 마이크의 심장이 박동하기 시작했다. 하워드는 연결이 해제되었고, 며칠 뒤 무사히 병원을 떠났다. 마이크 쇼 역시 오래지 않아 완치된 몸으로 병원을 떠났다. 릴러하이의 혁명적이고 '해괴한' 수술이 빚어낸 또 하나의 기적이었다.

수술 덕분에 마이크 쇼는 병약한 환자에서 건강하고 활달한 소년으로 탈바꿈했다. 이 글을 쓰고 있는 지금도 마이크와 하워드는 여전히 생생하게 살아 있다. 마이크는 자라서 음악가, 정확히는 베이스기타리스트가 되었고, 릴러하이의 수술 덕분에 인생을 온전히 만끽할 수 있었다. 여든둘이 된 하워드 역시 여전히 정정한 몸으로 라인 댄스를 꼬박꼬박 추러 다닌다. 퇴원하고 몇 년 뒤 마이크의 어머니는 아들이 밴드에서 연주하는가 하면 밤늦게까지 귀가하지 않고 여자애들과 어울린다며 릴러하이에게 불평을 늘어놓았다. 수술 전까지만 해도 아들이 아무것도 할 수 없다며 걱정하던 어머니가, 이제는 너무 많은 일을 한다며 걱정하는 지경에 이른 것이다!

릴러하이는 그가 살린 환자들의 영웅이었다. 하지만 안타깝게도 모든 수술이 그처럼 성공적이지는 않았다. 그해 말에는 수술의 잇따른 실패를 맛보았다. 합병증이 생긴 환자도 있었고, 봉합 과정에서 전도계를 건드리는 바람에 심장블록이 나타난 환자도 있었다. 부모와 함께 앉아 최악의 소식을 전하는 일은 대부분의 외과의에게 언제나 고역이었다. 하지만 릴러하이는 달랐다. 그는 타인에게 책임을 떠넘기지 않았다. 오히려 부모에게 직접 말하는 역할을 자임했다. 비록 자신감과 허세가 강한 성격이었지만 릴러하이는 그들과 슬픔을 나누었다. 하지만 그러고도 이내 마음을 추슬렀고, 다음 날이면 새로운 마음으로 또 다른 수술을 집도했다. 한번은 수술을 완전히 그만둘 뻔도 했지만, 상관의 회유에 힘입어 경력을 이어 나갔다. 결과적으로 그는 도합 45명의 아픈 어린이를 교차순환법으로 수술했다. 그중 28명은 수술 후에 살아남았고, 이후로도 대부분 정상적이고 건강한 삶을 영위했다.

공여자들의 안녕을 지킨다는 명분하에 교차순환법은 마침내 종식되었다. 가령 한 어머니의 사례를 보자. 1954년 10월 5일 제럴딘 톰프슨은 딸의 몸과 연결되었고 두 사람 사이에서 펌프가 가동되었다. 릴러하이는 수술을 시작했다. 그의 신경은 온통 소녀의 심장에 쏠려 있었다. 하지만 수술실에 있던 다른 누군가가 임무에 제대로 집중하지 않았다. 공기방울이 장치에 유입되었다. 수술을 중단했지만, 때는 이미 늦었다. 제럴딘은 심각한 뇌 손상을 입었다. 교차순환법으로 인한 잠재적 사망률이 200퍼센트라는 관측이 하마터면 실현될 뻔했던 사건이었다.*

릴러하이 말고는 전 세계 그 어떤 외과의사도 교차순환법을 감히 시도하지 못했고, 와중에 일부는 오히려 더 불합리한 계획에 도전하기도 했다. 토론토의 어린이병원Hospital for Sick Children에서는 외과의사 윌리엄 손턴 머스터드William Thornton Mustard가 원숭이의 폐

---

* 릴러하이는 수술의 실패가 한 가지 오류 때문이라고 제럴딘의 남편에게 설명했다. 정말이지 참담한 심정으로 그는 마침 책임보험을 가입해 둔 것이 있으니 제럴딘을 위해 합당한 보험금을 청구하겠다고 제안했다. 그러나 안타깝게도 변호사가 개입하면서 합당한 금액은 수백만 달러로 불어났고, 결국 법정 소송이 진행되었다. 법원은 제럴딘이 위험을 충분히 인지하고 있었다는 판단을 내렸고, 결국 그 가족은 보상금을 한 푼도 받지 못했다.

를 사용한 실험에 뛰어들었다. 그는 수술 직전에 원숭이 몇 마리를 마취해서 죽인 다음 폐를 들어내 항생물질로 깨끗이 닦았다. 그런 다음에는 순산소가 담긴 병 안에 그 폐를 매달아 환자의 몸에 연결했다. 머스터드가 이 방식으로 수술한 어린이 21명 가운데 오직 3명만이 살아남았다.

또 다른 외과의 겸 연구자 길버트 캠벨Gilbert Campbell은 개의 폐를 사용해 비슷한 실험에 돌입했다. (심장이 아닌 부위의) 일반적 수술에 성공한 그는, 릴러하이를 데려다 그의 지도하에 팔로네징후의 치료를 시도했다. 환자는 수술 직후에 사망했지만, 이후의 시도들은 그보다 성공적이었다. 그중 캘빈 리치먼드에 대한 수술이 가장 유명한데, 아칸소주 출신의 그 열세 살 아프리카계 미국인 소년은 교통사고로 심하게 다친 중증 환자였다. 의사들의 진단에 따르면, 소년을 힘들게 하는 요인은 심장에 뚫린 구멍이었다. 하지만 손쓸 방법이 거의 없었다. 소년의 유일한 희망은 미니애폴리스의 대학병원에서 월터 릴러하이에게 기적의 수술을 받는 것뿐이었다.

리틀록의 신문사와 텔레비전 방송국이 관여하면서 모금 운동이 벌어졌다. 그리고 마침내 캘빈을 미네소타주로 보내 치료하기에 충분한 기금이 조성되었다. 결국 소년은 아칸소주 공군 측이 제공한 비행기에 실려 북쪽으로 날아갔다. 하지만 정작 소년의 어머니는 교차수술법에 관해 듣자마자, 수술에 참여하기를 거절했다. 차선책으로 의료진은 지역 교도소에서 지원자를 물색했지만, 아무도 나서지 않았다. 자신들의 '흰' 피와 캘빈의 '검은' 피가 섞이는 것에 대한 두려움 때문이었다. 결국 릴러하이는 개의 폐를 써 보기로 마음먹었다. 수술은 순탄하게 진행되었다. 소년의 손상된 심장을 복구하는 동안, 개의 폐는 캘빈의 혈액에 산소를 공급했다. 언론은 수술의 성공을 대서특필했다. 단, 죽은 개의 폐에 대한 언급은 거의 모든 기사에서 볼 수 없었다.

교차순환법은 분명 단점이 있었다. 특히 환자와 공여자가 둘 다 사망할 수 있다는 사실은 정말이지 크나큰 문제였다. 하지만 원숭이나 개의 폐를 사용한 방법도 별로 나을 건 없었다. 릴러하이는 그 외에도 몇 번 더 개의 폐를 수술에 사용했지만, 이상적인 방법은 아니라는 결론을 얻었다. 적어도 릴러하이는 멈춰야 할 때를 알았다. 반면에 원숭이의 폐를 사용한 윌리엄 머스터드는 어떠했던가! 절박한 심정으로 그를 믿었던 부모들이 한없이 가여울 뿐이었다. 이제 더 나은 수술법이 필요한 시점이었다. 미니애폴리스의 외과의사들이 인간이나 동물을 사용해 혈액에 산소를 공급하는 사이, 다른 곳의 외과의사들은 기계로 시선을 돌리고 있었다.

기번 선생의 놀라운 발명품

1953년 5월 6일, 필라델피아 제퍼슨 병원

수술은 순조로웠다. 열여덟 살의 세실리아 바볼렉은 가슴을 절개하고 박동하는 심장을 노출한 상태로 수술대에 누워 있었다. 존 기번 주니어John H. Gibbon Jr 선생은 진단이 옳았다는 사실에 안도했다. 세실리아의 병명은 심방중격결손이었다. 양 심방 사이에 구멍이 하나 뚫려 있다는 뜻이었다. 기번이 피 묻은 손으로 약 2.5센티미터 크기의 구멍 양쪽을 맞붙여 꿰매기 시작했다. 그에게는 대단히 익숙한 수술이었다. 다만 이전에 성공한 수술의 대상은 모두 고양이 아니면 개였다. 그가 처음으로, 그리고 아직까지는 유일하게 수술한 인간 환자는 끝내 수술대에서 숨을 거둔 바 있었다.

기번은 천천히, 꼼꼼하고 정확하게 손을 놀렸다. 평소처럼 수술실은 만원이었다. 수술대 주위로는 다른 외과의들뿐 아니라 수술 보조자들과 기구를 건네는 소독간호사들까지 모여 있었다. 마취과 의사는 소녀의 혈압을 모니터했고, 수술 보조자는 집도의에게 가위를 건넸다. 기번은 저체온법을 사용해 환자의 체온을 낮추지도, 교차순환법이나 다른 동물의 폐를 사용해 소녀의 혈액을 내보내거나 산소화를 도모하지도 않았다. 그는 자신의 위대한 발명품, 그러니까 인공심폐기의 최신 버전을 시험 중이었다. 그의 옆에서 수상한 기계가 꼴꼴거리고 윙윙거리고 쿵쿵거렸다.

기번의 인공심폐기는 생김새로 보나 소리로 보나 마치 1950년대 B급 영화에 나오는 미치광이 과학자의 괴이한 실험실에서 튀어나온 듯했다. 하지만 기번의 외모는 괴짜와는 거리가 멀었다. 그는 차분한 전문가로 정평이 나 있었다. 동료들의 존경을 한몸에 받았고, 심장외과의치고는 특이하게도, 수줍고 겸손한 성격이었다. 동료들 눈에 비친 그는 친절하고 자상한, 그야말로 '완벽한 신사'였다. 만약 기번에게도 괴짜적 면모가 존재한다면, 그것은 대수술을 하는 동안 환자의 생명을 유지해 줄 기계를 개발하려는 남다른 집념에 있었다.

기번은 1930년대부터 그 프로젝트에 매달렸다. 초기의 발명품들은 그랜드피아노처럼 덩치만 컸지 조잡한 기계장치에 불과했다. 문제의 기계가 작동하는 광경을 보러 연구실을 찾은 내빈에게는 무릎까지 오는 장화를 지급했다. 아주 작은 고양이 한 마리의 생명을 유지하려면, 우선 몇 양동이의 피로 그 거대한 기계를 가동시켜야 했다. 오래지 않아 방문객들은 자신들이 걷는 바닥이 축축하다 못해 핏물로 흥건해졌다는 사실을 알아차리곤 했다. 그러면 기번은 고양이 피 몇 리터가 출렁이는 바닥에서 이렇게 말하는 것이었다. "어허, 오늘 아침에도 결국 새는군요."

인간의 심장과 폐를 기계로 모방하는 일은 과연 험난한 도전이었다. 심장을 대체하는 일은 상대적으로 단순했다. 펌프로 해결할 수 있었다. 순환 회로에 압력 조절 장치를 달고 공기가 유입되지 않도록 안전장치를 추가하면, 인공심장 펌프는 충분히 기성 장비—릴러하이가 교차순환법에 사용한 착유기 펌프와 같은—를 활용할 수 있었다. 문제는 폐였다.

인간의 폐는 여러 갈래의 얽히고설킨 관들로 이뤄져 있다. 그곳에서 혈액은 공기와 가스를 교환한다. 산소는 공기에서 혈액으로 이동하고 이산화탄소는 혈액에서 공기로 이동한다. 이러한 가스교환에 사용할 수 있는 표면의 총 넓이는 무려 70여 제곱미터에 달한다. 웬만한 테니스 경기장 면적에 맞먹는 크기다. 그러므로 폐를 기계로 모방하려면, 둘 중 하나의 조건을 갖춰야 했다. 비슷하게 넓은(보통의 수술실보다 훨씬 큰) 표면적을 확보하거나, 산소를 혈액으로 들여보낼 다른 방법을 찾아내거나. 확실한 방법은 산소 기포를 혈액에 주입하는 것이었지만, 여기에는 수많은 어려움이 뒤따랐다. 아주 작은 공기방울이 하나라도 남아 있다가 다시 혈류로 유입되는 날에는 자칫 환자의 목숨이 끊어질 수 있었다. 기번은 펌프에서 내보낸 혈액이 평판이나 스크린 같은 평평한 표면 위를 지나며 막처럼 얇게 펼쳐져 산소와 접촉하게 하는 방법을 긍정적으로 검토했다. 혈류를 유지할 수만 있다면, 썩 괜찮아 보이는 방법이었다. 하지만 혈액이 응고하면 말짱 헛일이었다.

수년에 걸쳐 기번의 인공심폐기는 점차 개량되었다. 종전 후에는 IBM사가 연구비와 엔지니어를 제공했다. 혈액의 흐름을 조절하고 압력 및 산소화 과정을 모니터할 전자 장비가 도입되었다. 실험동물이 점점 커지는 동안 기계는 작고도 효율적으로 변해 갔다. 그럼에도 인공심폐기는 여전히 거대하고 놀랍도록 복잡했다. 커다란 세탁기 두 대를 볼트로 접합해 놓은 듯한 크기와 모양의 그 기묘한 장치는, 얼마나 컸던지 윈치로 들어 올려 창문을 통과시킨 뒤에야 병원에 들여놓을 수 있었다. 하지만 IBM사의 지원 덕분에 이제 인공심폐기는 지나치게 복잡하고 조잡한 몰골을 탈피하게 되었다. 마침내 최첨단 장비의 모습을 어느 정도는 갖추게 된 것이다.

문제의 기계는 각종 스위치와 파이프, 다이얼로 뒤덮여 있었다. 산도와 압력을 측정할 다이얼과 혈류를 모니터하고 조절할 전자 장비는 물론, 정전에 대처할 예비 배터리까지 갖추었다. 맨 위로는 일단의 플라스틱 튜브가 있었고, 옆으로는 유리병들이 걸려 있었다. 윗면에 우뚝 솟은 산화기에서는 혈액이 겹겹의 스크린을 타고 얇게 흘러내리며 산소와 접촉하게 되어 있었다. 거기서 두 가닥으로 뻗어 나오는 도관은 각각 혈액을 환자의 정맥에서 취해 올 유입관과 산소화된 혈액을 환자의 몸에 돌려보낼 유출관이었다. 이제 연결하기만 하면, 환자의 심장과 폐의 역할을 그 기계가 대신할 것이었다.

한편 수술을 시작한 지도 어느새 26분이 지났다. 세실리아 바볼렉은 잘 버티고 있었다. 혈액은 평상시처럼 그의 심장과 폐를 지나는 대신, 인공심폐기를 통과한 다음 산소화를 거쳐 몸으로 돌아가고 있었다. 하지만 이때 문제가 발생했다. 산화기 속 스크린을 통과하는 혈액의 흐름이 더 이상 원활하지 않았다. 혈액이 응고하기 시작한 까닭이었다. 펌프가 계속 작동하면서 기계 내부의 압력은 높아져 갔다. 이제 세실리아는 충분한 산소를 공급받지 못하고 있었다. 인공심폐기가 거품을 일으키기 시작했다. 그대로 두었다가는 금방이라도 폭발해 버릴 듯했다.

인공심폐기의 책임자는 빅 그레코Vic Greco였다.* 기번과 같은 연구소에서 일해 온 그는 문제의 원인을 헤아려 보았다. 인공심폐기는 환자와 연결하기 전에 혈액으로 '충전priming'해야 하는데, 아무래도 그날 일찍 충전하는 과정에서 혈액 희석제인 헤파린을 충분히 첨가하지 않은 듯했다. 하지만 문제 분석이나 하고 있을 때가 아니었다. 상황은 최악으로 치달았고, 당장은 눈앞의 위기부터 해결해야 했다. 만약 기계를 고치지 못하면, 세실리아 바볼렉은 사망할 수밖에 없었다.

수술대에서 기번은 집중력을 있는 힘껏 끌어모았다. 최대한 빠르게 손을 움직였지만, 인공심폐기는 점점 더 심하게 거품을 일으킬 뿐이었다. 혈액이 세실리아의 몸 쪽으로 역류하기 시작했다. 순환이 멈추려 하고 있었다. 그레코는 발판 사다리를 타고 올라가 문제의 산화기 뚜껑을 내리눌렀다. 세실리아의 피가 수술실에 흩뿌려지는 사태를 방지하기 위해서였다. 그러자 그 심폐기의 기술 개발에 깊숙

---

* 원래의 책임자는 조앤 코러더스였지만, 그날은 '역사적으로 더 그럴듯한 기록을 남기는 차원에서' 의사가 그 역할을 맡게 되었다.

이 관여한 버나드 밀러Bernard Miller가 파이프의 경로를 변경하기 시작했다. 그는 사태를 수습하는 유일한 방법은, 이제 무용해진 산화기 스크린을 우회함으로써 인공심폐기가 오로지 심장의 역할만을 대신하도록 만드는 것이라고 판단했다. 그러면 적어도 혈액이 다시 돌면서 세실리아의 순환도 재개될 것이었다.

혈액이 다시 흐르기 시작했다. 다만 이제는 더 이상 산소를 공급받을 수 없었다. 이것도 순환이라면 순환이었지만, 체내로 산소를 공급할 길이 막혀 버린 마당에 세실리아의 회생을 기대하는 것은 무리였다. 어쨌든 기번은 하던 일을 계속했다. 세실리아의 심장은 리듬을 상실했고 잔떨림이 시작되었다. 기번은 절개부를 봉합하기 시작했다. 전기 충격기가 동원되었다. 심장이 다시 박동하면서 정상적 리듬을 되찾았다. 아직 환자는 살아날 가망이 있었다. 적어도 이제부터는 잘못될 것이 없었다. 하지만 그날은 기번의 날이 아니었다. 그가 수술을 채 마무리하기도 전에 세실리아가 마취에서 깨어나 수술대 위에서 버둥거리기 시작했다. 기번은 그의 가슴을 닫고 마지막으로 피부를 봉합했다. 그리고 놀랍게도 심장은 여전히 뛰고 있었다. 호흡도 정상이었다. 2주가 채 지나지 않아 세실리아 바볼렉은 퇴원했다. 심장의 구멍은 성공적으로 폐쇄되었다.

수술에 소요된 시간은 45분이었다. 그중 26분 동안 환자의 생명은 기계에 의해 유지되었다. 실로 '역사적인 수술'이었다. 또한 그 26분은 '외과 역사에 있어 가장 중요한' 시간이었다. 기번은 그 수술이 불러일으킨 세간의 관심을 피했고, 언론을 멀리했다. 유일하게 시사주간지《타임》에만 마지못해 몇 마디 인용문이 실렸을 뿐이었다(와중에 그는 인공심폐기와 사진을 찍어 달라는 요청을 거절했다). 기번의 입장에서 보자면, 그 성공적 수술은 20여 년에 걸친 연구의 결실이었고, 이로써 그는 인공심폐기의 효용가치를 증명해 냈다.

하지만 역시, 세실리아의 수술은 아슬아슬한 성공이었다. 그가 살아난 것은 행운이었다. 또한 그것이 얼마나 큰 행운이었는지는 오래지 않아 명확해졌다. 기번은 같은 심폐기를 사용해 두 번 더 수술을 시도했다. 두 수술 모두 환자는 다섯 살 소녀였다. 그리고 둘 다 수술대 위에서 사망했다. 기번은 버텨 내지 못했다. 그는 회복탄력성이 부족했다. 다른 몇몇 동료들처럼 개의치 않고 앞으로 나아갈 수 없었다. 그가 수술한 환자 4명 가운데 3명이 인공심폐기에 연결된 상태에서 목숨을 잃었다. 기번은 자신의 인공심폐기를 다시는 수술에 쓰지 않기로 결심하는 한편, 그 장치의 사용을 1년 동안 중단할 것을 주문했다. 그리고 영영 심장외과로 돌아오지 않았다.

그러나 다른 이들은 기번의 발명품에서 가능성을 보았다. 릴러하이가 교차순환법을 개발한 곳에서 차로 1시간 반이 채 안 되는 거리에 위치한 로체스터의 메이요 클리닉Mayo Clinic에서는, 또 한 명의 외과의사가 기번의 인공심폐기를 개량하는 작업에 착수했다. 1955년 3월 22일 존 커클린John W. Kirklin은 2년의 연구 끝에 마침내 수술할 준비를 마쳤다. 그는 자신의 기계를 더도 말고 덜도 말고 딱 8명의 환자에게 시험해 보기로 결심했다. 다섯 살 소녀를 대상으로 시행한 첫 수술에서는 기계가 사실상 폭발했다. 사방으로 피가 튀었지만 환자는 용케도 살아남았다. 5월경에는 목표대로 8명의 환자에 대한 수술을 마쳤다. 4명이 살아남았다. 환자가 살아서 수술실을 나갈 확률은 여전히 50퍼센트였다. 하지만 그럼에도 생존율은 나아지고 있었다.

릴러하이 선생이 난국에 대처하는 자세

1955년, 미니애폴리스

다시 미니애폴리스로 돌아와서, 월터 릴러하이 역시 인공심폐기 개발에 힘쓰고 있었다. 다만 그의 모델은 훨씬 단순했다. 릴러하이는 다른 모든 사람이 경계해 온 방식, 그러니까 혈액에 산소 기포를 직접 주입하는 방식을 시도해 보기로 마음먹었다. 새 기계를 설계하는 임무는 딕 드월Dick DeWall에게 맡겼다. 그 젊은 의사는 저녁마다 집에서 공들여 제작했다는 인공심장판막의 도안을 들고 릴러하이를 찾아온 적이 있었다. 릴러하이는 '기포형 산화기bubble oxygenator'의 위험성은 물론이고 개발가능성에 대해서도 다른 모든 사람이 회의적이라는 얘기는 드월에게 하지 않기로 했다. 어차피 교차순환법에 대해서도 사람들은 똑같은 반응을 보였으니까.

산소 기포를 혈액에 주입하는 방법은 상대적으로 용이했다. 문제는 어떻게 그 기포를 다시 빼내느냐 하는 것이었다. 드월은 두 개의 펌프(교차순환법에 사용한 것과 같은 종류의 착유기 펌프)와 플라스틱 도관을 테이프 쪼가리와 금속제 호스클립으로 연결한 다음 연구에 착수했다. 얼핏 봐서는 효과가 의심스러울 정도로 구조가 너무 단순했다. 하지만 그 시스템의 백미는 바로 그 단순성이었다. 환자의 정맥에서 나온 혈액이 펌프를 거쳐 배합실로 들어가면, 커다란 고무마개에서 삐져나온 피하 주사침을 통해 산소 기포가 주입되었다. 이곳에서 새롭게 산화된 선홍빛 혈액은 드월이 '기포 제거 튜브de-bubbler tube'라고 명명한 관을 통과하게 되어 있었다. 그러면 이 비스듬한 관에 채워진 지포제라는 화학물질이 혈액 내 모든 기포의 표면을 터뜨릴 것이었다. 지포제는 마요네즈 제조 공장에서 쓰는 것과 동일한 화학물질을 사용했다. 이어서 혈액은 그 심폐기의 가장 기발한 장치라고 할 만한 나선형 튜브를 통과해야 했는데, 혹시 남아 있을지 모를 기포를 제거하기 위해서였다. 기포가 없어 상대적으로 무거운 혈액은 중력에 이끌려 아래로 흘러내렸다. 반면 기포를 함유해 상대적으로 가벼운 혈액은 다시 맨 위로 밀려 올라갔다. 마침내 나선형 튜브까지 통과한 혈액은 또 하나의 착유기 펌프를 거쳐 환자의 동맥으로 돌아갔다. 그 모든 펌프와 병과 튜브는 수술대 옆 카트에 간단히 배치되었다. 또한 플라스틱 도관은 수술이 끝나면 간편히 폐기할 수 있었다. 기번의 인공심폐기처럼 복잡한 세척이나 까다로운 준비 과정은 조금도 필요하지 않았다.

릴러하이-드월 기포형 산화기의 첫 시험 가동은 1955년 5월 13일에 이뤄졌다. 안타깝게도 환자는 이후에 사망했지만, 이런저런 정황에 비춰 볼 때 기기의 결함 때문은 아니었다. 이 선구적 수술이 잘못될 수 있는 요인은 많고도 많았다. 12월 무렵에는 그 인공심폐기를 사용해 시행한 수술이 무려 100건에 달했다. 그리고 환자는 대부분 살아남았다. 개심수술 환자의 생존율은 갈수록 높아졌다. 그들의 인공심폐기는 개선과 개량을 거치며 상업화되었다. 전 세계의 모든 병원이 원하면 그 기기를 구입할 수 있었다.

인공심폐기의 등장과 더불어 외과의사들은, 혈액을 빼낸 상태에서 심장을 열어 수술할 수 있게 되었다. 이제 그들은 더 오랜 시간 동안, 환부를 명확히 보면서 수술할 수 있었다. 하지만 마지막 한 가지 문제가 남아 있었다. 인공심폐기에 연결한 뒤에도 환자의 심장은 박동을 멈추지 않았다. 심장이 뛰는 상태에서는 봉합을 정확한 위치에 시행하기가 어려웠고, 손을 조금만 삐끗해도 재앙으로 귀결될 수 있었다. 이제 외과의사들은 심장박동을 완전히 멈출 방법을 찾아야 했다. 그리고 당연히, 멈췄던 심장을 다시 뛰게 할 방법도 함께 찾아야 했다.

해답을 제시한 인물은 영국의 외과의사 데니스 멜로즈Denis Melrose*였다. 그는 1955년 학술지 《랜싯》을 통해 자신의 연구 결과를 발표했다. 그가 고안한 방법은 구연산칼륨을 주입하는 것이었고, 나중에는 이것을 염화칼륨으로 대체했다. 염화칼륨은 심장의 전기신호를 방해하는 화합물로, 미국의 일부 주에서 사형 집행에 사용하는 '치사 주사액'의 주요 화학물질과 성분이 같았다. 영국 런던의 해머스미스 병원에서 그 화합물이 환자에게 처음 사용됐을 때, 수술 팀은 검시관과 교회 수장들에게 자문을 구해야 했다. 수술을 받는 동안 환자는 사실상 죽은 상태나 마찬가지였으니까. 심장을 다시 뛰게 하는 데는, 심장근육에 직접 전기자극을 가하는 방식이 사용되었다.

고작 몇 년 사이에 심장외과계는 변태에 가까운 변화를 겪었다. 하켄이 최초로 인간의 박동하는 심장을 절개해 속전속결로 총알을 제거한 이래로 멜로즈나 릴러하이와 같은 외과의들이 활약하면서, 이제는 심장을 완전히 멈추고 절개하여 심각한 결함까지 바로잡을 수 있게 되었다. 심장을 정지할 수 있게 되면서, 심장에 대한 더 과

---

* 멜로즈는 뛰어난 외과의였다. 심장박동을 멈추는 방법을 연구했을 뿐 아니라 세계적으로 널리 사용되는 인공심폐기를 개발하기도 했다.

감하고 복잡한 수술도 가능해졌다. 큰 구멍에는 패치를 기워 붙였고, 인공심장판막을 이식했으며, 합성 혈관으로 동맥을 치환했다. 개심수술을 받는 환자는 해마다 늘어갔다. 더불어 수술 후 생존하는 환자도 해마다 늘어갔다.

1958년 젊고 매력적인 외과의사 멜로즈는 또 하나의 역사를 만들었다. 캘리포니아의 텔레비전 방송국 카메라 앞에서 라이브로 개심수술을 집도한 것이다. 방송은 오후 7시부터, 멜로즈가 어느 미국인 참전군인의 일곱 살배기 아들 '토미'를 수술하기 시작함과 동시에 중계되었다. 장장 4시간에 걸쳐 시청자들은 멜로즈가 소년의 심장을 가르는 장면을 흑백텔레비전을 통해 뚫어져라 바라보았다. 그날 밤의 최고 시청률은 그 프로그램의 차지였다. 그것은 진정한 삶의 드라마였다. 자칫 잘못했다가는 텔레비전 생방송 중에 한 소년이 실제로 사망할 수도 있었다. 토미는 살아남았다. 적어도 그 소년의 심장은 치료가 가능했다. 하지만 너무 심하게 손상된 심장, 그 어떤 수술로도 고칠 수 없는 심장은 어찌 해야 할까? 과연 심장은, 영혼과 몸의 중추는 다른 심장으로 치환될 수 있을까?

돼지들의 밤

1969년, 런던 국립심장병원

그것은 한 생명을 구하기 위한 절박하고 필사적인 시도이자, 죽어 가는 환자를 살리기 위한 실험적 수술이었다.

영국에서 손꼽히는 심장외과의사 도널드 롱모어Donald Longmore

의 전화에, 농장주는 돼지를 틀림없이 보내겠다고 확답해 주었다. 그는 돼지를 자신의 랜드로버에 실어 손수 데려올 참이었다. 그리 오래 걸리지는 않을 터였다. 그 밖의 모든 것은 준비가 되어 있었다.

수술실에서는 한 남자 환자가 가슴을 절개하고, 기다란 튜브로 덩치 큰 인공심폐기에 연결된 상태로 수술대 위에 누워 있었다. 암적색 피가 한 방향으로 흘러 나갔다가 선홍색 피가 되어 반대 방향으로 흘러 돌아왔다. 인공심폐기 펌프가 규칙적으로 박동하며 남자의 목숨을 지키고 있었다. 마취과의사는 이런저런 가스통 거치대 곁에 앉아 환자의 상태를 차분하게 모니터했다. 한 간호사가 갓 멸균한 기구들을 카트 위에 차려 놓는 동안, 다른 간호사는 심폐기를 지켜보았다. 조명과 다이얼도 전부 상태가 양호했다. 마치 모든 일이 잘 되어 간다고 말해 주는 것처럼. 이제 외과의사들이 할 일은 그저 얌전히 기다리는 것이었다. 무엇을? 돼지를.

수술의 명칭은 '피기백piggyback' 수술로 정해 두었다. 외과의들은 돼지의 심장과 폐를 이식해 환자의 연명을 도울 계획이었다. 애초에 그 수술은 중증 심장병 환자를 도울 목적으로 고안되었다. 돼지의 심장과 폐는 환자의 심장과 폐에 붙여져 함께 일하며 두 장기의 부담을 덜어 줄 것이었다. 또한 덕분에 이 중환자는 1967년과 1968년에 태동한 심장이식 수술법이 마침내 완성되고 적합한 공여자가 나타날 때까지 적어도 몇 개월 더, 혹은 그보다 오랫동안 목숨을 부지할 수 있을 터였다. 게다가 이 '경이로운 약진'은 유수의 신문사가 앞다퉈 보도할 공산이 컸다. 언제나처럼 이 수술도 먼저 동물을 대상으로 시행되었고 제법 효과가 있는 듯했다. 더욱이 환자는 위중한 심장병을 앓고 있었다. 그에게는 이 실험적 수술만이 유일한 희망이었다.

모두가 한마음으로 돼지를 기다렸다.

농장주가 병원 뒤쪽의 좁은 골목에 차를 댔다. 하지만 이송 책임자 톰슨이 찾아왔을 때 롱모어는 불길한 낌새를 알아차렸다. 바야흐로 긴 밤의 사투가 시작되는 순간이었다.

"롱모어 선생님, 말씀하신 돼지가 혹시 골목에 있는 랜드로버가 싣고 온 녀석인가요?"

"그렇습니다만."

"글쎄, 그게 차에서 내리더니 윔폴가를 따라 왼쪽으로 달아나 버려서요."

의학적 진보에 의미심장한 기여를 하기가 못내 망설여졌던 것일까? 돼지는 도망쳤다. 게다가 달리기는 또 어찌나 빠르던지. 돼지는 목숨을 지키려는 본능에 이끌려 무서운 속도로 도로를 질주했다. 수술 팀은 수술용 가운과 모자, 마스크, 부츠를 착용한 상태 그대로 다 같이 돼지를 쫓아갔다.

돼지는 짧은 다리로 죽을힘을 다해 도망쳤지만, 상대는 런던에서 둘째가라면 서러운 심장외과의들이었다. 그들은 결코 호락호락하지 않았고, 결국 도로의 중간 지점에서 녀석을 따라잡는 데 성공했다. 돼지의 처절한 비명에도 아랑곳하지 않고 롱모어는 다시 병원 쪽으로 녀석을 몰아갔다. 저녁 5시였다. 일을 마치고 귀가하는 사람들로 거리는 제법 분주했다. 행인들 대부분은 이 수상한 몰이꾼들에게 별반 관심을 두지 않았다. 오로지 한 신사만이 당황한 듯 중산모를 들어 올리며 이렇게 지적했을 뿐이었다.

"이보세요, 선생님, 일방통행로를 반대 방향으로 지나다니면 어떡합니까?"

다시 수술실로 돌아와서, 환자는 여전히 마취된 상태로 수술대에 누워 있었다. 인공심폐기가 그를 대신해 펌프작용과 호흡을 담당했다. 간호사와 외과의사 들이 주위에 둘러섰다. 시계가 째깍거렸다. 그런데 돼지는 어디에?

돼지는 롱모어와 함께 승강기를 타고 있었다. 이제 더는 롱모어의 손아귀를 벗어날 수 없을 터였다. 승강기 안에는 내원객이 몇 명 섞여 있었지만, 승강기의 목적지가 꼭대기 층의 '영안실'이어도 그들은 개의치 않았다. 이 수상한 외과의사가 저녁으로 돼지고기를 먹고 싶어 하든 말든 그들이 상관할 바는 아니었다.

이윽고 롱모어는 영안실에 도착했다. 이제, 미리 조율해 놓은 대로, 마취과의사가 돼지를 잠재울 차례였다. 그래야 이 동물을 죽이고 필요한 장기를 들어낼 수 있었다. 하지만 임무를 부여 받은 마취과의사가 하필 유대인이었다. 그는 돼지 죽이기를 거부했다. 다른 마취의를 구하긴 했지만, 이 무렵부터 롱모어는 '과연 이렇게 고생하면서까지 꼭 해야 할 일인가' 하는 의구심을 품기 시작했다.

수술실에서는 인공심폐기가 펌프 역할을 여전히 수행 중이었다. 외과의사들과 간호사들의 기다림도 이어졌다.

마침내 돼지의 심장과 폐가 제거됐지만, 곧이어 또 다른 문제가 드러났다. 알고 보니 환자 역시 유대인이었다. 이 무슨 운명의 장난이란 말인가! 어쨌든 환자 스스로는 수술을 재고할 수 있는 상황이 아니었다. 고로 롱모어는 (기도하거나) 당황하는 대신 차선책으로 랍비에게 전화를 걸었다.

롱모어가 자초지종을 설명하자 랍비는 깊은 침묵에 잠겼다. 롱모어는 랍비에게 난감한 질문을 드려 죄송하다고, 설령 답을 주지 않는대도 이해한다고 말했다. 또다시 긴, 조금은 절제된 침묵이 이어졌다. 이윽고 랍비가 더는 참지 못하고 입을 열었다. "미안합니다. 자꾸만 웃음을 나려고 해서." 랍비는, 만약 이 수술이 진정으로 환자의 생명을 구하려는 일이라면 당연히 진행해야 한다는 답을 내놓았다. 처음에는 돼지가 탈출했다. 이어 유대인 마취과의사가 어깃장을 놓았다. 그러고도 다시 난관을 만났지만, 롱모어는 기어이 극복해 냈다. 마침내 외과의들은 수술을 시작할 수 있었다.

수술실로 돌아온 롱모어는 홀가분해진 마음으로 가운을 갈아입고 손을 세척한 다음 수술대 앞에 섰다. 인공심폐기는 펌프작용을 계속해 나갔다. 암적색 피가 흘러들었다가 선홍색 피가 되어 흘러나왔다. 환자는 아직 살아 있었다. 돼지의 심장도 준비되었다. 이제 수술을 시작할 시간이었다.

수술 자체는 놀랍도록 원활히 진행되는 듯했다. 환자의 순환계에 꿰매 붙인 돼지 심장은, 그가 생명을 유지하도록 도울 것이었다. 수술의 마지막 단계는 돼지 심장에 칼슘을 주입하는 간단한 절차였다. 하지만 인간의 근력을 높이는 그 칼슘이 돼지에게는 전혀 다른 효과를 일으킨다는 사실을 롱모어는 미처 알지 못했다. 돼지의 심장은 이내 돌처럼 굳어 버렸다. 다시 말해 쓸모가 없어진 것이었다. 그 모든 노력이 무색하게도, 수술은 실패로 돌아갔다. 환자는 사망했다. 어차피 죽을 환자였다는 말은 외과의들에게 별 위안이 되지 못했다. 하지만 적어도 그들은 이 뼈아픈 경험을 통해 교훈을 얻을 수 있었다.

결국 그 이야기는 '돼지들의 밤'으로 알려졌다. 그리고 덧붙이자면, 심약한 그 병원 수간호사는 돼지가 울부짖는 소리에 잠에서 깨어나 불같이 화를 냈다고 한다. 한 수술 팀원이 아침식사로 보낸 폭찹 스테이크는 그에게 별 도움이 되지 않았다.

연약한 심장, 연약한 자아
1967년 12월 3일, 케이프타운 그루트 슈어 병원

총상이라든지 동면하는 마멋, 교차순환법, 돼지 소동에 비하면, 심장이식과 관련된 역사는 의외로 심심한 편이다. 1967년에는, 최초로 인간의 심장을 이식한 외과의사라는 타이틀을 두고 치열한 경쟁이 벌어졌다. 누가 주인공이 될지는 아무도 장담할 수 없었다. 말로는 곧잘 경쟁자들과의 결과 공유와 협력을 표방하면서도, 마음속으로는 본인 스스로가 영광의 주인공이 되기를 바라는 외과의가 대부분이었다.

가장 유력한 후보자는 노먼 셤웨이Norman Shumway였다. 캘리포니아주 스탠퍼드대학교 부속병원 외과의사였던 그는 심장이식 수술법을 완성하기 위한 동물실험에 거의 10년을 매진했다. 셤웨이가 개에 대한 심장이식 연구의 결과를 처음으로 발표한 것은 1961년이었다. 이제 그는 조만간 인간의 심장을 이식할 계획이었다. 이식한 심장에 대한 거부반응을 억제할 신약은 미리 개발해 두었다(3장 참고). 나아가 심장이식이 비교적 단순한 외과적 처치이고 피부나 신장을 이식할 때보다 거부반응이 오히려 덜 할 것이란 의견을 은근히 내비치기도 했다.

한편 미국의 또 다른 지역 미시시피주에서는 제임스 하디James Hardy가 어느 말기 심장병 환자에게 심장을 기증할 공여자를 기다리고 있었다. 적합한 공여자가 나타나지 않자, 그는 침팬지의 심장을 이식해 봤지만, 결과는 실패로 돌아갔다. 그런가 하면 유럽에서도 여러 외과의사가 미국의 개척자들을 추월하려고 노력 중이었다. 이는 비단 개인뿐 아니라 국가의 자존심이 걸린 일이었다. 아직까지 심장외과 분야에서 '최초'라는 타이틀은 대부분 미국인의 차지였다. 프랑스의 병원들은 준비를 마쳤다. 런던에서는 국립심장병원 National Heart Hospital의 도널드 롱모어가 보건부 내 '번지르르한' 관료 집단과의 몇 달에 걸친 사투 끝에 적절한 조합의 환자와 공여자를 기다리는 중이었다.

그러나 최후의 승리자는 그들 중 누구도 아닌, 뛰어난 실력에 비해 이름이 덜 알려진 남아프리카공화국의 한 외과의였다. 크리스티안 바너드Christiaan Barnard는 미니애폴리스에서 월터 릴러하이에게 수련을 받은 인물로, 훌륭하지만 그리 주목받지는 못하던 외과적 경력의 소유자였다. 일찍이 그는 복잡한 개심수술의 집도의로서 비범한 능력을 발휘한 바 있었다. 바너드가 수술한 환자의 생존율은 대단히 높았다. 성공한 심장외과의가 대개 그렇듯 바너드 또한 그 장기가 '원시적 펌프'에 불과하다고, 분명 중요하지만 영혼이나 신비한 힘과는 무관하다고 여겼다.

바너드는 심장이식의 문제점들을 꽤 오랫동안 연구해 왔지만, 관련 지식의 대부분은 자신의 실험이 아닌 다른 외과의들로부터 얻었다. 그는 스탠퍼드에 가서 셤웨이를 만났고, 런던의 롱모어를 찾아가 개에 대한 심폐 이식을 참관했다. 바너드는 매력적이었고, 아파르트헤이트에 반대했으며, 상당한 명성을 갖추고 있었다. 심장에 대한 이 젊고 잘생긴 남자의 관심은 비단 의술적 영역에만 국한되지 않았다. 런던에 머무는 동안 그는 롱모어의 간호사 한 명을 (보아하니 제법 성공적으로) 유혹하기도 했다.

위대한 인물들을 사사한 뒤 남아프리카공화국의 잘 알려지지 않은 병원에서 당국자들의 방해라고는 없이 파묻혀 지내던 어느 날, 바너드는 자신의 지식을 시험할 때가 무르익었다는 판단을 내렸다. 1967년 12월 3일 그는, 교통사고 후 신경외과의사로부터 사망 선고를 받은 어느 스물다섯 살 여성의 박동하는 심장을 제거했다. 이 신선하고 젊은 심장의 수용자는 준비를 마치고 바로 옆 수술실에 누워 있었다. 쉰세 살의 당뇨 환자 루이스 워시캔스키는 심장마비를 이미 몇 번이나 겪은, 솔직히 말해 살날이 얼마 남지 않은 인물이었다. 수술에는 2시간이 소요되었다. 워시캔스키의 새 심장은 박동을 시작했고 멈추지 않았다. 그는 이튿날 깨어나 말을 했고, 며칠 만에 병상을 털고 일어났으며, 18일 후에는 숨을 거두었다.

워시캔스키는 폐렴으로 사망했다. 심장에 대한 면역계의 거부반응을 억제할 목적으로 사용한 약물이 도리어 그를 감염에 취약하게 만든 까닭이었다. 하지만 워시캔스키는 사람들의 기억에서 사라졌다. 크리스티안 바너드는 그날의 영웅이었고, 일약 유명인사가 되었다. 바너드는 교황을 알현했고, 대통령과 총리의 환대를 받았다. 이제 그는 세계에서 제일가는 신랑감이었다. 아름답고 유명한 여자들이 그를 만나기 위해 줄을 섰다.

바너드의 경쟁자 가운데 일부는 유달리 씁쓸한 기분을 감추지 못했다. 롱모어는 그의 성공을 기뻐했다. 하지만 다른 경쟁자들은 기껏 힘들게 연구했더니 바너드가 모든 영예를 차지했다며 투덜거렸다. 무슨 영예냐고? 생각해 보라. 대서양을 단독 비행한 두 번째 남자(버트 힝클러)를, 1마일을 4분 안에 주파한 두 번째 남자(존 랜디)를, 아니면 에베레스트 산을 정복한 두 번째 인물(누군지에 대해서는 논란이 있다)을 도대체 누가 기억한단 말인가? 이제 크리스티안 바너드는 역사책의 한자리를 차지할 것이었다.

우여곡절 끝에 바너드가 영광의 타이틀을 거머쥐긴 했지만, 국가 간 자존심 대결은 아직 끝난 게 아니었다. 남아프리카공화국이 해냈다면, 미국이나 영국, 프랑스라고 못 해낼 이유가 없었다. 그간에는 롱모어가 런던의 병원에서 심장이식을 시행하려는 것을 못마땅하게 여기던 바로 그 관료들이 이제는 대체 뭘 망설이는 거냐며 그를 채근하고 있었다. 1968년 1월 역사상 두 번째 심장이식 수술이 브루클린에서 에이드리언 캔트로위츠Adrian Kantrowitz에 의해 시행되었다. 이로써 섬웨이는, 외과의로서 심장이식 수술법을 개발하는 데 그토록 오랜 시간을 바쳤음에도 불구하고, 두 번째라는 타이틀마저 놓치게 되었다. 섬웨이는 네 번째였다. 마침내 그가 수술을 실시한 그달 말엽에 바너드는 이미 또 한 번의 심장이식 수술을 끝마친 상태였으니까.

영국 최초의 (그리고 세계 열 번째의) 심장이식은 1968년 5월 3일에 실시되었다. 수술의는 (역시 남아프리카공화국 출신의) 외과의사 도널드 로스Donald Ross였다. 롱모어의 역할은 공여 심장을 거두어 전달하는 것이었다. 무슨 이유에선지 그 장기의 이송을 둘러싸고 런던 거리에서는 경찰의 호송 작전이 펼쳐졌다. 실제로 그 수술의 모든 과정은 마치 중요한 공공 행사인 양 진행되었다. 수많은 구경꾼과 기자, 촬영가 들이 국립심장병원 정문 주위로 몰려들었다. 물론 그 수술은 자랑스러운 조국의 위대한 성취이자 여러 의미에서 중요한 사건이었다. 하지만 환자 프레더릭 웨스트는 불과 46일 뒤에 '불가항력적인 감염'으로 인해 사망했다. 그리고 문제는 바로 이것이었다. 외과의사들이 영예를 차지하는 동안, 그들이 수술한 환자들은 누구도 오랫동안 살아남지 못했다. 심장이식이 시작된 이후 처음 몇 년 동안은 수술 환자의 생존 일수가 평균 29일에 불과했다. 그 모든 환희의 이면에는 끔찍한 진실이 도사리고 있었다. 그 진실이란 바로, 심장이식은 어렵고, 위험하고, 복잡하다는 것이었다.

심장 수술의 선구자들은 외과의로서의 명성을 전유하다시피 했다. 심장외과의들은 용감하고 대담하며 도전적이었다. 심장외과는 독보적인 영역이었다. 거의 모든 수술에 환자의 생사가 걸려 있었다. 그들에게 수술의 성공은 생명을 살리는 일이었다. 만약 실패해도 그들은 마음을 다잡고 다음 날 다시 수술대를 마주해야 했다. 심장외과의사 가운데 상당수는 자신들의 능력에 걸맞은 성격을 갖추었다. 일부는 자신감이 넘쳤고, 다른 일부는 자기중심적이거나 오만했다. 또한 일부는 무모하거나 위험에 아랑곳하지 않는 듯 보였다. 심장외과의사는 대부분 환자의 존경을 받았고, 상당수가 국가적 혹은 세계적 유명인사가 되었다. 그들의 이름은 미디어의 사랑을 받았고, 얼굴은 시사주간지 《타임》의 1면을 장식했다. 오늘날에는 심장외과의사의 이름을 한 명이라도 댈 수 있는 사람이 드물지만, 이를테면 하켄이나 비글로, 릴러하이,* 기번, 멜로즈, 바너드와 같은 개척자들 덕분에, 개심수술이라는 대수술이 마침내 일상적으로 이뤄지게 되었다.

* 릴러하이의 이력에는 다소 특이한 부분이 있다. 1973년에 그는 탈세 혐의로 유죄를 선고 받았다. 분명 잘못하기는 했지만, 그의 범죄는 의도적 탈세라기보다 부주의로 인한 실수에 가까웠다. 그는 재무 기록에는 도통 재주가 없었고, 많은 수술을 무료로 실시했다. 1973년에 마지막 수술을 집도한 이후로도 그는 죽을 때까지 심장 수술에 대한 관심을 놓지 않았다. 1998년 릴러하이의 팔순 생일잔치에 초대된 인물 가운데 상당수는 그의 전문적 손길 덕분에 생명을 건진 이들이었다. 릴러하이는 그로부터 몇 달 뒤에 사망했지만, 대다수의 환자들은 이후로도 생을 이어 나갔다.

3장

죽은 이의 손

어떤 이식

2000년 3월

멀리서 보면, 뉴질랜드 사람 클린트 할람에게는 뭔가 이상한 데가 있었다. 그가 걸어올 때면 한쪽 팔이 반대쪽보다 길다는 것을 누구나 알아볼 수 있었다. 가까이에서 보면, 그 팔은 유별나다 못해 기괴하다는 인상마저 주었다. 그의 손을 본 사람은 누구든 평생, 어쩌면 악몽 속에서 그것을 기억할 수밖에 없었다.

할람은 비행기 옆자리에 앉았던 상냥한 노부인을 떠올렸다. 두 사람은 함께 담소를 나눴다. 노부인은 할람을 어디선가 봤다는 사실은 기억했지만, 그가 누구인지 알아보지는 못했다. 그러다 우연히 그의 오른손을 흘깃 내려다보게 되었다. 노부인은 흠칫하며 호출 버튼을 누르더니 승무원이 다가오자 자리를 다른 데로 옮겨 달라고 말했다. 노부인은 할람을 보며 사과의 뜻을 전했다. 개인적인 악감정은 전혀 없다고, 다만 죽은 사람 손을 달고 있는 누군가의 옆에 앉아 있기가 괴로운 것뿐이라고 말했다.

할람의 절친한 친구도 비슷한 고백을 한 적이 있었다. 둘이 만날 때면 친구는 언제나 악수 대신 할람의 손목을 부여잡고는 했다. 할람은 친구가 그러는 진짜 이유를 이해하지 못했다. 그것이 친절함에서 우러난 행동이라고, 그의 팔이 행여 다칠까 조심스러워서 나오는 몸짓이라고 생각했다. 할람이 이유를 물었을 때, 친구는 그의 손이 너무 무섭게 생겨서라고 고백했다. 비단 그 친구만이 아니었다. 세계 최초로 손을 이식받은 주인공은 사람들 대부분이 그의 새 손을 혐오한다는 사실을 깨달았다. 수술을 받은 지도 18개월이 지났다. 그런데 이제는, 할람의 마음속에서조차 의문이 피어나고 있었다.

어깨부터 팔꿈치까지는, 할람의 오른팔도 완벽히 정상이었다. 피부색은 할람의 어두운 안색과 어울렸고 검은 털이 수북한 데다 자잘한 반점이 나 있었다. 하지만 팔꿈치 바로 아래부터는 피부가 창백하고 털은 없다시피 했다. 마치 길고 흰 장갑을 끼고 있는 것처럼. 갈색 피부와 흰 피부가 만나는 자리는 불룩하니 부어 있었다. 길고 흰 데다, 잘 맞지도 않는 장갑이었던 셈이다.

할람의 오른쪽 아래팔은 멍들고 손상되었다. 피부는 염증이 생겨 속살이 드러나고 벌겋게 곪아 있었다. 마치 화상 환자의 팔뚝을 보는 듯했다. 손목 아래의 손도 부어 있기는 매한가지였다. 피부가 까지면서 곳곳이 헐고 살이 번들거렸다. 흡사 피부 외층을 벗겨 낸 듯한 모습이었다. 손가락은 부식이 훨씬 두드러졌다. 손끝은 겉이 딱딱하고 화끈거렸다. 노란 손톱은 아래의 얇게 갈라진 피부에서 분리되는 중이었다. 비행기에서 노부인이 자리를 옮기려 한 데는 그럴 만한 이유가 있었다.

할람은 1998년 9월 23일에 프랑스 리옹에 있는 에두아르 에리오 병원Edouard Herriot Hospital에서 손 이식수술을 받았다. 약 14시간에 걸쳐 진행된 수술은 그야말로 눈부신 기술적 성취였다. 얼 오언Earl Owen이 이끄는 수술 팀은 호주와 영국, 프랑스, 이탈리아 출신의

174

세계에서 내로라하는 이식 전문가들로 구성되었다. 굳이 프랑스에서 수술을 하게 된 이유는 그곳의 장기기증 관련법에 있었다. 프랑스에서는 신체 기증을 원하는 사람이 기증 의사를 밝히는 것이 아니라, 원하지 않는 사람이 사전에 거부 의사를 밝혀야 했다. 그 결과 사망자는 거의 모두 잠재적 공여자가 되었고, 자연히 공여자도 상대적으로 훨씬 많았다. 요컨대 새 팔과 손을 기다리는 사람에게는 최적의 장소였던 셈이다.

할람에게 팔을 기증한 사람은 대개의 경우처럼 오토바이 운전자였다. 두 사람의 팔은 혈액형과 조직형이 일치했지만, 알다시피 외형은 일치하지 않았다.

할람의 위팔에, 죽은 오토바이 운전자의 아래팔을 붙이는 데는 미세수술microsurgery이라는 굉장히 복잡한 수술 기법이 적용되었다. 외과의들은 고배율 확대경을 쓰고 정밀한 기구와 작디작은 바늘, 얇디얇은 실을 사용했다.

가장 먼저 그들은 팔뚝의 두 뼈를 단단히 접합했다. 그런 다음에는 조직의 괴사를 막기 위해 공여자와 수용자의 혈관, 그러니까 동맥 및 정맥을 연결하여 혈류를 회복했다. 피가 흐르기 시작하자, 근육 및 힘줄을 꿰매고 신경을 다시 이었다. 그리고 마지막으로 피부를 봉합했다.

수술 직후에 열린 필수 기자 간담회에서 오언은 "무척 행복하다"는 말로 자신의 심경을 밝혔다. 외과의로서 영광스러운 순간이었다. 그는 "모두가 굉장히 흡족해"했고 수술의 장기적 성공 가능성은 50대 50이라고 말했다. 들떠 있기는 다른 이들도 마찬가지였다. 영국의 뛰어난 이식 전문 외과의사 네이디 하킴Nadey Hakim은 그 수술을 "놀랍도록 흥미로운 약진"이라고 평가하는 한편, "팔을 재건한 사람을 보니 더없이 기쁘다"라고 덧붙였다.

새 팔은 이식부가 치유될 때까지 몇 주 동안 움직이지 않게 고정해 둬야 했지만, 앞으로 환자가 팔을 온전히 사용할 수 있을지에 대해서는 모든 사람이 낙관적이었다. 할람의 기쁨은 이루 말할 수 없었다. 자신의 팔에 달린 손가락을 다시 보다니, 모든 것이 꿈만 같았다. 그는 새 손과 더불어 새 삶을 얻었다. 수술이 빚어낸 놀라운 기적이었다.

할람은 오랜 세월 그 수술을 기다려 왔다. 그는 뉴질랜드의 한 교도소에서 복역하던 1984년에 둥근톱으로 팔이 잘리는 사고를 당했다.* 그의 절단된 손은 다시 꿰매 붙여졌지만, 멀쩡해 보이는 겉모습과 달리 걸리적거리기만 할 뿐 제대로 기능하지 못했다. 몇 년 뒤 할람은 그 손을 없애고 의수를 달기로 마음먹었다. 그러나 이 인공 손 역시 영 탐탁지 않았다. BBC와의 인터뷰에 따르면, 할람은 팔에 플라스틱 덩어리를 붙인 채 살아야 한다는 사실을 도무지 받아들일 수 없었다. 그것은 자연스럽지 않았다. 언젠가 기술이 발달하면 손 이식이 가능해지리라는 전망에 그는 기대를 걸었다.

하지만 1998년의 수술 이후로 몇 달이 지났을 무렵, 할람은 실망감과 싸우고 있었다. 이는 단순히 새 팔이 원래의 팔과 어울리지

---

* 부상 당시의 정황은 제대로 알려지지 않았다. 1998년에 이식수술을 집도한 외과의들은 할람이 교도소에서 다쳤다는 사실을 알지 못했다. 할람의 다소 파란만장한 과거는 수술 이후에 미디어의 취재를 통해 밝혀졌다. 수술 팀은 그의 이런 과거를 너그럽게 받아들이기 어려웠다. 훗날 오언은 자신들이 사전에 할람에 대한 정신감정을 실시했다고 밝히면서도, 그가 살아온 배경을 더 면밀히 살피지 못한 점은 아쉽다고 덧붙였다.

않기 때문만은 아니었다. 기능적인 문제도 만만찮았다. 새 팔은 그의 뜻대로 움직이지 않았다. 극히 제한적인 동작만 가까스로 수행할 뿐이었다. 팔을 움직이고 손가락을 조금 구부릴 수 있긴 했지만, 왼팔만 있을 때보다 손으로 할 수 있는 일이 오히려 줄었다고 했다.

할람의 실제적 경험과 외과의들의 수사적 설명 사이에는 널따란 간극이 있었다. 외과의들은 수술이 대단히 성공적이었다고 자평하며, 할람이 이제 물건을 쥐고 유리잔을 들 수 있을 뿐 아니라 펜으로 글씨를 쓸 수도 있게 됐다고 매체와의 인터뷰에서 말했다. 또한 할람이 이식된 팔의 손등과 손바닥 모두에서 통증과 온도를 느낄 수 있다는 사실에 그들은 만족감을 드러냈다. 하지만 정작 부작용과 씨름해야 하는 사람은 그들이 아니었다.

이식된 팔에 대한 면역계의 거부반응을 피하기 위해 할람은 다양한 약물을 한꺼번에 복용해야 했다. 대체로 아침에는 열한 개, 점심에는 네 개, 저녁에는 다시 열한 개의 알약을 삼켜야 했다. 약의 정확한 복용량은 매주 달라졌지만, 보통은 스테로이드와 거부반응 억제제, 면역억제제처럼 면역계를 제어하는 약물을 동시에 복용해야 했다. 또한 할람은 손톱 재생에 좋다는 알약도 복용 중이었다. 매일 그는 약을 너무 많거나 적게 복용하는 사태를 방지하기 위해 다양한 알약을 꼼꼼히 세어야 했다. 그의 팔을 지키기 위한 알약들이었지만, 그 밖의 원치 않는 효과들도 수반되었다. 할람은 당뇨가 생기는 바람에 인슐린으로 혈당을 조절해야 했다. 체형에도 변화가 나타났다. 할람은 원래 탄탄하고 제법 보기 좋은 몸매의 소유자였다. 하지만 언젠가부터 젖가슴이 커지고 있었다. 설상가상으로, 강력한 약제는 암의 발병 위험을 증가시켰다.

그를 힘들게 하는 것은 비단 신체적 제약만이 아니었다. 죽은 사람의 손을 몸에 붙이고 사는 일에는 정신적 비용이 수반된다는 사실을 할람은 이내 깨달았다. 남자인데 젖가슴이 자란다는 사실은 심적 고통으로 다가왔고, 이식된 팔은 시간이 지날수록 점점 더 기괴하게만 느껴졌다. 사람들은 이식된 팔이 너무 희다는 둥 새 손이 반대 손에 비해 너무 작다는 둥하며 제각기 말들을 쏟아냈다. 할람은 의사들이 그에게 더 잘 어울리는 손이 나타날 때까지 기다리지 않았다는 사실에 화가 치밀었다. 그의 말에 따르면, 의사들은 이식 받을 사람보다 이식 자체에 관심이 있었다. 할람은 새 손을 갖게 되기를 수년 동안 꿈꿔 왔지만, 현실은 나날이 더 괴로워졌다. 다음 수순은 자명했다.

2001년 무렵부터 할람은 처방약을 갈수록 적게 복용하기 시작했다. 그가 아플 때마다 면역계는 좀처럼 병을 이기지 못했고, 이에 면역억제제를 끊기로 결심했지만, 그로 인해 손에는 끔찍한 결과가 나타났다. 다른 누구도 아닌 할람의 면역계가 할람을 공격하는 바람에 새 손은 죽은 것이나 다름없었고, 팔 끝의 살이 썩어서 떨어지기 시작했다. 할람은 모든 감각을 상실했다. 감염이 몸의 다른 부위로도 퍼졌을 가능성이 의심되었다. BBC와의 인터뷰에서 할람은 문제의 손과 "정신적으로 분리된" 느낌이었다고 말했다. 급기야는 지칠 대로 지친 나머지, 기껏 이식한 손을 제거해 달라고 의사들에게 애원하기에 이르렀다.

2001년 2월, 클린트 할람의 손은 네이디 하킴에 의해 잘려 나갔다. 하킴은 처음에 그가 손을 이식할 때 도움을 주었던 외과의 중 한 명이었다. 수술은 런던의 민간 병원에서 1시간 30분에 걸쳐 진행되었다. 할람은 새 손이 없어졌다는 사실을 확인하고는 안도의 숨을 내쉬었다. 불과 몇 년 전만 해도 찬사를 받았던 수술의들 가운데 일부는, 자신들의 업적이 수포로 돌아갔고 환자가 약을 꾸준히 복용하지 않았다는 사실에 개탄을 금치 못했다.

돌이켜 보면, 클린트 할람은 세계 최초로 손 이식수술을 받기에는 부적합한 인물이었는지 모른다. 만약 그가 고분고분한 환자였더라면, 약을 꼬박꼬박 먹고 의사의 지시를 충실히 따랐더라면, 그는 여전히 죽은 사람의 손을 붙인 채로 살고 있었을지도 모른다. 하지만 만약 그랬더라면, 그는 여러 신체적 증상과 엄격한 약물요법은 물론이고 어쩌면 당뇨나 암으로 인해 더 짧아진 수명을 감내해야 했을 터였다. 이식수술 이후로 8년이 지난 어느 날 할람은 다시 의수를 달았다. 그는 손 이식수술을 받은 일 자체는 후회하지 않는다면서도, 세계 최초로 손 이식수술을 받은 일만은 후회된다고 말했다.

클린트 할람의 사례는 성공적 이식을 위해 극복해야 할 장벽들이 무엇인지 보여 준다. 이식할 부위가 손이든 손가락이든 신장이든 심장이든 답은 다르지 않다. 첫 번째 장벽은 바로 기술적 장벽이다. 이식수술은 기법을 개발하는 데만 한 세기 이상이 걸렸다. 혈관을 힘들게 봉합한 뒤에는, 근육이며 힘줄이며 신경을 연결하는 작업이 의료진을 기다린다. 하지만 수술 자체는 시작에 불과하다. 두 번째 장벽은 거부반응이라는 난관 중의 난관이니 말이다. 우리 몸의 면역계는 외부 조직에 맞서 싸움을 벌인다. 최신 약제가 아무리 좋아졌다고 해도 거부반응은 여전히 이식외과계가 좀처럼 넘기 힘든 장애물이다.

마지막 장벽은 더욱 미묘하다. 게다가 외과의들은 위험을 각오하면서까지 이 장벽을 애써 무시한다. 요컨대 모든 이식수술은 정신적 장벽을 극복하는 과정을 필요로 한다. 할람이 죽은 사람의 손을 팔에 이식한 일이 가져온 결과를 떠올려 보라. 비행기에서 그 노부인은 불편한 심기를 노골적으로 드러냈었다. 할람은 죽은 오토바이 운전자에 대해 한 번이라도 생각해 봤을까? 수술 전에 할람은 자신에게 이식된 바로 그 손으로 오토바이 핸들을 잡았을, 자신과는 완전히 다른 한 인간에 대해 본질적으로 관심을 가져본 적이 있을까? 신장이나 심장 이식, 나아가 안면 이식의 정신적 영향에 대해 우리는 과연 충분한 관심을 기울였을까?

클린트 할람의 수술의들은 기술적 문제들을 극복해 냈다. 그들이 처방한 약들은 할람이 복용을 중단하기 전까지 몸의 거부반응을 막아 주었다. 하지만 그 외과의들은 마지막 장벽을 극복하지 못했다. 그리고 의식적으로든 무의식적으로든, 그 손을 거부한 이는 결국 할람 자신이었다.

죽음의 치과의사

1765년 런던 소호, 제임스 스펜스 (그리고 아들들) 치과 의원

제임스 스펜스James Spence는 매사에 굉장히 신중했다. 이 젊은 숙녀가 찾아왔다는 사실을 그는 누구에게도 발설하지 않을 터였다. 고로 숙녀는 안심해도 좋았다. 물론 요즘 들어 스펜스는 이런 수술을 직접 시행하는 경우가 드물었다. 그날그날의 업무를 대개는 아들들에게 위임했다. 하지만 이 고상한 숙녀에 대해서만큼은 예외였다. (요즘 세상에는 돌팔이 의사가 너무 많았고) 숙녀는 다른 이에게 진료 받기를 두려워했다. 이 뽑기에 관한 한 스펜스는 이미 런던 제일의 명의 반열에 올라 있었다. 당시에 '치의학'은 전문 영역으로서의 가치를 간신히 인정받기 시작하는 단계였지만, 그는 치과의사라는 직함에 자부심을 느꼈다. 더욱이 그는 치아이식과 관련하여 당대 최고의 권위자였다.

스펜스는 치아이식에 주로, 산 사람의 입에서 뽑은 이를 사용했다. 일단 공여자를 확보하기 쉬울뿐더러, 죽은 사람의 이로 음식을 씹는다는 생각이 흔히 불러일으키는 거부감을 방지할 수 있었다. 말해 두건대, 가격은 시체에서 뽑은 치아가 훨씬 저렴했고, 당시는 전장에서 사망한 군인들의 입에서 뽑은 치아들이 치과의사들 사이에서 불티나게 팔리던 시절이었다.

그럼에도 이날의 수술을 위해 스펜스는, 젊은 여성의 입에서 뽑은 치아를 사용할 작정이었다. 아침 일찍 그는 하인을 보내 인근에서 적당한 공여자, 그러니까 자신의 앞니를 기꺼이 포기할 여자들을 물색해 두었다. 그들은 넉넉한 보상을 (그들의 입장에서는 넉넉하지만, 스펜스의 상당한 수익에 비하면 새 발의 피인 금액을) 받게 될 것이었다. 오전 중반이 되자 젊은 여자 몇이 스펜스의 진료소 뒤편 골목에 늘어섰다. 그는 여자 한 명당 이를 두 개쯤 뽑아, 개중 잘 맞는 치아를 골라 심을 계획이었다.

예의 그 숙녀가 곁을 지킬 친구 한 명을 대동한 채 진료소에 도착했다. 스펜스는 두 사람을 상담실로 맞아들였다. 그러고는 매우 안락하고 등이 높은 가죽 의자에 환자를 앉혔다. 얼핏 보기에 그는 미모가 출중하여 구혼자가 끊이지 않을 인상이었다. 하지만 입 속을 들여다보자마자 스펜스는 환자가 찾아온 이유를 어렵지 않게 알아차렸다. 치아들은 상태가 처참했다. 입에서는 썩은 냄새가 진동했고, 염증으로 까진 잇몸 위로는 검게 부식된 이뿌리들이 드러나 있었다. 환자는 수술로 인한 통증을 두려워했다. 별로 아프지 않을 거란 말로 스펜스는 환자를 안심시켰다. 통증은 대부분 공여자들의 몫이란 말은, 덧붙이려다 제풀에 그만두었다.

충치는 조지 왕조 시대의 잉글랜드 부자들이 특유의 생활 방식으로 인해 자초한 결과였다. 그 시대에는 아침에 마시는 차부터 자기 전에 빠는 사탕까지, 온갖 음식에 설탕이 들어 있었다. 그 모든 설탕은 국민들의 미소를 망가뜨렸다. 혹시 이 숙녀가 남편감을 찾고 있다면, 무엇이든 조치를 취해야 했다. 상아로 조각한 의치를 주문해 착용하는 것도 하나의 방법이었다. 하지만 그런 치아들은 대체로 잘 맞지 않았다. 그래서 그는 스펜스를 찾아왔고, 이는 최고의 결정이라고 치과의사는 생각했다.

치아이식은 유럽 전역에서 여러 해 전부터 시행돼 왔다. 외과 교과서들은 이식수술의 방법을 자세히 다뤘고, 일부는 동물 치아의 사용을 제안하기도 했다. 앙브루아즈 파레(1장 참고)는 이식수술과 관련된 책을 저술한 유수의 외과의 중 한 명이었다. 그의 저서에는 시녀에게 치아를 이식 받은 귀족 여성의 사례가 등장한다. 1780년 즈음에는 가난한 공여자의 치아를 부유한 수용자에게 이식하는 일이 빈번했다. 도덕적 관점에서 이런 풍토를 비판하는 목소리가 더러 있었고, 치아이식의 성공률이 매우 낮다는 자각도 생겨났지만, 스펜스는 그 같은 시선을 모두 물리쳤다.

뒷문가에 줄선 여자들을 검사한 뒤에는 일부를 즉시 돌려보냈다. 한 명은 얼굴이 온통 짓물러 있었고, 다른 한 명은 오히려 (수술비를 감당할 여력이 있을 리는 만무했지만) 치아이식을 받아야 하는 상태였다. 스펜스는 남은 세 여자를 안으로 들여 면밀히 검사를 이어 갔다. 다들 적당히 건강해 보였고, 성병이나 결핵의 징후는 발견되지 않았다. 스펜스는 공여자의 질병이 수용자에게 전염된다는 의견에 대해 아직 회의적이었지만, 그래도 안전하게 가는 것이 최선이었다. 그는 세 여자에게 앞으로 일어날 일과 그 대가로 주어질 보수에 대해 일러 주었다. 하인이 집게를 가지러 갔다.

스펜스는 첫 번째 공여자를 안쪽 방으로 데려가 진료용 긴 의자에 앉혔다. 그러고는 이를 정말 뽑을 생각인지를 재차 확인했다. 여자는 소심하게 동의 의사를 밝혔다. 스펜스가 집게로 왼쪽 윗송곳니를 꽉 붙들었다. 진료 의자에 무릎을 대어 지렛대로 활용해 가며, 스펜스는 송곳니를 재빨리 비틀어 뽑아냈다. 여자가 비명을 질렀다. 입에서 흘러나온 피가 턱을 타고 떨어져 내렸다. 하인이 상처를 틀어막을 손수건을 여자에게 건네는 사이 스펜스는 그 치아를 이식하러 옆방으로 건너갔다.

입을 벌리되 소리는 가급적 내지 말라는 지시와 함께 스펜스는 환자의 턱을 단단히 부여잡았다. 환자는 친구의 손을 움켜잡았다. 스펜스는 집게로 썩은 이를 하나 뽑아낸 다음, 작은 수술칼로 잇몸에 길고 가는 틈을 형성했다. 그러고는 새 이를 재빨리 천으로 닦아 피를 제거한 다음, 방금 낸 구멍에 쑥 밀어 넣었다. 환자는 아픔으로 흐느끼면서도 입을 다물지 않으려 안간힘을 썼다. 같이 온 친구가 용기를 칭찬하며 환자를 다독였다. 스펜스는 새 치아에 고리 형태로 실을 두른 다음 인접한 치아에 묶어서 고정했다. 이로써 첫 번째 치아이식이 완료되었다. 스펜스는 이를 더 뽑기 위해 공여자들에게로 돌아갔다.

1시간쯤 지났을까? 공여자들은 겨우 몇 실링과 몇 개쯤 적어진 이를 가진 채 남겨졌고, 환자는 부어오른 턱을 어루만졌다. 하지만 결과는 대만족이었다. 거울에 설핏 비친 얼굴에서 그 모든 고통의 소중한 결실을 확인할 수 있었다. 부기는 머지않아 가라앉을 거라며 스펜스는 환자를 안심시켰다. 그러곤 이내 또 한 번의 성공적 수술을 자축했다.

며칠이 채 지나지 않아 부기는 정말 가라앉았다. 그런데 새 이들이 살짝 흔들리는 듯싶었다. 2주 뒤에는 입 주변이 짓무르더니 온몸에 발진이 돋기 시작했다. 내과의사를 불렀다. 하지만 커다란 농양이 코를 좀먹기 시작했을 때에야 비로소 사람들은 문제의 원인이 매독이라는 사실을 알아차렸다. 짚이는 감염원은 치아뿐이었다. 공여자의 혈액이 질병을 옮겼음에 틀림없었다. 한때 아름다웠던 옆얼굴은 몇 달 만에 흉측하게 망가졌다. 오래지 않아 그 가엾은 숙녀는 끝내 숨을 거두었다. 단지 예쁘고 하얀 치아를 원했다는 이유로.

전언에 따르면, 스펜스는 적어도 일곱 명의 부유한 환자를 매독에 감염시켰다. 하지만 치아이식을 마침내 종식시킨 것은 그 같은 의료사고도, 거의 모든 치아이식이 거부반응 때문에 실패로 돌아갔다는 통계도 아니었다. 그 치료법의 종식을 가져온 것은 도치(세라믹 의치)라는 대체제의 발명이었다. 그럼에도 인간에게서 채취한 생체 조직을 타인의 몸에 이식한다는 발상은, 묻히기에는 너무나 그럴듯한 생각이었다.

스펜스가 시도한 이식수술이 종종 재앙으로 끝났다고는 해도, 이 남다른 치과의사의 명성은 한 젊은 외과의사의 주의를 끌었다. 존 헌터John Hunter는 사물을 살게 하는 무엇, '생명의 원리'를 이해하고자 하는 욕구가 남달랐다. 헌터의 경력은 특정 영역에만 머무르지 않았다. 그는 선구적 외과의사인 동시에, 교사이자 동식물 연구가이자 철학자였다. 헌터는 관찰과 '과학적' 실험을 통해 생물적 과정을 새로운 각도에서 바라보았다. 그는 인간의 몸에 대한 해부학적 및 생리학적 이해를 앞당기는 한편, 과감하고 새로운 내과적 및 외과적 요법들을 고안해 냈다. 스펜스와의 협력을 통해 헌터는 치아에 대한 최초의 정확하고 과학적인 연구를 실시했을 뿐 아니라 훨씬 더 야심찬 계획들을 품게 되었다.

치아이식을 참관한 이후로 헌터는 이런저런 이식 실험을 시작했다. 어린 수탉의 발에서 며느리발톱을 잘라 머리에 이식하는가 하면, 인간의 치아를 뽑아다 어린 수탉의 볏 위에 이식하기도 했다. 심지어는 어린 수탉의 고환을 떼어다 암탉의 몸에 붙인 적도 있었다. 헌터가 시도한 이식수술 가운데 완벽히 성공했다고 볼 만한 사례는 드물고 대부분은 실패로 돌아갔다. 생각건대 일부 이식 실험이 성공한 이유도 단지 닭들이 근친교배로 인해 유전적으로 매우 유사해졌다는 사실에 있었다.

물론 어느 정도 운발이 작용하긴 했지만, 헌터는 이식의 가능성을 증명했고 이식을 이해하기 위한 첫걸음을 조심스레 내디뎠다. 후대의 치과의사들이나 조지프 리스터와 같은 외과의사들, 찰스 다윈과 같은 과학자들은 헌터에게 학문적으로 대단히 큰 빚을 졌다. 사람들은 헌터가 설립한 박물관을 찾아가 그의 과학적 발견에 탄복한다. 그러나 헌터가 위대한 선구자로 기념되는 동안, 과학의 한계에 도전한 다른 외과의들은 갖가지 불운을 감당해야 했다.

살인사건과 경력의 상관관계
1894년 6월 25일, 리옹

프랑스 대통령 사디 카르노Sadi Carnot는 이처럼 열렬한 환영을 받는 경우가 드물었다. 더욱이 환영 인파는 (예상과 달리) 리옹의 시장과 공직자들만이 아니었다. 대통령이 가는 곳마다 열광적 군중이 거리를 메웠다. 지난 며칠 동안 카르노는 삼색기를 걸친 말들이 끄는 마차를 타고 그를 위한 연회에 다녔고, 어느 발코니에서는 횃불 행렬과 불꽃놀이, 장식용 전등을 보았다. 예술과 과학 및 산업 전시회에서는 훌륭한 전시품들에 경탄했다. 마지막으로 그 모든 흥분이 지나간 뒤에는, 저녁에 극장에서 펼쳐질 특별 자선공연이 그를 기다리고 있었다.

대통령은 리옹 상공회의소에서 열린 또 다른 연회에 주빈으로 참석했다가 9시가 조금 넘은 시각에 자리에서 일어났다. 밖에서 대기하던 무개 마차에 오르기 위해 짧은 거리를 가로지르는 그를 향해, 수천 명의 구경꾼이 환호성을 질렀다. 프랑스의 지도자를 일별하기 위해 온갖 군상이 서로를 밀치며 몰려들었다. 대통령은 괘념치 않았다. 그런 식의 환영이 그저 감사할 따름이었다.

대통령이 자리에 앉자 마차가 움직이기 시작했다. 연갈색 정장과 챙 모자 차림의 젊은 남자가 군중을 헤치고 나아갔다. 한 손에 신문을 움켜쥔 채 돌진하는 남자를 아무도 눈여겨보지 않았다. 그는 대통령을 조금이라도 더 잘 보려고 사람들을 밀치는 일개 구경꾼일 뿐이었다. 갑자기 남자가 마차 발판에 뛰어오르더니 신문을 내던지고 단검을 드러냈다. 너무 순식간에 벌어진 일이라 대통령은 무방비 상태로 왼쪽 가슴을 찔렸고 몸이 뒤로 밀리며 의자에 쓰러졌다.

대통령 사디 카르노는 아직 살아 있었지만 의식이 없었다. 암살자는 군중에게 붙잡힐 때까지 단검을 빼지 않았다. 환호는 몇 초 만에 비명으로 바뀌었다. 남자는 땅에 때려눕혀졌다. 그를 그 자리에서 즉시 죽이라는 사람들의 외침이 들려왔다. 이제 폭도로 변한 군중의 분노로부터 암살자를 떼어 놓느라 경찰이 애를 먹는 사이, 마차는 죽어 가는 대통령을 싣고서 병원을 향해 내달렸다.

암살자가 경찰과 기마대에게 붙잡혀 경찰서로 호송되는 동안, 대통령은 병상에 누워 있었다. 그의 상태는 나빠지고 있었다. 상처에서 핏물이 배어 나오며 셔츠의 진홍색 얼룩이 넓게 번져 갔다. 리옹 최고의 외과의가 호출되었다. 경찰서에서 암살자가 스스로 밝힌 이름은 체사레 조반니 산토였다. 나이는 스물둘, 이탈리아 출신의 무정부주의자였다. 프랑스어에 서툴렀고, 어느 기자의 글에 따르면 '매우 짧은 콧수염'이 나 있었다.

어느새 대통령 주위에 모인 의사들은, 단검이 심장은 비껴갔지만 '간으로 통하는' 주요 혈관 중 하나를 꿰뚫었다는 진단을 내렸다. 상처에서 흘러나오는 핏물은 기실 아무것도 아니었다. 대부분의 출혈은 대통령의 몸 안에서 일어나고 있었다.

의료진은 수건이며 붕대로 출혈을 막기 위해 최선을 다했고, 11시 30분에 외과의들은 낙관적 성명을 발표했다. 내용인즉, 대통

령의 상태가 '위급하지만 가망이 없지는 않다'는 것이었다. 이어서
외과의들은 출혈이 멈췄다고 보고했다. 하지만 그들은 틀렸다. 대통
령은 끝없이 피를 흘렸고 누구도, 어떤 방법으로도 그의 죽음을 막
을 수 없었다. 12시 45분, 프랑스 대통령의 사망이 공표되었다.

프랑스의 재판은 신속했다. 암살 이후로 한 달이 조금 지났을 무
렵 대통령 살해범에 대한 심리와 유죄 선고, 사형 집행이 모두 완료
되었다. 리옹의 외과의사들은 카르노가 간문맥을 칼에 찔리는 바
람에 실혈로 인해 사망했다고 판단했다. 간문맥은 창자에서 간으
로 이어지는 주요 혈관이다. 설령 외과의들이 수술을 시도했더라도
성공할 가능성은 희박했다. 끊어진 혈관을 복구해 낸 사람은 일찍
이 아무도 없었다. 외과의들 앞에 놓인 선택지는 혈관을 아예 묶어
버리는 것뿐이었다. 비록 혈류 공급이 끊겨 결국은 절단술을 피할
수 없겠지만, 팔다리에 한해서는 그런 처치가 가능했다. 그러나 내
부의 주요 정맥이나 동맥에 대해서는 그런 처치가 불가능했다.

이 모든 소동은 사람들을, 특히 그 병원의 젊은 의사 알렉시 카
렐Alexis Carrel을 깊은 충격에 빠뜨렸다. 자서전에 카렐은 대통령의
생명이 "들뜬 인파 속에서 그의 피와 함께 그를 떠났고, 나는 50년
이 지난 지금도 여전히 대통령의 피가 방울방울 흘러내리는 소리를
들을 수 있다"라고 썼다.* 카렐은 그때 그 외과의사들이 대통령을

---

* 카렐이 그 죽어 가는 대통령의 병상 곁을 지켰을 가능성은 희박하지만 말년에 그는
자신이 그 자리에 있었다고 믿게 되었고, 다른 이들까지 모두 믿게 만든 듯하다. 또한
대통령이 정확히 어디에서 사망했는지에 대해서도 다소 의견이 분분하다. 일부 역사학
자들은 그가 예의 그 병원에서 숨졌다고 주장하지만, 당시의 신문 기사들에 따르면 그
는 리옹시 청사에서 사망했다.

살리지 못했다는 사실에 아연실색했다. 그 죽음을 계기로 카렐은 현대적 이식수술의 토대를 놓는 일에 앞장서게 되었다. 또한 그 일을 계기로 카렐은 노벨상을 받았고, 세계에서 가장 유명한 비행기 조종사와 협력했으며, 나치에 부역하기도 했다.

알렉시 카렐은 인상이 묘한 젊은이였다. 그러니까 생각이 많은 사람 특유의 얼굴을 하고 있었다. 생각의 주제는 대통령의 죽음일 수도, 근래의 외과적 발전일 수도, 인류의 미래일 수도 있었다. 카렐은 열정적이었고 자기 일에 몰두했으며 다소 냉랭했다. 마치 더 높고 지적인 위치에서 세상을 내려다보는 듯했다. 신체적으로도 남다른 데가 있었다. 카렐을 처음 본 사람들은 그의 외모에서 왠지 모를 불안감을 느꼈지만, 그의 작은 두 눈을 자세히 들여다보기 전까지는 대개 그 이유를 알지 못했다. 그가 만성 근시로 인해 착용하던 코안경 너머의 두 눈은 한쪽이 갈색이고 다른 한쪽은 파란색이었다.

카렐은 평생에 걸쳐 적들과, 그것도 대체로 강력한 적들과 싸워나갔다. 첫 상대부터 만만치가 않았다. 리옹의 그 병원에서 일하던 상관들이 바로 카렐의 첫 상대였다. 그 외과의를 가장한 도살업자들은 스스로를 대단한 전문가라고 여겼지만, 실상은 대통령의 목숨조차 살리지 못할 정도로 무능한 실패자였다. 그들은 대통령을 살리는 일이 불가능했다고 말했지만, 카렐은 그들이 틀렸다고 생각했다. 또한 그런 생각을 숨기지 않았고, 이를 증명하는 작업에 착수했다.

그러려면 먼저 바느질 솜씨를 길러야 했다. 평소 병원 수술실에서 보던 식의 투박하고 서툰 바느질로는 목적을 이룰 수 없었다(때때로 그는 궁금했다. 과연 그 외과의들은 자신들이 남긴 기괴하고 커다란 흉터들이 자랑스러웠을까?). 카렐은 섬세한 혈관을 꿰매어 연결하기를 원했다. 그러려면 세심하고 섬세하면서도 정밀한 바느질법을 습득해야 했다. 고로 그는 리옹의 비단 거리를 찾아가 그 도시 최고의 자수장 르루디에 부인에게 가르침을 받았다.

카렐은 의욕적이고 성실한 학생이었다. 가장 작은 바늘과 가장 가는 비단실을 가지고 꾸준히 기술을 갈고닦았다. 자수용 바늘의 작디작은 귀에 실을 꿰는 것만도 상당한 인내심과 결단력을 요하는 일이었지만, 카렐은 마초적 동료 의사들의 조롱에 시달리면서도 밤마다 연습에 매진했다. 그리고 몇 달 만에, 바느질을 그저 숙달하는 수준에서 나아가 르루디에 부인에 버금가는 솜씨를 갖추게 되었다. 전언에 따르면 카렐은 정말이지 능수능란해서, 궐련지 한 장에다가 자그마치 500땀을 뜰 수도 있었다. 이제 그가 할 일은 이 빼어난 자수 기법을 정맥에 적용하는 것이었다.

혈관은 원통형이고 미끄러운 데다 쉽게 손상된다. 잘린 혈관은 축축하고 흐물흐물한 빨대를 연상시킨다. 정맥이나 동맥을 집게로 꽉 집으면 으스러지고 상처가 난다. 정맥을 다시 잇대어 꿰매면 거의 대부분 피가 새거나 엉기면서 결국에는 쓸모를 상실한다. 카렐은 이 모든 문제를 극복해야 했다. 그래야만 혈관과 혈관을 꿰매어 연결할 수 있었다. 고로 그는 자수용 바늘과 가는 비단실을 들고 연구실로 돌아가 실험에 착수했다.

가장 먼저 그는 흐르는 피를 혈관 손상 없이 멈추는 방법을 고안해 냈다. 그는 헝겊 띠로 혈관을 살며시 죄어 피를 멈추었다. 또한 잘린 혈관의 끄트머리를 소맷동 걷듯이 말아 올림으로써, 흔한 누출이나 손상에 따른 응고 없이 혈관을 꿰매어 연결할 수 있었다. 마지막으로 그는 이 모든 연구의 정점이라 할 수 있는 이른바 '삼각봉합법triangular method'을 개발했다.

삼각봉합법의 첫 단계는 동일한 간격의 세 바늘땀으로 혈관의 끝과 끝을 연결하는 것이었다. 각 바늘땀에는 비단실 가닥을 짤막하게 남겨 놓았다. 그로써 혈관은 세 점에서 연결되었다. 다음으로 그는 기발하게도, 모든 비단실 가닥을 동시에 당겨 각 봉합점 사이에 직선을 만들었다. 다시 말해 혈관 단면을 원형에서 삼각형으로 바꿔 놓은 것이다. 그런 뒤에는 그 바늘땀 사이의 세 직선을 따라 봉합을 시행하면 그만이었다. 굉장히 단순하면서도 대단히 효율적인 발상이었다. 원형의 혈관 단면을 봉합할 때 생기는 문제점을 카렐은 원형을 없앰으로써 극복해 냈다. 삼각형의 한 변을 봉합한 뒤에는 나머지 두 변을 차례차례 봉합했다. 이어서 세 꼭짓점을 연결하던 비단실 가닥을 풀면 혈관에는 정갈한 봉합선만이 남았다. 참으로 단순한 기법이었다. 그가 경멸해 마지않던 외과의들조차 충분히 따라할 수 있을 정도로.

하지만 역시나 리옹의 그 병원에서는 카렐을 제대로 대우하지 않았고, 결국 그는 미국으로 떠나 연구를 이어 나갔다. 그리고 짐작건대 이는 관계자 모두에게 최선의 결정이었다. 시카고에서 카렐은 의학자 찰스 거스리Charles Guthrie와 의기투합했다. 거스리는 카렐 못지않게 연구열이 대단했다. 두 사람은 극도로 미세한 바늘과 실을 사용해 카렐의 기법을 개량했다. 그들은 절단된 정맥 및 동맥을 봉합했고, 그 둘을 서로 연결하기도 했다. 정맥과 동맥은 주로 개의 것을 썼고, 가끔은 고양이, 아주 가끔은 기니피그의 것도 사용했다.

그 동물들 가운데 일부는 수술 후에도 살아남았고 일부는 목숨을 잃었다. 의학 연구라는 명분하에 동물에게 가해질 수 있는 고통에 대해 카렐은 무감각했다.* 새로운 수술 기법으로 무장한 채 그는 더욱더 원대한 목표를 마음에 품게 되었다. 그 목표는 다름 아닌 이식이었다.

알렉시 카렐의 연구실

1938년 6월 뉴욕, 록펠러 의학 연구소

알렉시 카렐 박사는 이제 세계에서 가장 뛰어나고 유명한 과학자가 되었다. 외과의사며 정치가며 유명인 들이 조언이나 전문적 견해를 구하고자 그를 찾아왔다. 이달에는 심지어 《타임》 1면을 장식하기도 했다. 인터뷰를 따낸 기자는 운이 좋았다. 평상시 카렐은 방어적 비서의 보호 아래 연구실에 틀어박혀 일에 매달리기 일쑤였으니까. '혈관 봉합과 장기 이식' 연구에 대한 공로를 인정받아 1912년 노벨상을 수상한 이래로, 카렐은 이식 실험을 수천 번은 시행한 상태였다. 그는 개의 다리를, 고양이의 신장을, 토끼의 고환을 이식했다. 기니피그의 폐를, 개의 머리를, 고양이의 난소를, 새끼 고양이의 갑상샘을 채취했다(새끼 고양이의 소모율은 특히 높았다). 검은 개의 다리를 흰 개의 다리와 바꾸는가 하면, 어느 개의 머리를 다

---

* 실험동물에 대해서는 마취를 실시했고, 그 동물들을 학대했다는 증거는 존재하지 않는다. 다만 실험 자체가 학대였다는 의견에 대해서는 논란의 여지가 있다.

른 개의 머리로 치환하기도 했다.* 신장과 간과 폐를 이식했으며, 각종 장기와 분비샘과 다리를 옮겨 붙였다. 피부를 교체했고, 정맥을 재배열했으며, 심장을 추가하기도 했다. 그 어떤 동물도 카렐의 점점 기괴해지는 연구로부터 안전하지 않은 듯했다.

카렐의 연구실은 실험의 내용 못지않게 모든 면에서 음산했다. 록펠러 의학 연구소 꼭대기 층에 위치한 그 실험실에 가려면 대기실을 지나 좁은 나선형 계단을 통과해야 했다. 카렐의 광적인 연구팀은 벽창이 없고 소독된 방에서 실험을 진행했다. 천창 광선과 전구가 공간을 최대한 사실적으로 비췄고, 그 외의 모든 것은 무광의 흙빛 바닥부터 깨끗한 잿빛 벽까지 다양한 톤의 검은색을 띠었다. 수술대를 덮는 천들조차 검은색이었다. 색깔도, 먼지도, 반사상도 그곳에는 없었다. 드라큘라의 은신처로 이보다 적당한 장소는 없을 듯했다.

과학자들의 복장은 마치 어느 물신숭배자가 디자인한 것 같았다. 연구자들은 검은 갱단Black Gang이라고 불렸다. 검은 가운을 걸치고 검은 바지를 입었으며, 머리에는 용접공 헬멧처럼 네모지고 눈부위만 가늘게 뚫린 검은 목출모를 썼다. 또한 손에는 두껍고 검은 고무장갑을 끼고 있었다. 실험동물들 대부분이 잠들기 전에 마지막으로 보게 되는 대상이 바로 이 음침하고 단조한 남자들이었다.

---

* 카렐은 혼자가 아니었다. 1954년 러시아의 이식 전문 외과의사 블라디미르 페트로비치 데미코프Vladimir Petrovich Demikhov는 거기서 더 나아가 머리가 둘 달린 괴물을 만들기 위해 어느 개의 머리를 다른 개의 등에 이식하기도 했다. 이 충격적인 실험은 두 머리가 서로 싸우기 시작하면서 결국 종료되었다.

그렇게까지 검은빛 일색인 데는 나름대로 합리적인 이유가 있었다. 카렐은 연구실을 설계할 당시 불빛의 반사와 눈부심을 최소화하는 일에 공을 들였다. 연구자들이 연구 대상을, 그것도 (이를테면 새끼 고양이나 토끼, 기니피그처럼) 작은 동물들의 몸을 제대로 관찰하려면 그런 환경이 필수적이라고 카렐은 생각했다. 온몸을 감싸는 복장은 감염을 최소화하기 위한 디자인이었다. 만약 조지프 리스터(1장 참고)가 봤다면 대견해 할 정도로 카렐은 공간을 무균상태로 깨끗이 유지하기 위해 각고의 노력을 기울였다. 물론 리스터라면 더 밝은 색상을 선호했겠지만 말이다. 한데 이상하게도, 카렐 자신만은 검은색 복장으로 온몸을 휘감지 않았다. 카렐은 독특한 흰색 모자를 착용했는데, 모습이 마치 그의 대머리에 붕대를 친친 감아 놓은 듯했다.

1930년대 말엽 카렐의 연구 팀은 이른바 '관류' 실험에 몰두했다. 그는 장기를 그저 이식하는 데서 나아가 몸에서 아예 들어냈다. 목적은 장기를, 궁극적으로는 인간의 장기를 완전히 인공적인 환경에서도 계속 살아서 기능하게 하는 것이었다. 마지막 3년 동안 카렐은 가까운 친구인 찰스 린드버그Charles A. Lindbergh와 의기투합했다. 린드버그는 대서양 횡단 단독 비행에 최초로 성공한 인물이었다. 다소 의외의 조합이었지만, 이 유명한 비행기 조종사와 프랑스 출신의 괴짜 과학자는 서로 통하는 면이 많았다. 린드버그는 정치적 관점이 카렐과 많은 부분에서 일치했고, 둘 다 의학을 발전시키려는 의욕과 야심이 대단했다.

1938년 카렐과 린드버그는 공저 『장기배양The Culture of Organs』을 출간한 기쁨에 젖어 있었다. 책에서 그들은 이른바 린드버그 펌프를 사용한 장기 '배양법'에 대해 개괄적으로 서술했다. 문제의 펌프는 살아 있는 조직을 영양액에 담가 생명력을 유지하도록 설계되었고, 검고 음산한 실험실에서 연구하는 과학자가 고안할 법한 생김새를 가진 물건이었다. 일련의 펌프, 병, 계량기, 밸브, 독특한 모양의 유리 플라스크가 모두 기다란 고무 배관에 연결돼 있었다.

린드버그 펌프는 수년에 걸친 노력의 결과물이자 인공심폐기의 실지적 초기 모델로, 장기에 영양분과 산소를 공급함으로써 생명력을 유지하는 장치였다. 비슷한 시기에 외과의사 존 기번(2장 참고) 또한 인공심폐기의 개발에 한창이었다. 다만 기번의 목적은 유기체 전체, 궁극적으로는 인간을, 그를 살리기 위한 수술이 진행되는 동안 계속 살아 있게 만드는 것이었다. 1930년대 말엽에 기번은 고양이의 생명을 유지하는 데 성공했다. 그에 비해 카렐의 동기는 순전한 과학적 호기심에 가까웠다. 카렐은 고양이의 몸에서 떼어 낸 심장의 생명력을 유지하는 데 성공했다. 치료법을 개량하거나 사람의 생명을 구하는 일은 카렐의 궁극적 목표가 아니었다. 카렐은 훨씬 더 높은 야망을 품었다.

무엇보다, 린드버그 펌프의 용도는 몸 밖에 있는 기관을 연구하는 것이었다. 그것을 사용해 카렐은 특정 장기와 관련하여 필요한 영양분을 조사하거나, 일어나는 화학적 작용을 연구했다. 그는 췌장의 인슐린 생산이라든가 신장의 소변 배출, 세포의 생활주기 따위를 평가할 수 있었다. 자신이 개발한 여러 기법을 활용해 카렐은 살아 있는 조직의 '배양'이라는 신기술을 전혀 새로운 경지로 끌어올렸다. 그는 닭 배아의 심장에서 채취한 세포들을 검은 연구실의 한 작업대에서 길렀고, 이 세포들의 생명력을 누대에 걸쳐 26년 동안 유지해 냈다.

　물론 이는 대단한 성과였지만, 그의 일생에 걸친 이식 연구에 비하면 지엽적 사건에 불과했다. 카렐은 환자의 몸에서 가령 병든 신장처럼 손상된 장기를 제거한 다음 린드버그 펌프에 넣고 인공 배양액에 담가 치료할 계획을 세웠다. 치유가 완료된 장기는, 그가 리옹에서 처음 개발한 기법을 사용해 환자에게 다시 부착할 생각이었다. 반드시 신장이어야 할 필요도 없었다. 다리든 팔이든 뇌든 전부 대상이 될 수 있었다. 이로써 가뜩이나 악몽 같던 카렐의 연구실에는 거품이 이는 유리병들이, 몸에서 분리된 다리며 병든 심장이며 암에 걸린 폐를 담은 채 줄줄이 놓이게 되었다.

　그러나 카렐은 이 정도로도 만족하지 않았다. 그가 그리는 수술의 '새 시대'에는 인간의 장기를 실험실에서 배양하여 가령 인슐린 같은 약물을 제조하는 데 사용할 수 있어야 했다. 과연 누구의 장기를 제공받을지에 대해서는 결코 확답을 제시하지 않았지만, 그는 언제나 연구 윤리보다 과학적 진보를 우선시했다. 《타임》 기자의 말을 빌리면, 카렐 박사는 "풍부하고, 대체 가능한 연배의 제공원을 찾고 있었다." 하지만 짐작건대, 아무 사람이나 원하지는 않았다.

　카렐과 린드버그의 공동 연구는 훨씬 심오한 도덕적 목적을 기저에 깔고 있었다. 두 남자는 인종을 바꾸기 위해 팔을 걷어붙였다. 3년 전인 1935년에 카렐은 철학 논문 『인간, 미지의 존재Man, the Unknown』를 발표한 바 있었다. 논문은 널리 읽혔고 세계 여러 과학자와 정치인, 지식인의 찬사를 이끌어 냈다. 글에서 카렐은 미래의 과학적 진보로부터 사회 내 여성의 역할에 이르기까지 온갖 주제에 대한 자신의 관점을 개괄적으로 서술했다. 그는 인간은 신체적으로나 정신적으로나 도덕적으로나 쇠퇴 일로에 있으므로 '재제작'이 필요하다고 확신했다.

"인류 역사상 최초로 문명사회는, 붕괴하는 와중에 쇠락의 원인을 스스로 파악할 역량을 갖추었다"라고 카렐은 적었다. "비로소 문명사회는 과학의 지대한 힘을 마음대로 활용할 수 있게 되었다." 최근의 정치적 및 경제적 혼란은 민주주의의 결함을 보여 주었고, 그는 새로운 사회적 질서를 목도하고 싶었다. 각 나라는 이른바 지배 엘리트가 운영해야 했고, 구성원의 사회적 지위를 결정짓는 요인은 각자의 생물학적 가치였다. 인간은 자신의 유전적 운명을 통제함으로써 스스로를 변형할 힘을 갖추었다. 오직 강한 자만이 유전적으로 영속되어야 했다.

작고 대머리인 데다 근시인 (게다가 양쪽 눈동자의 색깔이 다른) 프랑스 남자가 최상급 인종의 창조를 주장하는 모순에 대해, 카렐은 개의치 않았다. 그럼에도 우생학을 도입해야 한다는 그의 주장은 사람들의 호응을 얻었다. 유전적으로 '우월한' 사람만이 자식을 낳아야 (혹은 자식을 낳도록 권장해야) 한다는 개념은 많은 권력자가 수년 동안 품어 온 생각이었다. 다양한 시기에 윈스턴 처칠과 조지 버나드 쇼, 허버트 조지 웰스를 비롯한 식자들이 우생학 사상을 긍정적으로 받아들였다. 미국 6개 주에서는 정신이상이나 '정신박약'이 있는 사람에 대한 불임화를 수십 년 동안 법적으로 허용했고, 독일에서는 과학자로서 카렐이 갖는 위상이 나치 정부의 사상에 신뢰성을 부여했다. 심지어 그는 저서의 독일어판에서 나치 정책에 대한 지지를 표명하기도 했다.

짐작건대 카렐은 1936년에 나치 독일을 방문해 강의까지 했음에도 불구하고 그곳의 실상을 제대로 알지 못했다. 1930년대 중반에 우생학은 독일 정부의 핵심 정책이었다. 히틀러는 반대파와 유대인, 소수민족, 동성애자, 집시 들을 (특히 심하게) 억압 중이었다. 나치 정부는 집단수용소에 은밀히 절멸수용소까지 세워 정신적 혹은 신체적 장애인들을 살해하고 있었다. 그와 동시에 아리아인 혈통의 여성에게는 아이를 되도록 많이 낳을 것을 장려했다.

하지만 카렐은 범죄자나 정신이상자의 자손 늘리기를 막아야 한다고 주장하면서도, "아프거나 결함이 있는 아이들을 마치 한 배에서 나온 강아지 중 약한 녀석들을 살처분하듯" 말살해야 한다고는 차마 말하지 못했다. 대신에 그는 "강한 종을 개발하는 것이 약한 종의 파괴적 지배를 방지하는" 유일한 방법이라고 느꼈다. 그는 아이가 없는 여성을 "그리 온전하지 않다"고 여기면서도 다수의 여성혐오자와는 달리 여성도 고등교육을 받아야 한다는 믿음이 확고했는데, 이는 여성 스스로 "의사나 변호사, 교수가 되기 위해서가 아니라 자식을 가치 있는 인간으로 양육하기 위해서"라고 이유를 밝혔다. 또한 채찍에도 말을 듣지 않는 범죄자의 처우와 관련해서는 "작은 안락사용 시설에서 적절한 가스를 사용해 인도적이면서도 경제적으로 처분해야" 한다고 주장했다. 누가 봐도 나치스가 열광할 법한 견해들이었다.

그러나 모든 사람이 감동하지는 않았다. 카렐의 검은 연구실에서 '비술을 시행'한다는 소문이 돌기도 했다. 혹은 린드버그가 자신의 심장을 카렐이 개발한 기계장치로 교체하기 위해 제거할 계획이라는 말도 있었다. 완전히 근거 없는 얘기는 아니었다. 실제로 두 남자는 은밀히 과학적 실험을 진행 중이었다. 린드버그는 삶과 죽음이라는 문제에 마음을 빼앗겼고, 불멸에 대해 진지하게 고민했었다. 카렐은 투시력과 텔레파시를 믿었고, 기도의 힘을 신봉했다 (심지어 이와 관련한 글을 《리더스다이제스트》에 기고하기도 했다).

1938년 6월 28일에 카렐은 예순다섯이 되었고 록펠러 의학 연구소의 엄격한 원칙에 따라 퇴직을 앞두고 있었다. 자신의 일에 열정적인 사람에게는 실로 절망적인 상황이었지만, 어쩌면 지금이야말로 그가 일생의 야망을 실현하고 자신의 연구소를 설립해 인간 연구에 매진할 적기인지도 몰랐다. 일찍이 『인간, 미지의 존재』에서 개괄한 이론의 체계를 정립하고 인류를 성공적 미래로 이끌 연구소를 설립할 절호의 기회일는지도 몰랐다.

카렐의 기회는 (미국이 제2차 세계대전에 참전하기 약 10개월 전인) 1941년 2월, 점령된 프랑스에 음식과 의료 지원을 조달하는 구호 임무에 그가 참여한 것을 계기로 찾아왔다. 카렐이 그런 임무에 참여한 동기는 확실치 않지만, 오래지 않아 그는 비시 정부의 조력자가 되었다. 카렐은 프랑스의 패망이 그의 사회 이론을 뒷받침하는 증거라고 봤다. 프랑스는 스스로의 "부패와 허영, 약점 때문에 붕괴"되었다. 카렐에게는 지금이 나라의 "개조"를 도울 절호의 기회였다.

11월 17일, 독일의 점령으로 프랑스의 경제가 마비되고 대다수의 평범한 사람들이 굶주림에 시달리는 와중에도 카렐은 새 연구소를 설립하기에 충분한 예산을 확보했다. 그의 재단은 "프랑스 사람들을 보호하고 개량하고 발전시킬" 정책을 연구할 계획이었다. 연구실은 파리에 있는 록펠러 재단에서 징발했다. 그런 다음 이 작고 자기중심적인 프랑스 남자는 주변에서 벌어지는 비극은 아무래도 상관없다는 듯이 곧바로 실험을 재개했다.

그러다 1944년 8월 연합군에 의해 파리가 해방되자, 카렐을 부역자로 체포할 것인지를 두고 논란이 일었다. 비록 지긋지긋한 비시 정권의 후원과 나치 지도부의 지지를 받긴 했지만, 카렐은 그저 자신의 연구에 매진했을 뿐이었다. 전쟁 기간에는 심지어 독일인들이 시행하는 부적절한 배급 제도에 목소리 높여 항변하는가 하면, 레지스탕스 대원을 친구로 삼기도 했다. 그가 친나치 인종차별주의자라는 (엄밀히 말해 사실인) 언론의 비난 뒤에는 그를 구금하려는 시도가 얼마간 잇따랐다. 와중에, 미국 대사가 나서서 그를 도와야 한다는 목소리도 있었다. 결국 카렐이 사망하기 전까지 누구도 그의 운명을 결정하지 못했다. 동정적인 전기 작가들은 그가 사람들의 혹독한 시선에 망연자실한 나머지 슬픔에 못 이겨 사망했다고 주장했다. 몇 년 사이 카렐의 대중적 이미지는 과학적 영웅에서 나치 전범으로 변해 있었다.*

알렉시 카렐은 위대한 의학적 영웅이 될 수 있었지만, 그의 이름은 거의 모든 역사책에서 삭제되었다. 크게 인기를 끌었던 논문 『인간, 미지의 존재』는 대부분의 도서관에서 퇴출되었다. 그의 관류 실험은 폐기되었고, 그의 연구실은 폐쇄되었다. 과학자와 외과의 들은 그와 맺은 인연을 부끄럽게 여겼다. 한때 그에 대한 찬양 일색이

---

* 찰스 린드버그의 운명도 크게 다르지 않았다. 1941년에 그는 아이오와에서 독일에 대한 유화 정책을 주장하는 연설을 했다. 그의 반영국적이고 반유대적인 관점은 광범위한 비난에 직면했고, 린드버그의 장모를 비롯한 많은 사람이 그와 거리를 두었다. 일본이 진주만을 공격한 그해 12월 이후 린드버그는 조종사로 복귀해 태평양 상공에서 50회가 넘는 전투에 투입되었고 다수의 젊은 조종사들을 가르쳤다. 하지만 그의 평판이 충분히 회복되어 그가 다시금 미국의 영웅으로 여겨지기까지는 그로부터 몇 년이 더 걸렸다.

던 언론은 더 이상 그를 언급하지 않았다. 모든 사람이 스스로가 한때 우생학을 호의적으로 평가했다는 사실을 기억에서 간단히 지워 버렸다. (찰스 린드버그를 포함한) 소수의 충실한 동료만이 카렐의 편에서 이야기를 쓰려고 노력했다. 결과적으로 카렐의 전기는 저마다 내용이 천차만별이다. 일부는 그를 비난하며 저주하고, 일부는 그를 찬양하며 추어올린다. 하지만 이런 논란을 걷어 내면, 카렐의 다양하고도 비범한 성취가 비로소 눈에 들어온다.

카렐은 혈관을 봉합하는 방법을 최초로 찾아낸 의사였다. 이 발견 하나로 그는 수없이 많은 생명을 살렸다. 손상된 동맥이나 정맥은 그의 노력 덕분에 성공적으로 복구될 수 있었다. 그의 기법은 이식을 가능케 했고 외과의 새로운 시대를 열어젖혔다. 그의 선구적 조직배양 실험들은, 과학자들이 장기와 세포의 기능을 이해하는 데 크게 일조했다. 또한 그의 실험을 토대로 학자들은, 이를테면 당뇨와 같은 질환을 연구할 수 있었다. 팔다리나 장기를 실험실에서 배양하거나 복원할 수 있다는 그의 생각은 시대를 수십 년은 앞서갔다. 줄기세포 연구의 발전은 언젠가 그 생각을 현실로 만들지도 모른다. 그의 우생학적 관점과 관련해서는 비난의 화살을 오직 카렐에게만 돌리기는 어렵다. 20세기 전반기에는 인류의 미래에 대한 카렐의 관점에 다수의 거물들이 동조하는 분위기였다.

그러나 이 모든 성취와 기술적 진보에도 불구하고 카렐은 중대한 문제와 끊임없이 맞서야 했다. 동물의 장기를 같은 동물의 다른 부위에 이식하는 실험은 언제나 성공적이었지만, 다른 동물에게 이식하는 실험은 수백 건을 시행해 봐도 거개가 실패로 돌아갔다. 수술이 잘된 경우에도 장기들은 한동안 제대로 기능하는 듯싶다가

며칠 (가끔은 몇 주) 만에 기능을 상실해 버렸다. 카렐은 자신의 능력으로는 대응할 수 없는 모종의 생물학적 힘에 직면했다고 결론지었다. 50년에 걸친 실험에도 불구하고 카렐은 성공적 이식의 최대 걸림돌, 즉 외부 조직에 대한 신체의 거부반응을 극복하지 못했다. 몸을 방어하려는 면역계와의 전투에서 카렐은 매번 패배하고 또 패배했다.

면역계는 끊임없이 전쟁을 치른다. 또한 카렐이 알아낸 바와 같이, 이식된 장기는 만만한 표적이다. 세균이나 진균, 바이러스와 마찬가지로, 이식된 조직 역시 몸에 들어온 외부 물질인 이상, 공격의 대상이 된다. 인체는 온갖 다양한 세포와 기법을 동원해 침입자를 쫓아내고, 면역계는 새로운 위협에 대처하기 위해 끊임없이 진화를 거듭한다. 장기를 이식하면 몸은 외부 조직을 제거하기 위해 빠르게 행동에 돌입한다. 면역계는 심지어 림프계라는 고유의 유통망에 다양한 면역 세포의 집합소인 림프샘까지 곳곳에 갖추고 있다.

백혈구는 인체 면역반응의 핵심이다. 이름과 달리 백혈구는 사실 백색이 아니라 투명하다. 혈액 1세제곱밀리미터당 백혈구는 약 1만 개가 존재하며, 모두 침입자와 맞붙을 태세를 갖추고 있다. 방어의 최전선에는 중성구가 자리한다. 중성구는 세균을 삼켜 죽일 수 있다. 이들의 후방에서는 림프구라는 더욱 무시무시한 부대가 버티고 있다. 주요 공격수는 B 림프구와 T 림프구다.

B 림프구와 T 림프구는 골수에서 만들어진다. 골수는 가령 골반처럼 편평하거나 기다란 뼈에 존재한다. B 림프구는 항체라는 이름의 단백질 조각을 만들고, 항체는 외부 침입자의 표면에 결합한다. 이들 항체는 침입자를 무력화하거나 향후에 공격할 수 있도록 표

지를 남긴다. T 림프구는 주로 보조 T 림프구와 세포독성 T 림프구로 나뉜다. 보조 T 림프구는 B 림프구와 함께 작용하여 항체를 생산하고 세포독성 T 림프구의 증식을 돕는다. 바로 이 세포독성 T 림프구가 진짜 고약한 상대다. 세포독성 T 림프구는 B 림프구가 외부 침입자로 규정하는 모든 대상을 매복 및 기습 공격을 통해 파괴한다.

이제 의사들은 이 모든 내용을 안다. 하지만 50년 전에는 신체의 면역반응이 여전히 베일에 싸여 있었다. 이식수술이 성공하려면 신체의 방어 작용이라는 거대한 장벽을 연구하고 분석하여 극복해야 했다. 한편 그 와중에도 몇몇 외과의사는, 위험을 무릅쓰고 나아갈 준비가 되어 있었다.

프랑스, 죽음 이후의 삶
1951년 1월 12일, 파리

알렉시 카렐이 사망한 지도 어언 7년이 흘렀다. 이제 또 다른 프랑스 남자가 죽음을 앞두고 있었다. 그는 파리 상테 교도소 담장 안에서 단두대에 목이 잘릴 예정이었다. 그리 많은 사람이 신경 쓰지는 않았다. 1939년에 공개 처형 제도가 폐지된 이후로 사형에 대한 관심은 상당히 잦아들었다. 이번 역시 사회에 불필요한 범죄자에 대한 정례적 사형 집행일 뿐이었다.

매섭도록 추운 아침이었다. 사형집행인의 입김이 도시의 숨 막히는 스모그와 차디찬 아침 안개에 섞여 들었다. 단두대는 높다란 벽

돌담에 둘러싸인 채 교도소 안마당에 서 있었다. 죽기에 딱 알맞은 장소였다.

한때 그 살인 기계는 삶을 효율적으로, 또 인도적으로 끝내게 해 주는 궁극의 장비인 양 여겨졌다. 하지만 세월을 이길 수는 없었다. 재소자들이 마지막으로 몸을 누이는 널판은 닳아 있었고, 높직한 목제 지지대는 낡아서 변색됐으며, 잘린 머리를 받는 양동이마저 허름해 보였다. 여전히 새것처럼 멀쩡해 보이는 부분이라고는 전날 날카롭게 갈아 둔, 번쩍이는 강철제 칼날뿐이었다.

사형집행인이 단두대의 밧줄을 살피고 널판 위의 끈을 점검했다. 잘린 머리가 떨어질 만한 위치에는 톱밥이 담긴 양동이를 놓았다. 공개 처형을 하던 시절에는 머리가 양동이에서 튀어나와 군중 쪽으로 굴러가는 일이 더러 있었다. 참으로 당혹스럽고도 민망한 일이었다. 모름지기 사형집행인이라면 전문성을 기본으로 갖춰야 했다. 그는 밧줄을 당겨 묵직한 칼날을 지지대 꼭대기까지 끌어올린 다음 단단히 고정시켰다가 레버를 풀어 아래로 떨어뜨렸다. 단두대의 작동에는 문제가 없었다. 사형집행인은 흡족한 마음으로 칼날을 다시금 끌어올렸다. 이제 결안죄인의 동정을 살피러 갈 시간이었다.

사형수는 종부성사를 받았다. 그 모순적 상황은 종종 사형집행인의 실소를 자아냈다. 만약 그 범죄자가 정말로 하느님을 믿었다면, 애초에 죄를 범하지도 않았을 터였다. 하지만 그가 왈가왈부할 계제는 아니었다. 사형집행인은 사형집행인의 일을 하고 사제는 사제의 일을 하는 것뿐이었다. 너무 깊은 생각은 금물이었다. 특히 이 직종에 몸담은 사람일수록 더욱 그랬다.

교도관이 죄수의 두 손을 등 뒤로 묶더니 감방 밖으로 그를 끌어냈다. 남자는 가늘게 몸을 떨며 안마당으로 호송되었다. 버둥거리는 죄수들도 종종 있지만, 이 죄수는 더없이 얌전해 보였다. 하긴 피할 수 없는 운명에 저항해 봐야 소용없었다. 공연히 모두의 기분만 상하게 할 뿐이었다.

죄수는 예의 그 널판 위로 떠밀려가, 목 넣는 구멍에 머리를 집어넣었다. 사형집행인이 끈으로 그를 동여맨 다음, 얌전히 누워 있으라고 지시했다. 담장 곁에 서서 지켜보던 두 남자가 조금은 당황한 눈빛으로 고개를 돌렸다. 그들은 머릿속으로 다른 생각을 품고 있었다. 사형집행인이 양동이와 죄수의 위치를 재확인했다. 그러고는 동료에게 물러서라고 말한 다음 레버 쪽으로 걸음을 옮겼다. 모든 사람이 숨을 죽였다.

딸각 소리가 났다. 칼날이 순식간에, 내려오는 줄도 모를 정도로 빠르게 떨어졌다. 머리가 툭 소리와 함께 양동이 속으로 떨어졌다. 무게 5킬로그램 상당의 뇌와 뼈, 근육, 피부들이 톱밥 속으로 서서히 가라앉았다. 차가운 대기 속에 김이 피어올랐다. 목이 잘린 자리에서는 핏물이 큰 호선을 그리며 뿜어져 나왔다. 핏줄기는 조금씩 약해지다 가늘게 흘러내려, 서리 긴 땅 위에 엉겨 붙었다.

담장 곁에서 지켜보다 고개를 돌린 (하지만 그 모든 장면을 보지 않았을 가능성은 희박한) 두 남자는 이것을 신호로 받아들였다. 사람들이 죄수의 머리 없는 시체를 안쪽의 테이블 위로 옮긴 뒤 옷을 잘라서 벗겨 냈다. 두 남자는 마스크와 장갑을 낀 다음, 망자의 따끈한 몸을 서둘러 절개하기 시작했다. 손놀림이 그리 세심하지는 않았다. 어질러진 공간은 나중에 교도소 측에서 정리할 것이었다. 다만 신장을 떼어 낼 때는 손상되지 않도록 주의를 기울여야 했다. 몇 분 만에 그들은 원하던 대로 양쪽 신장을 손에 넣었다. 이어 그 장기를 살아 있는 상태로 유지할 보존액(카렐이 실험에 사용한 것과 비슷한 액체)에 적신 뒤 타월로 감싼 채 병원으로 향했다. 두 남자, 외과 의사 샤를 뒤보스트Charles Dubost와 마르셀 세르벨Marcelle Servelle이 이식의 역사를 새로 쓰려 하고 있었다.

수술실에서는 첫 환자의 수술 준비에 한창이었다. 마흔네 살의 그 여성은 마취된 상태로 천을 덮은 채 수술대에 누워 있었다. 간호사들이 트레이에 기구들을 차렸다. 밝은 조명과 청결한 표면이 교도소의 너저분한 환경과 대조를 이루었다. 마침내 두 외과의가 도착하자, 망자의 신장을 세척하고 변질을 막기 위해 더 많은 보존액이 끼얹어졌다. 뒤보스트와 세르벨이 손을 씻으며 수술을 준비하는 사이, 이식할 한쪽 신장이 수술실로 운반되었다.

외과의사들이 환자의 골반 내 움푹한 자리에 신장을 넣고 골반의 혈관과 연결했다. 수뇨관, 그러니까 신장에서 방광으로 소변을 보내는 관은 피부에 난 구멍으로 통과시켰다. 같은 날 그들은 똑같은 수술을 동일한 사형수의 반대쪽 신장을 사용해 스물두 살의 여성에게도 실시했다.

처음에는 두 수술 모두 성공한 것처럼 보였다. 이식수술 2시간 만에 마흔네 살 환자는 새 신장에서 소변을 분비하기 시작했다. 이어 며칠 동안 소변량은 증가하는 양상을 보였다. 두 번째 환자 역시 별 탈 없이 회복하는 듯했다. 어쩌면 카렐이 틀렸는지도 몰랐다. 어쩌면 그들은 몸의 방어 반응을 극복할 수도 있었다. 수술 팀은 조심스럽게 상황을 낙관했다. 조용히 성공을 자축하기도 했다.

수술 17일 뒤, 마흔네 살 환자가 사망했다. 스물두 살 환자는 19일 뒤에 갑자기 숨이 끊어졌다. 두 경우 모두 환자의 면역계가 이식된 신장을 파괴했다. 파리의 그 외과의들은 굴하지 않고 총 여덟 건의 이식수술을 실시했다. 그들은 살아 있는 공여자의 신장을 사용했고, 이식 전에 신장을 세척했다. 또한 구할 수 있는 최고의 약을 써 가며 밤낮없이 집중적으로 환자를 보살폈다. 이 모든 노력에도 불구하고 환자들은 여덟 명 전원이 (비록 한 명은 한 달 더 오래 살긴 했지만) 결국 사망했다. 새로 이식한 장기들은 그들 중 누구의 몸에도 적합하지 않은 듯했다. 일찍이 카렐이 경고한 생물학적 힘은 번번이 그들을 좌절시켰다. 그럼에도 꾸준히 시도해야 할 이유는 차고 넘쳤다. 파리의 두 외과의가 수술한 환자들은 모두 신장병, 정확히는 신부전 말기였다. 신장이 기능하지 않는 한 그들은 서서히 죽음을, 고달픈 죽음을 맞이할 수밖에 없었다.

신장은 혈액을 여과한다. 몸에서 노폐물을 제거하고 소변을 생산한다. 또한 체액의 균형을 맞추고 혈압과 호르몬, 미네랄, 적혈구를 조절한다(이 밖에도 기능은 여러 가지다). 신부전의 첫 증상은 무기력증과 구역감, 체액의 축적으로 인한 발목의 종창이다. 치료하지 않으면 환자는 구역감과 호흡곤란을 느끼다 혼란과 발작, 실명을 거쳐 결국 혼수상태에 이르고 만다. 괜히 '말기' 신부전이라고 부르는 것이 아니다.

안타깝게도 1950년대에는 급성신부전에 효과적인 치료법이 없다시피 했다. 이식의 유일한 대안은 혈액투석이었지만, 그 당시에는 가능한 병원이 거의 없었다. 혈액투석은 인공막을 사용해 혈액의 노폐물을 여과하는 치료법이다. 1920년대에 고안된 이 요법은 제2차 세계대전 시기에 네덜란드 내과의사 빌럼 콜프Willem Kolff에 의해 본격적으로 사용되었다. 콜프의 혈액투석기는 커다란 탱크와 (소시지 껍질로 만든) 셀로판 도관, 기선의 외륜을 닮은 회전 드럼으로 구성되었다. 이 인공신장을 고무관으로 환자와 연결하고 스위치를 켜면 모터가 돌아가기 시작했다.

콜프의 첫 환자는 스물아홉 살의 여성이었다. 환자는 혈액투석 이후에 상태가 극적으로 호전되었다. 병원에 입원할 때만 해도 시력 감퇴와 심장 비대, 호흡곤란으로 괴로워했지만, 혈액투석 이후에는 시력과 호흡이 정상으로 돌아왔고, 콜프의 보고에 따르면, "정신이 완벽하게 또렷했다."

문제는 인공신장을 사용할 때마다 혈압이 높은 주요 동맥과 정맥을 자르고 들어가야 한다는 점이었다. 의사가 환자의 팔과 윗다리, 또한 심지어 목의 혈관에 유리관을 삽입할 때마다 혈관은 회복할 수 없을 정도로 손상(의사들의 표현을 빌리자면 '소모')되었다. 각 부위의 혈관을 오직 한 번밖에 사용할 수 없었으므로, 환자를 인공신장에 연결할 수 있는 횟수도 덩달아 제한될 수밖에 없었다. 결국 콜프는 쓸 만한 혈관을 남김없이 쓰고 말았다. 콜프의 첫 환자는 열두 번의 치료와 그의 지극한 노력에도 불구하고 끝내 숨을 거두었다. 콜프는 혈액투석의 효과를 입증했지만, 환자의 생명을 겨우 몇 주 혹은 몇 달쯤 연장했을 뿐 그들을 치료하지는 못했다.

전쟁이 끝나자 유럽과 미국의 일부 병원에서 콜프의 기법을 도입하거나 신형 혈액투석기를 개발했다. 하지만 그 병원들도 하나같이 똑같은 문제에 맞닥뜨렸다. 혈액투석은 어려웠고, 복잡했으며, 종종 위험했다. 혈액투석은 사람의 생명을 유지하기 위한 최후의 수단이었다.* 외과의들은 대안이 필요했고, 신장이식은 여전히 최선책으로 보였다. 그러나 면역계를 온전히 이해하지 않는 한, 거부반응이라는 문제를 극복할 길이 요원했다.

외과의들은 생각할 수 있는 모든 방법을 시도했다. 한 외과의사는 신장을 비닐봉지에 싸서 이식해 보기로 했다. 이론상 그 봉지는 면역계를 차단할 장벽을 형성할 것이었다. 환자는 6개월 동안 생존했다. 하지만 그 수술이 비교적 성공한 이유를 비닐봉지에서 찾는 사람은 거의 없었다. 외과의들은 그 신장이 제법 오랫동안 버텨 낸 이유를 환자와 공여자의 많은 부분이 일치했다는 사실에서 찾았다. 이는 중요한 실마리였다. 공여자와 수용자의 혈액과 조직형, 면역성이 일치할 경우 이식의 성공 확률이 높아진다는 뜻이었으니까.

매사추세츠주 보스턴에서는 피터 벤트 브리검 병원Peter Bent Brigham Hospital의 외과의들이 수년에 걸쳐 신장이식과 관련된 문제들을 연구해 오다, 그에 지쳐 가고 있었다. 이식수술의 성공 가능성은 도대체 보이지 않았다. 그러던 1954년, 마침내 그들은 범상치 않은 행운과 맞닥뜨렸다.

---

* 혈액투석의 문제들은 1960년대에 새로운 유형의 (테플론과 플라스틱으로 만든) 인공 도관으로 이뤄진 장비가 개발되기 전까지 해결되지 않았다. 이 '션트'는 환자의 혈관에 영구적으로 연결함으로써 혈액투석기에 쉽게, 또 반복적으로 부착할 수 있었다.

나눔의 무게

1954년 10월, 매사추세츠주 보스턴

리처드 헤릭은 끔찍한 골칫거리였다. 10월 26일에 입원한 이래 그 스물세 살 먹은 청년이 한 일이라고는 의료진을 곤경에 빠뜨리는 것뿐이었다. 그는 장비를 넘어뜨렸고, 카테터를 잡아 뺐다. 의사들에게 악담을 퍼붓는가 하면, 성폭행 혐의를 씌웠다. 심지어 어느 가엾은 간호사의 손을 물기도 했는데, 당시에 그 간호사는 리처드의 침구를 교체하던 중이었다. 결국 리처드는 다른 환자들의 안녕을 위해 곁방으로 밀려났다.

이 중 무엇도 리처드의 잘못은 아니었다. 리처드는 신부전이 상당히 진행된 상태였고, 그가 보인 정신병적 행동은 그런 환자들의 전형적인 증상이었다. 리처드는 주변 상황을 또렷하게 인지할 수 없었다. 사람들을 더는 알아보지 못했고, 자신이 어디에 있는지, 또한 누구인지를 명확하게 알지 못했다.

리처드는 결국 피터 벤트 브리검 병원으로 보내졌다. 그곳은 그에게 마지막 희망이었다. 이 병원의 외과의사라면 그를 살릴 수 있을지도 몰랐다. 세계에서 가장 이식 경험이 풍부한 외과의사들이 그 병원에 포진해 있었다. 다만 그들이 시행한 신장이식 수술 가운데 장기적으로 성공한 사례는 아직 한 건도 없었다. 리처드만큼 심각한 신부전 환자가 부족한 상황도 아니었다. 그럼에도 리처드의 입원이 받아들여진 이유는 그에게 신부전 말고도 생물학적 예외성이 존재하기 때문이었다. 그러니까 리처드에게는 로널드라는, 자신의 한쪽 신장을 기꺼이 기증하고자 하는 쌍둥이 형제가 있었다.

그곳의 외과의들은 일란성쌍둥이 사이에 이식수술이 가능하다는 사실을 이전의 실험을 통해 확인한 상태였다. 간단한 피부이식을 몇 차례 시행했는데, 제법 좋은 결과가 나타난 것이었다. 일란성쌍둥이들은 서로 같은 면역계를 공유하는 듯했고, 리처드의 입원은 쌍둥이 사이에 신장이식을 시도할 완벽한 기회였다. 적당한 환자가 적당한 시기에 적당한 장소에 있었다. 이식 전문 외과의사 조지프 머레이Joseph Murray의 말을 빌리면, "준비된 사람에게 반가운 우연"이 찾아온 셈이었다. 하지만 수술을 시행하기로 결정하기에 앞서, 의사들은 두 형제가 실제로 완벽한 일란성쌍둥이인지를 그 어느 때보다 꼼꼼하게 확인하고 싶어 했다.

리처드는 상태를 안정시키기 위해 혈액투석을 받았고, 외과의들은 생각할 수 있는 모든 검사를 실시했다. 먼저 혈액 샘플을 채취해 혈액형의 일치 여부를 확인했다. 혈액형은 일치했다. 가족의 주치의에게 전화해 쌍둥이가 자궁에 있을 때 하나의 태반을 공유했는지 알아보았다. 그랬다는 대답이 돌아왔다. 외과의들은 형제의 눈을 검사했다. 눈동자 색깔이 똑같았다. 머레이는 심지어 쌍둥이를 지역 경찰서에 데려가 형사에게 지문 확인을 의뢰하기도 했다.

이윽고 형제는 외과의사들이 시행한 대략 열일곱 가지 검사를 모두 통과했다. 하지만 가장 중요한 검사 결과가 나올 때까지 한 달을 더 기다려야 했다. 머레이는 로널드의 작은 피부 조각을 리처드에게 이식해 둔 상태였다. 만약 결과가 성공적이면, 신장이식의 진행 여부를 마침내 결정할 수 있을 터였다.

분위기는 점점 수술을 하는 쪽으로 기울어 갔다. 어느 틈에 언론도 이식수술의 낌새를 알아차렸다. 형제의 지문을 확인할 때 경찰서에서 어슬렁거리던 범죄 전문기자들이 취재에 뛰어든 것이었다. 머지않아 관련 뉴스가 온갖 신문에 도배되었다. 하지만 오히려 대중매체는 외과의들이 다룰 만한 상대였다. 진짜 힘든 상대는 다름 아닌 리처드였다. 병원에서 한 달 넘게 지내는 동안 그의 상태는 다시금 나빠져갔다. 혈액투석에도 불구하고 리처드의 심장은 언제부턴가 말을 듣지 않았다. 심부전이 나타난 이상, 그가 죽는 것은 시간문제였다.

로널드는 날마다 병원을 찾았다. 그들 가족은 리처드가 버텨 내지 못하리라고 여겼다. 외과의들은 리처드의 죽음이 임박했다고 확신했다. 수술을 한다 해도 리처드는 수술대에서 사망할 가능성이 매우 높았다. 심지어 로널드마저 수술을 재고하기 시작했다. 로널드는 젊고 건강했다. 그런 그가 굳이 위험을 감수하면서까지 신장을 제공해야 할까? 로널드는 세상 그 누구보다 리처드를 사랑했다(부모와는 사별한 상태였다). 하지만 수술 중에 두 사람이 모두 사망한다면? 한쪽 신장을 제거하는 일 자체도 큰 수술인데, 만약 로널드를 수술할 외과의사가 그리 유능하지도 숙련되지도 않았다면? 그러나 심사숙고 끝에 로널드는 예정대로 신장을 기증하기로 결정했다. 그런가 하면 리처드는, 수술하지 않으면 본인이 죽는다는 사실을 빤히 알면서도 로널드를 애써 만류했다. 심지어 병원을 떠나 집으로 돌아가라는 내용의 편지를 쓰기도 했다. 그러나 로널드는 결심을 굳혔다.

한편 외과의들은 외과의들대로 수술의 정당성에 의문을 품기 시작했다. 물론 건강한 성인의 한쪽 신장을 제거해도 건강이나 기대수명에는 장기적 부작용을 일으키지 않는다는 확신은 있었다. 그럼에도 그들은 심리학자와 변호사는 물론이고 지역의 성직자에게까지 자문을 구했다. 살아 있는 공여자의 몸에서 완벽하게 건강한 신장을 제거하는 일을 과연 도덕적으로나 윤리적으로 옳다고 볼 수 있을까? 리처드의 병세는 나날이 심각해졌고, 아까운 시간은 계속 흘러갔다. 피부이식 결과 거부반응의 징후는 나타나지 않았다. 더욱이 로널드도 전적인 동의 의사를 밝힌 상태였다. 결국 외과의들은 결단을 내렸다.

우리는 하나

1954년 12월 23일, 피터 벤트 브리검 병원

쌍둥이의 수술실은 서로의 옆방이었다. 로널드 헤릭과 리처드 헤릭은 둘 다 의식을 잃은 채 리넨 시트에 덮여 있었다. 수술실의 밝은 조명이 그들의 몸을 비췄다. 마스크를 쓴 외과의사와 간호사, 마취과의사로 이뤄진 두 수술 팀이 쌍둥이를 각각 에워쌌다. 필요할 가능성이 조금이라도 있는 기구는 모두 펼쳐 놓았다. 전혈 및 혈장 수혈을 위한 정맥 내 투여기가 준비되었다. 탈지면과 바늘, 수술칼, 핀셋 들이 놓였다. 외과의들은 해부용 시체를 대상으로 수술을 미리 연습해 두었다. 조지프 머레이는 머릿속으로 이미 수술을 천 번은 집도한 상태였다. 오전 8시 15분, 마침내 그는 수술할 준비를 마쳤다.

로널드의 신장을 제거할 외과의들도 머레이 못지않은 긴장감을 느꼈다. 지구상에서 리처드에게 적합한 신장은 오직 로널드의 신장뿐이었다. 만약 이 수술이 실패하면, 리처드가 죽는 것은 물론이고 자칫 로널드의 목숨까지 위험해질 수 있었다. 각 수술 팀은 느리고도 신중하게 수술에 임했다. 하트웰 해리슨Hartwell Harrison 박사는 로널드를, 머레이 박사는 리처드를 맡았다. 9시 50분 무렵 해리슨이 로널드의 신장으로 이어지는 혈관을 노출시켰다. 해리슨은 혈류를 끊고 그 장기를 들어낼 준비를 마쳤다. 옆 수술실에서는 머레이가 로널드의 신장이 놓일 자리를 리처드의 골반에 마련해 두었다. 그리고 잠시, 모두의 손이 멈췄다. 이윽고 머레이가 깊은 숨을 들이쉬더니 로널드의 신장을 제거하라고 지시했다.

오전 9시 53분 정각, 외과의들이 공여자의 신장을 차갑고 축축한 타월로 감싼 채 머레이의 수술실로 가져왔다. 우선은 적출된 신장을 신속히 연결해 혈류를 회복해야 했다. 문제의 주먹만 한 장기는 우묵한 스테인리스스틸 용기에 담겨 있었다. 그 상태로 얼마나 오래 버텨 줄지는 아무도 장담할 수 없었다.

시간이 흐르고 있었다.

머레이는 리처드의 골반을 지나는 장골동맥의 혈류를 오른쪽 다리 맨 위에서 미리 차단해 두었다. 이제 봉합을 시작해야 했다. 일찍이 카렐이 밝힌 바와 같이, 혈관의 연결은 느리고도 정밀한 작업이었다. 하지만 30분 뒤, 머레이는 로널드가 공여한 신장의 동맥을 리처드의 다리를 지나는 동맥과 성공적으로 연결해 냈다.

머레이는 꼼꼼하고도 정밀하게 수술을 이어 갔다. 모두가 불안한 눈빛으로 그의 신중한 손놀림을 지켜보았다. 머레이는 의식적으로 시계를 보지 않았다. 어느새 오전 10시 40분이었다.

이제는 이식할 신장의 정맥을 리처드의 다리 정맥에 연결해야 했다. 시계에 정신을 빼앗기지 않으려 애쓰며 머레이는 차근차근 작업을 이어 나갔다. 35분 뒤, 마침내 정맥이 연결되었다.

머레이는 마지막으로 모든 상황을 점검했다. 로널드가 기증한 신장은 몸에서 제거된 상태로 혈류 공급도 없이 무려 1시간 22분을 버텼다. 그런데도 과연 그 장기는 제대로 기능할 수 있을까?

모두가 긴장감 속에 숨을 죽였다. 외과의들이 조심스레 혈류의 차단을 해제했다. 피가 흐르기 시작했다. 이식한 신장에 혈액이 유입되며 분홍빛으로 생기가 돌았다.

다들 일제히 안도의 한숨을 내쉬었다. 머레이는 심지어 미소를 짓기도 했다. 몇 분 뒤에는 소변이 카테터를 지나 바닥에 흘러내리기 시작했다. 수술 팀은 바닥을 대걸레로 닦고 리처드의 방광에 수뇨관을 연결했다. 이식한 신장이 완벽하게 기능하고 있었다.

다음 날 리처드는 최근 수개월을 통틀어 가장 기분 좋은 하루를 보냈다. 눈빛이 밝았고, 정신은 기민했으며, 배고픔을 느꼈다. 리처드와 로널드는 2월에 퇴원했다. 두 사람 모두 튼튼하고 건강했다. 엑스레이로 확인한 리처드의 새 신장은 제대로 기능하고 있었다. 신문 기사의 표현을 빌리자면, 그 수술은 진정한 "의학적 기적"이었다.

리처드는 자신의 담당 간호사와 결혼해 두 아이(일란성쌍둥이는 아니었다)의 아버지가 되었다. 또한 수술 이후로 8년을 더 살다가 결국 신장병이 재발하면서 사망했다. 한편 리처드를 수술한 외과의들은, 이식수술을 일란성쌍둥이 사이에 시행하면 면역계를 극복할 수 있다는 사실을 입증했다. 이후로 몇 해 동안 그들은 쌍둥이를 대상으로 이식수술을 몇 건 더 시행하여 비슷한 성공을 거뒀다.

보스턴에서 머레이와 동료들이 개발한 그 수술법은, 해마다 수만 건의 신장이식 수술이 시행되는 오늘날까지 꾸준히 사용되고 있다. 그러나 신장이식을 요하는 사람 가운데 쌍둥이는 비율적으로 극히 일부에 불과했다. 그리고 당연하게도 머레이는 자신의 모든 환자를 치료하길 원했다. 그는 신장이식이 필요한 사람이면 누구나 수술을 받을 수 있길 바랐다. 유일한 해결책은 면역계에 맞서는 것이었다. 그리고 그는 절묘한 수를 생각해 냈다.

핵이라는 선택지

1957년, 미국

바야흐로 원자력의 시대가 열렸다. 핵에너지는 모든 것을 가능하게 만들었다. '원자력 도시' 라스베이거스에서 휴가를 보내며 원자의 놀라운 힘을 직접 확인해도 괜찮은 시대였다. 그곳에서 사람들은 원자력 헤어스타일로 단장한 채 '새벽 핵폭탄 파티Dawn Bomb Party'가 열리는 사막을 찾아가 최신 핵실험을 맨눈으로 지켜볼 수 있었다. 그런 다음에는 원자력 도시락을 챙겨서 시내로 돌아가 원자력 칵테일을 홀짝이며 미스 원자폭탄Miss Atomic Bomb 선발대회를 관람할 수 있었다. 심지어는 행운의 우승자가 눈부시게 하얀 버섯구름 복장으로 포즈를 취하는 장면을 목격할 수도 있었다.

핵실험은 네바다주의 관광 역사를 통틀어 가장 중대한 사건이었다. 핵실험이 빚어내는 섬광을 관찰하고 열을 느끼고 버섯구름을 목격하기 위해, 미국 전역에서 사람들이 몰려들었다. 하지만 원자력 시대가 상상력을 자극한 것은 비단 네바다의 사막에서만이 아니었다. 원자력을 동력으로 움직이는 로켓과 자동차가 미국 전역에서 거론되었다. 머지않아 모든 가정은 저마다 원자로를 구비할 것이었고, 주부들은 경이로운 원자 방사선을 사용해 음식을 보존하고 요리하게 되어 있었다. 미군은 매년 약 7천만 달러를 (비록 안전과 관련해 극복할 문제가 몇 가지 남아 있긴 했지만) 핵 추진 항공기 사업에 투자했다. 싸고 깨끗한 핵에너지의 꿈이 실현되고 있었다. 핵은 미래였고, 미래는 지금이었다!

의료계 역시 이 경이로운 원자력과 무관하지 않았다. 엑스레이는 진단에 혁신적 변화를 가져왔고, 덕분에 외과의사는 몸의 내부를 동영상으로도 관찰할 수 있었다(2장 참고). 또한 방사선을 암 치료에 사용하면서 해마다 수천 명의 생명을 구할 수 있었다. 그런가 하면 방사선의 생물에 대한 영향을 연구하는 의사들도 있었다. 치료법을 개선하고 사람들의 안전을 도모하는 한편, 혹시 모를 제3차 세계대전의 여파에도 대비하기 위해서였다.

1945년 원자폭탄이 처음 일본에 떨어진 이래로 과학자들은 방사선이 인체에 미치는 영향에 관한 지식을 차곡차곡 쌓아 나갔다. 이른바 방사선장애 환자들의 증상이 구토와 설사, 피로감을 거쳐 탈모와 억제되지 않는 출혈, 심부전 등의 본격적 말기 징후로 이행된다는 사실을, 의사들은 검사를 통해 알게 되었다. 또한 인체의 특정 부위들은 상대적으로 더 많은 영향을 받는다는 사실을 알아냈고, 개개의 세포들을 (대개는 검시 과정에서) 들여다보기 시작하면서 과학자들은 특정 세포들이 상대적으로 더 방사선에 민감하다는 결론을 얻었다. 가장 취약한 세포들은 창자의 내막을 구성하는 세포들이었다(설사와 구토 증상이 나타난 이유가 바로 거기 있었다). 또한 백혈구를 비롯한 면역계 세포들도 방사선에 취약하기는 마찬가지였다. 충분한 방사선은 면역계를 제압할 수 있었다. 이식 전문 외과 의사들에게는 그야말로 눈이 번쩍 뜨이는 발견이었다. 어쩌면 인체의 방어 반응을 극복하고 장기이식을 방해하는 장벽을 무너뜨리는 데 방사선이 유용할 수도 있었다.

동물실험은 성공률이 제각각이었다. 그러나 다소 미심쩍은 결과에도 불구하고 보스턴의 피터 벤트 브리검 병원 외과의사들은 밀고 나가기로, 이식수술 환자들의 치료에 방사선을 사용해 보기로 결정했다. 조지프 머레이는 이식수술을 앞둔 환자에게 엑스선을 쪼여 면역계를 억제할 계획을 세웠다. 이론상으로는 거부반응을 방지하고 이식 장기를 '안착시키는' 효과를 기대할 수 있었다. 환자들은 잃을 게 없었다. 그대로 두면 어차피 죽을 운명이었으니까. 그러므로 새로운 아이디어는 무엇이든 시도할 가치가 있었다.

첫 환자는 서른한 살의 글래디스 로먼이었다. 두 아이의 어머니인 그는 날 때부터 신장이 하나뿐이었다. 한데 그 신장이 감염됐을 때 응급수술을 집도한 의사가 실수로 그 장기를 제거해 버렸다. 문제의 외과의가 그 귀한 신장을 병든 충수로 오인한 탓이었다. 졸지에 글래디스는 신장이 전부 없어져 겨우 몇 주밖에 살 수 없는 처지가 되었다. 그는 조지프 머레이에게 의뢰되었고, 머레이는 글래디스의 생명을 유지할 목적으로 혈액투석을 실시했다. 그러면서 경고하기를, 이 요법은 기껏해야 몇 번밖에 쓸 수 없다고 말했다. 이후의 선택지는 두 가지였다. 그대로 죽거나, 새롭고도 실험적인 치료를 받아 보거나.

글래디스 로먼은 엑스선 발생기 아래 깔린 매트리스에 모로 누워 태아처럼 몸을 움츠렸다. 면역계를 방사선에 노출시키려면 그런 자세를 취해야 했다. 이제 엑스선은 글래디스의 비장과 림프샘 및 골수 내 백혈구를 파괴할 것이었다. 또한 방사선은 몸의 방어 반응을 제압하여, 그를 지극히 경미한 감염에도 몹시 취약한 상태로 만들 것이었다. 외과의들은 엑스선 발생기를 가동한 다음, 자신들의 안전을 위해 방사선실을 빠져나갔다. 글래디스는 3시간 동안 움직이지 않으려 애쓰며 매트리스에 누워 있었다. 위에서는 엑스레이 관구가 어마어마한 양의 방사선을 환자에게 쏟아부었다.

머레이는 리처드와 로널드 형제를 수술할 때와 동일한 기법으로 건강한 신장을 글래디스의 몸에 이식했다. 환자와는 일면식도 없는 사람에게서 채취한, 평소대로라면 그 병원 소아마비 연구진 몫으로 배정되었을 신장이었다. 글래디스의 새 신장은 몸의 입장에서 완전히 이질적인 침입자였다. 하지만 이제 그 몸은 면역계가 파괴된 상태였다. 과연 글래디스는 새로 이식한 장기를 무사히 받아들일 수 있을까?

감염을 예방하기 위해 글래디스는 완벽하게 깨끗한 병실, 정확히는 개조한 수술실에 배치되었다. 환자를 보러 오는 사람은 누구든 손을 세척하고 수술 가운과 모자에 마스크와 글러브까지 착용해야 했다. 글래디스는 병실을 떠날 수 없었다. 병원의 그 멸균된 감옥에 갇혀 지냈다.

새 신장은 처음엔 기능하지 않았지만, 2주 뒤부터 마침내 소변을 생산하기 시작했다. 이에 수술이 성공했다고 판단한 외과의사들은 면역계를 활성화할 목적으로 골수이식을 시행했다. 그러나 환자의 몸은 이미 지칠 대로 지쳐 있었다. 이식수술을 받은 날로부터 30일 뒤에, 글래디스는 숨을 거두었다.

글래디스는 혈액투석과 큰 수술에다 엄청난 양의 방사선 조사까지 견뎌 냈다. 그는 통증과 불편감에 대항했고, 수술실에서 세상과 고립된 채로 한 달을 지냈다. 그러나 이 모든 고난의 대가는 고작 며칠의 추가적 삶이었다. 이쯤 되면 자연히 궁금해진다. 과연 꼭 그렇게까지 해야 했을까?

피터 벤트 브리검 병원 의료진의 좌절감은 나날이 깊어졌고, 한 외과의사는 일을 완전히 그만두었다. 하지만 이렇듯 암울한 상황 속에서도 머레이는 면역계를 극복할 수 있다는 믿음을 놓지 않고, 이후로도 열한 명의 환자를 대상으로 전신 방사선 요법을 시도했다.

세 번째 환자인 스물여섯 살의 존 라이터리스를 치료할 무렵에는, 방법에 작은 변화를 주었다. 방사선을 한 번에 다량으로 조사하는 대신, 비교적 짧게 여러 번에 걸쳐 조사한 것이다. 또한 핵 사고에 관련된 사람들의 사례를 연구하는 한편, 동물실험 데이터를 다시금 들여다보았다. 존의 경우, 신장 공여자가 형제라는 사실이 도움이 되었다. 두 사람은 쌍둥이였지만 일란성은 아니었다. 피부이식에서 거부반응이 나타나면서 형제의 차이가 드러났다. 그럼에도 외과의들은 수술의 성공 가능성이 비교적 높다고 판단했다.

존의 새 신장은 거의 곧바로 기능하기 시작했다. 백혈구 수치가 위험하리만큼 낮긴 했지만, 끝내 감염되지는 않았다. 더욱 고무적인 부분은, 이식한 장기에 대해 별다른 거부반응이 나타나지 않았다는 사실이었다. 이후로도 몇 달 동안 의료진은, 더 많은 양의 방사선을 조사하고 소염제를 투여했다. 결국 존 라이터리스는 신장이 기능하는 상태로 병원을 떠나 평범하고 건강한 삶을 꾸려 나갔다. 이로써 외과의사들은 또 하나의 장벽을 무너뜨렸다. 이란성 쌍둥이 사이에도 장기이식이 가능하다는 사실을 비로소 밝혀낸 것이었다.

하지만 기쁨은 그리 오래가지 않았다. 이후 그 병원에서 전신 방사선 요법을 적용한 장기이식 환자들은 모조리 사망했으니까. 방사선은 면역계를 억제했지만, 아울러 환자들을 감염 위험에 고스란히 노출시켰다. 감염은 환자들의 목숨을 앗아 갔다. 원자력의 꿈은 무너졌다. 이제 외과의사들은 다른 대안을 찾아 나서야 했다.

마법의 버섯구름

1976년, 잉글랜드 케임브리지

이식수술 환자의 생존율은 매년 나아졌지만, 여전히 높지는 않았다. 1965년 무렵에는 공여자와 수용자가 친척일 경우에 이식수술이 5건당 4건꼴로 성공했는데, 친척이 아닐 경우에는 성공률이 2건당 1건으로 줄어들었다. 1960년대 초 영국에서는 세계 일류의 이식 전문 외과의사들이 14건의 신장이식 수술을 잇달아 시행했지만, 그중 환자가 생존한 수술은 고작 1건에 불과했다.

그럼에도 1960년대에 이뤄진 수많은 혁신은 이식수술의 성공 가능성을 높였다. 이제 외과의들은 공여자와 수용자의 면역계를 더 면밀히 대조할 수 있었다. 이른바 이 조직적합검사는 이식된 장기가 받아들여질 가능성을 크게 상승시켰다. 또한 과학자들은 전신방사선 요법을 그만두는 대신 신약을 개발함으로써 면역계의 방어에 대항했다. 하지만 여전히 이식수술을 받기 위한 병원 치료는, 특히 아이들에게는 암울한 경험일 수 있었다. 1967년 에든버러 왕립 병원Royal Infirmary in Edinburgh에 입원한 아홉 살 소녀는, 감염을 막기 위해 당시 시행된 격리 방식을 훗날 다음과 같이 회상했다. 신장이식 수술 이후로 5주 동안 소녀가 접촉한 사람이라고는 마스크를 쓴 간호사와 의사 들뿐이었다. 그들은 손을 세척하고 샤워까지 끝마친 뒤에야 격리 병실을 출입할 수 있었다. 소녀의 부모는 출입이 금지되었고, 오직 창문으로만 어린 딸과 소통할 수 있었다.*

각종 신약에는 건강 경고 문구가 빼곡하게 표기되었고, 부작용 목록을 모두 정리하면 작은 사전 한 권쯤은 편찬할 수 있을 정도였다. 신약들은 면역계를 억제할 목적으로 개발됐지만, 그와 동시에 단순한 불편감부터 치명적 질환에 이르기까지 온갖 고약한 작용(탈모, 떨림, 빈혈, 궤양, 암, 심장병 및 구역감, 골다공증 등등)을 몸에 유발할 수 있었다. 이를테면 스테로이드의 대표적인 부작용은, 흔히 '달덩이 얼굴moon face' 증후군으로 알려진 안면 종창이었다.

하지만 그 모든 신약 및 철저한 격리를 통한 감염예방 조치에도 불구하고 너무 많은 이식 환자들이 죽어 나갔다. 그럼에도 외과의사들은 굴하기는커녕 새롭고도 과감한 수술법을 끊임없이 시도했다. 1970년 무렵에는 신장뿐 아니라 간과 췌장까지 이식했다. 심

---

* 다행히 고생한 보람은 있었다. 소녀의 신장은 30년 넘는 세월이 지나도록 여전히 잘 기능하고 있었으니까.

지어 인간의 심장을 이식하기도 했다(2장 참고). 하지만 장기이식은, 외과에서 나날이 무모해지는 분야의 극도로 무모한 치료법이라는 인식이 갈수록 심화되었다. 이식수술의 시행을 거부하는 병원도 많았는데, 수술 환자의 공식적 사망률을 높이기 때문이었다. 훗날 머레이는 1960년대 말엽을 "이식의 암흑기"라고 일컬었다.

그러던 차에 외과의들은 뜻밖의 행운을 맞닥뜨렸다. 스위스 제약회사 산도츠Sandoz의 젊은 연구원 장 보렐Jean Borel이 노르웨이 흙 한 포대를 검사하는 임무를 맡게 되면서였다. 보렐은 어느 황량한 고원에 원정을 갔다가 담아 온 그 흙 속에 혹시 쓸 만한 물질이 있는지 살펴봐야 했다. 신중한 분석 끝에 그는 마침내 새로운 유형의 곰팡이를 찾아냈고, 그 곰팡이 안에서 사이클로스포린에이 cyclosporin A라는 화학물질을 추출했다. 사이클로스포린에이는 또하나의 페니실린이 아니었다. 그러니까 세균을 죽이는 효과는 없었다는 뜻이다. 하지만 사이클로스포린에이는 면역계에 극적인 효과를 발휘하는 듯했다. 사이클로스포린은 T 림프구(특히 보조 T 림프구)의 기능을 억제함으로써 면역계가 외부 조직을 공격하지 못하도록 막는다고, 보렐은 밝혔다.

1976년에 보렐은 잉글랜드의 한 외과학회에 참석해 자신의 연구 결과를 보고했다. 이식 전문 외과의사 로이 칸Roy Calne은, 보렐이 발견했다는 그 신물질을 한시라도 빨리 써 보고 싶어 했다. 칸은 이식 외과 분야의 개척자로, 면역억제 약물을 초창기부터 사용해 온 인물이었다. 그는 1960년대에 머레이와 협력하여 장기이식의 성공률을 높이는 데 크게 공헌했다. 이제 칸은 사이클로스포린을 입수할 기회를 엿보고 있었다. 과연 이 약물은 외과의사들이 그토록 염원하던 돌파구를 마침내 열어 줄 수 있을까?

칸은 산도츠 측을 설득해 사이클로스포린 샘플을 받아 낸 다음 몇 가지 실험을 해 보기로 했다. 하지만 막상 샘플이 도착했을 때 뜻밖의 난제에 봉착했다. 사이클로스포린은 가장 순수한 형태, 그러니까 흰 가루 상태로 배송됐는데, 칸이 소속된 케임브리지 대학의 연구자들은 그 가루를 용해하는 방법을 알지 못했다. 물을 비롯한 실험실의 일반적 용매로는 그 가루를 녹일 수 없었다. 이는 곧 사이클로스포린을 설령 알약으로 제조한다 한들 장에서 흡수될 리가 만무하다는 뜻이었다. 그렇다고 이식한 조직에 흰 가루를 뿌린 다음, 무슨 일이 일어나는지 지켜볼 수도 없는 노릇이었다. 결국 이식외과의 미래를 구한 사람은 자식을 지키려 했던 어머니, 정확히는 알키스 코스타키스Alkis Kostakis의 어머니였다.

코스타키스는 그리스 출신의 방문 연구원이었다. 그의 어머니는 아들을 보내기가 걱정스러웠다. 특히 잉글랜드 지방의 음식을 걱정했는데, 거기에는 그럴 만한 이유가 있었다. 1976년의 잉글랜드 요리는 대체로 기이하고 가공식품인 데다 맛이 없었다. 심지어 잉글랜드 음식 가운데 그나마 무난한 감자도, 이제는 동결건조를 거쳐 과립 형태로 출시되는 형국이었다. 녹색 채소는 걸쭉한 액체에 끓여졌고, 에인절 딜라이트Angel Delight라는 모호한 맛의 무스 비슷한 물질은 세련된 디저트로 간주되었다. (병에 담긴) 오렌지 주스는 일주일에 한 번씩 마시는 특별한 음료였고, (희고 얇게 썬) 빵은 굽는 과정에서 영양분을 모조리 상실하는 경우가 다반사였다. 코스타키스의 어머니 입장에서는 당연히 걱정될 만도 했다.

어머니는 그리스에서 가장 좋은 엑스트라버진 올리브유 한 병을 아들에게 보냈다. 하지만 코스타키스는 귀한 올리브유를 샐러드(아이스버그 양상추가 그나마 제일 먹을 만했다)에 뿌리는 대신, 실험실로 먼저 가져갔다. 혹시나 하는 마음에 사이클로스포린을 올리브기름에 섞어 보기로 결정한 까닭이었다. 밑져야 본전이었다. 고로 코스타키스는 올리브유를 조심스럽게 계량해 소중한 곰팡이 가루에 끼얹었다. 어럽쇼, 약물이 용해되었다. 내친김에 그는 이 올리브유와 사이클로스포린의 혼합물을 동물실험에 잇따라 적용해 보았다. 결과는 놀라웠다. 너무 놀라워 칸이 코스타키스를 믿지 못하고 실험을 더 해 보라며 돌려보냈을 정도였다. 하지만 코스타키스는 같은 결과를 가지고 다시 돌아왔다. 올리브유와 혼합한 사이클로스포린이 기적을 일으킨 것이었다. 머지않아 칸은 인간 환자를 대상으로 시험에 착수했다. 이는 이식외과의 판도를 바꿀 절호의 기회였다. 그가 할 일이라고는, 더 많은 사이클로스포린을 손에 넣는 것뿐이었다.

그러나 정작 사이클로스포린을 발견한 산도츠 측에서는 의구심을 떨치지 못했다. 최근 몇 년 동안 이식외과에서 벌어진 일련의 사건들은 사이클로스포린에 회사의 명운을 걸기 어렵게 했다. 짐작건대, 괜히 끼어들었다가 돈만 잃기 십상이었다. 칸은 비행기를 타고 산도츠로 날아갔다. 재정 담당자들을 만나 설득하고 회유하고 성가시게 굴었다. 칸은 자신이 이식외과에 몸담은 세월을 통틀어 사이클로스포린보다 좋은 약물은 보지 못했다고 말했다. 마침내 산도츠는 뜻을 굽히고 제한적으로나마 약물 시험에 동의해 주었다. 하지만 여전히 확신을 갖지는 못했다. 괜히 돈만 잃을 게 거의 확실하다고 경고하기도 했다.

1978년에 외과의사들은 이식 환자를 대상으로 그 약물을 시험하기 시작했다. 사이클로스포린의 도입과 더불어 생존율은 급상승했다. 간이식 수술 환자의 1년 생존율은 약 70퍼센트에 달했고, 신장이식 환자의 경우는 80퍼센트에 가까웠다. 물론 사이클로스포린 역시 부작용이 없지 않았고 감염의 위험도 여전했지만, 마침내 면역계가 극복된 것만은 확실해 보였다.

1990년 조지프 머레이는 장기 및 세포 이식에 관한 업적을 인정받아 노벨상을 수상했다(공동 수상자인 에드워드 도널 토머스Edward Donnall Thomas는 거부반응을 최소화하는 약물을 개발한 인물이었다). 로이 칸은 이식 연구에 기여한 공로로 1986년에 기사 작위를 받았고, 외과의사로서는 드물게 영국학사원Royal Society의 회원으로 선출되었다.

외과의 피로 얼룩진 역사에서 유독 이식은, 일류 외과의들조차 번번이 패배를 거듭하던 영역이었다. 스펜스의 살벌한 치아이식부터 카렐의 음산한 연구와 참수형 당한 프랑스 범죄자가 동원된 실험, 전신방사선 요법에 이르기까지, 이식외과는 엉뚱한 발상과 섬뜩한 실험, 거의 비윤리적인 행위들로 점철되었다. 1980년대 중반에 이르러서야 비로소 이식수술은 안전하고 통상적인 외과요법으로 자리매김했다. 신체의 방어 반응을 상대로 승리를 거두기까지, 자그마치 200년이 넘는 세월이 걸렸다. 이제는 모든 것이 가능해졌다. 심장과 간, 폐, 신장은 물론이고 죽은 사람의 손까지 이식하는 시대가 어느새 눈앞에 다가와 있었다.

4장
___

얼굴 교정

이탈리아식 코성형

1597년, 이탈리아 볼로냐

볼로냐는 급속도로 유럽의 매독 중심지가 되어 갔다. 누군가 광고하거나 간판을 세운 것도 아니었는데 말이다. 사업, 특히 매춘업 종사자들에게는 반가운 현상일 리 없었다. 그러나 매독은 누가 보더라도 뚜렷한 파괴의 자취를 남겼다. 매독은 심신을 약화시켰고, 외양을 망가뜨렸으며, 사람들에게 대개는 노골적 혐오감을 유발했다.

남아메리카대륙에서 이탈리아로 건너온 이 달갑잖은 질병의 원인은 작디작은 나선균이었다. 매독은 접촉을 통해 전파되고 적정한 수분을 필요로 하는 까닭에, 성적 접촉으로 감염되는 경우가 대부분이었다. 또한 치료하지 않으면 온몸에 급속도로 퍼져 나갔다. 처음에는 감염 부위가 부어오르는가 싶다가 몇 주 안에 홍반과 고열, 두통이 발생했다. 입속과 목구멍, 항문에도 통증을 동반한 병소가 나타났다. 병이 진행될수록 몸은 궤양과 종양으로 뒤덮였고, 머리카락이 뭉텅이로 빠지기 시작했다.

여기서 끝이 아니었다.

환자의 외양이 갈수록 망가지는 사이, 매독균은 몸속에서도 은밀히 파괴 작전을 펼쳤다. 매독균은 뼈와 근육을 공격했다. 고무

같은 종양이 뼈와 근육을 뒤덮으면서 자세와 움직임에 영향을 미쳤다. 만약 이때까지도 병증이 밖으로 드러나지 않으면, 매독균은 최후의 끔찍한 기습을 단행했다. 종양이 퍼지며 코뼈를 침식하는 탓에, 환자는 코가 무너져 모습이 흉하게 변했다. 얼굴이 일그러졌고, 외양은 거부감을 불러일으켰다.

의사들은 온갖 방법으로 매독을 치료했다. 사혈은 물론이고, 이런저런 약초와 기상천외한 동물 성분으로 조제한 고가의 약품이 동원되었다. 그중 무엇도 효과는 없었다. 몇 주 안에 환자는 견실한 시민에서 사회의 하층민으로 전락했다. 푹 꺼진 얼굴은 매독 환자를 표시하는 특징이었다. 환자들은 도덕적으로 타락한 인간으로 낙인찍혔다. 얼굴을 재건하기 위해서라면, 그들은 못할 것이 없었다. 진취적이고 수완 좋은 외과의사들에게는 더할 나위 없이 완벽한 기회였다.

가스파레 타글리아코치Gaspare Tagliacozzi는 명실상부 이탈리아 최고의 외과의사로, 뛰어난 임상가로서 명성이 자자했다. 그는 볼로냐 의과대학이라는 이탈리아 최고의 의학 대학에서 빠르게 지위를 높여 나갔다. 서른다섯 살에는 민간 진료소를 열었고, 공개적 해부 실연을 지휘하는 특권까지 부여 받았다. 명성이 높아지면서, 타글리아코치의 부유하고 유명하며 필수적 영향력을 갖춘 환자 명단에는, 이탈리아 최고의 귀족까지 이름을 올리게 되었다.

그가 초창기에 치료한 환자 중에는 모데나의 고귀한 백작 파올로 에밀리오 보스케티도 포함돼 있었다. 백작은 부러진 팔이 제대로 낫지 않아 고생하다가, 경직된 근육을 치료 받을 양으로 타글리아코치를 찾아왔다.

외과의사는 팔을 검사하더니 '내부 물질'에 문제가 있다는 진단을 내렸다. 팔을 전처럼 움직이려면 힘줄과 인대를 연화해야 했다. 타글리아코치는 교육을 잘 받았고, 필요한 조치를 정확히 알고 있었다. 그가 내린 처방은 다친 팔을 양의 따뜻한 내장 속에 매일 1시간씩 넣어 두는 것이었다. 그런 뒤에는 약초를 푼 온탕에 30분 동안 팔을 담가 둬야 했다. 마지막 단계는 팔을 따뜻한 포도주로 씻고 말리는 것이었다. 이때 환자는 반드시 공복 상태에서 치료에 임해야 하므로, 아침 식사를 하기 전에 요법을 시행해도 괜찮을 듯했다. 과연 죽은 양의 장기에 팔을 담근 뒤에도 식욕이 느껴질까 하는 문제는 논외로 하고 말이다.

타글리아코치의 치료법은 자칭 외과학의 아버지 클라우디오스 갈레노스(1장 참고)로부터 전해 내려오는 최상의 처방이었다. 애매한 효험에도 불구하고 환자들은 그 요법을 잘 받아들였고, 머지않아 타글리아코치는 대학에서 받는 봉급에 더하여 개업의로서도 상당한 수입을 올리게 되었다. 이렇듯 사적인 환자들이 그를 부유하게 만들었다면, 해부 실연 행사는 군중을 끌어당김으로써 그가 외과의로서 명성을 구축하는 데 일조했다. 타글리아코치는 훌륭한 스승으로 명망이 높았고, 학생들의 깊은 충성심을 자아냈다.

해부용 시체를 절개할 권한은 오로지 원로 교수에게 있었다. 해부는 진기한 행사였다. 계단식 강의실은 거의 언제나 만원이었고, 통상 "가장 과묵하면서도 진지한 학생" 네 명이 출입문을 지켰다.*

---

* 공개적 해부 실연에 적용되는 엄격한 규칙들을 상세히 열거한 공식 조례에 나오는 내용이다.

그들의 임무는 오직 학생과 의사만을, 그리고 혹시 자리가 남으면 "인품이 훌륭한 사람들"까지 선별해 강의실에 들이는 것이었다. 과거에 하류층 출신의 골칫덩이들이 강의실에 들어와 말썽을 일으킨 적이 있었기 때문이다(그런가 하면 수완 좋은 학생들이 맹한 구경꾼들에게 입장료 명목으로 돈을 요구한 적도 있었다). 관계자들은 그 행사의 목적이 오락이 아니라 교육임을 특히 강조했다.

시 당국이 해부용으로 배당한 범죄자의 시체가 강의실 한가운데 설치된 평판에 눕혀졌다. 해부는 언제나 갈레노스의 교과서를 참고삼아 수일에 걸쳐 진행했다. 시신을 절개하고 장기를 들어내는 과정에는 엄격한 규칙이 적용되었다. 강의를 표방하는 행사였지만, 전체적으로 의식을 방불케 했다. 넘치는 종교적 함의들은 유수의 교회 관계자들을 만족시켰다. 타글리아코치는 해부에 굉장히 능숙해졌고, 덕분에 오래지 않아 해부학 교수로 임명되었다. 하지만 타글리아코치는 여기서 그치지 않았다. 갈레노스를 신봉하고 외과의 기득권 세력을 대표하던 그는 놀랍게도 외과의 위대한 혁신가가 되었다.

타글리아코치는 손상된 얼굴을 재건한다는 발상에 매료되었다. 그는 의학의 새로운 분야를 개척하기 시작했다. 그의 표현을 빌리면, "결함이 있는 부분"에 관한 외과학이었다. 얼굴 외관 손상의 가장 흔한 원인은 매독이었다. 하지만 코의 상실은 다른 원인으로도 발생할 수 있었다. 적지 않은 사람들이 전장에서 혹은 결투 중에 코를 잘렸다. 그러나 코가 명예로운 방식으로 잘려 나간 이들에게는 안타깝게도, 그때처럼 매독이 창궐하던 시대에는 검에 베인 사람과 매독에 걸린 사람을 쉽사리 구별할 수 없었다. 점점 더 많은 사람이 새 얼굴을 갈망하며 타글리아코치를 찾아왔지만, 재건 수술을 시도하기 위해서는 수많은 난관을 극복해야 했다.

타글리아코치의 잘못은 아니었다. 16세기에는 모든 수술이 난관으로 점철돼 있었다. 우선 모든 수술을 마취 없이 시행해야 했다. 일반적으로 환자들은 남은 선택지가 오로지 사망인 경우에만 수술의 고통을 받아들였다. 따라서 수술은, 가령 괴저를 동반한 다리 부상처럼 생명이 위태로운 상태에서나 고려할 만한 치료법이었다. 그런데 단지 사람의 외모를 복구할 목적으로 몸에 칼을 대다니, 과연 그런 수술이 정당화될 여지가 있었을까?

두 번째 난관은 감염이었다. 피부를 살짝만 베여도 환자는 자칫 감염으로 목숨을 잃을 수 있었다. 당시에 외과의사들은 오직 사혈이 필요할 때만 정례적으로 환자의 피부를 절개했다. 그 밖의 경우에는 약초와 향신료를 썼고, 때로는 내장을 이용한 요법이 외과적 처치의 주를 이뤘다. 그런가 하면 세 번째는 기술적 난관으로, 셋 중에 가장 결정적인 문제였다. 설령 외과의사가 코를 재건한다고 해도, 이식할 피부를 구할 곳이 마땅찮았다. 타인(대개는 노예나 하인)이 공여한 피부를 이식한 사례가 더러 있기는 했지만, 결과는 언제나 실패였다. 이식할 피부는 환자의 몸에서 채취해야 했다. 타글리아코치는 피부를 채취할 부위로 환자의 팔을 선택했다.

그러나 과정이 간단치 않았다. 팔을 절개하여 피부 조각을 떼어낸 다음 얼굴에 꿰매 붙인다고 될 일이 아니었다. 이식편이 마르며 괴사될 가능성을 고려해야 했다. 더욱이 팔에 남은 상처가 감염될 가능성도 무시할 수 없었다. 피부가 계속 생명력을 유지하려면, 혈류 공급이 끊기지 않아야 했다. 타글리아코치의 해법은 환자에게

(비용은 말할 것도 없고) 상당한 고통과 불편감 및 당혹감을 요구하는 것이었다. 하지만 방법 자체는 단순했다.

타글리아코치 교수, 수상한 복식을 고안하다

환자는 수개월 동안 집 안에만 머물렀다. 사람들의 시선을 받을 때의 수치심을 견딜 자신이 없었다. 그의 얼굴은 생김새가 괴이했다. 한때 코가 있던 자리에는 두 개의 구멍만이 흉터로 남아 있었다. 환자의 아내조차도 갖은 핑계로 그를 보지 않으려 했다. 그가 매독으로 코를 잃었다는 점을 감안하면, 그리 놀라운 일은 아니었다. 겨우 몇 달 전만 해도 남자는 매일 외출을 즐겼다. 하지만 이제는 대부분의 시간을 침실에 처박혀 지냈다. 방문자는 신임하는 하인 몇 명이 전부였다. 그는 이 암담한 삶을 타글리아코치 교수가 바로잡아 주기를 바랐다. 그마저 실패하면, 스스로 목숨을 끊어 버리고 싶은 심정이었다.

타글리아코치의 칼은 굉장히 날카로웠고, 움직임은 빠르고 정확했다. 그는 환자의 위팔 안쪽 살에 칼날을 찔러 넣은 다음 코와 같은 길이의 절개선을 그었다. 그러고는 그 옆에 평행하게 또 하나의 절개선을 그었다. 그다음에는 두 절개선의 꼭대기 사이를 잇는 절개선을 하나 더 그었다. 칼이 무척 예리한 데다 살을 가르는 손놀림도 워낙 빨라서, 환자는 아픔을 거의 느끼지 못했다. 절개선이 붉어지며 피가 새어 나왔다. 핏물은 남자의 팔을 타고 흘러내려 바닥의 우묵한 그릇에 담겼다. 타글리아코치는 손수건으로 상처를 훔치고는 이내 수술의 다음 단계로 넘어갔다. 죄송하지만, 이번에는 아프실 겁니다.

외과의사는 예의 세 절개선 중 한 곳에 칼을 댄 다음 피부 밑에서 수평으로 이동시켰다. 환자가 고통을 못 이겨 비명을 지르는 사이, 타글리아코치는 평행한 두 절개선 사이에서 칼을 앞뒤로 재빨리 움직였다. 그는 신경과 혈관과 지방을 자르며 피부를 조금씩 들어 올려 아래 조직과 분리시켰다. 환자는 점점 고통을 견디기가 힘에 부쳤다. 이 끔찍한 고문이 어서 빨리 끝나기를 간절히 바랐다. 그 와중에 수술 보조자는 환자의 팔을 붙잡느라 애를 먹었다. 외과의사에게는 고작 몇 분짜리 수술이었지만, 환자에게는 영원처럼 느껴졌다.

마침내 재단하여 자르고 벗겨 내는 과정이 완료되자, 환자의 팔에는 직사각형의 피부판과 벌어진 상처가 남았다. 타글리아코치는 손가락으로 그 피부판을 조심스레 들어 올린 다음, 속살이 드러난 부분에 붕대를 감았다. 붕대에 금세 핏물이 흠뻑 배어들었다. 들어 올린 피부, 이른바 줄기피판pedicle은 직사각형의 아랫변을 통해 여전히 혈류와 연결된 상태였다. 그런가 하면 노출된 가장자리는 벌써부터 상처가 아물고 있었다. 이제 외과의사는 문제의 피부 조각을 환자의 얼굴에 이식해야 했다.

환자가 얼굴 앞으로 팔을 들어 올리자, 줄기피판이 코의 두 구멍 위치에 놓였다. 환자의 팔에 연결된 덕분에 줄기피판은 혈액을 공급받았고, 몇 땀을 봉합한 뒤 일정 기간이 지나면 얼굴의 일부로 자리 잡을 것이었다. 얼굴의 수많은 모세혈관과 정맥이 연결된 뒤에는, 줄기피판을 팔에서 잘라 낸 다음 새 코를 그럴듯하게 매만질 수 있을 터였다. 문제는 새로운 혈류를 확보하기까지 적어도 2주가 필요하다는 점이었다. 그동안 환자는 팔을 계속 얼굴에 대고 있어 야 했다.

자, 팔을 얼굴 앞으로 들어 위팔을 코에 댄 자세를 2분 간 유지 해 보자. 장담컨대 팔이 아플 것이다. 그런데 만약 그 자세를 2시간, 혹은 심지어 2일 동안 유지한다면 어떨까? 보나 마나 말할 수 없이 불편한 상황에 놓일 것이다. 이를 해결하기 위해 타글리아코치는 특수한 헤드기어를 개발했다. 이 참신한 물건은, 가죽 코르셋과 헬 멧이 일련의 띠와 끈을 지탱하는 구조로 만들어졌다. 끈들이 환자 의 팔을 제자리에 고정시키면, 손은 자연스레 머리 뒤에 놓였다. 손 목은 헬멧 뒤에 붙여 움직임을 억제했다. 머리에 두른 끈들은, 환자 가 팔을 흔들다가 줄기피판을 찢어 먹는 사고를 미연에 방지하는 용도였다.

타글리아코치는 이 독특한 구속 장치를 환자별로 맞춤 제작했다. 일단 장착한 뒤에는 2주 동안 벗기지 않았다. 환자의 손은 머리꼭지 에 끈으로 묶였고, 팔꿈치는 얼굴 앞으로 내밀렸으며, 움직임과 시 야가 제한되었다. 거추장스럽고 모양새가 우스웠지만, 외모를 회복 하기 위해서라면 사람들은 무엇이든 시도할 준비가 되어 있었다.

그 특수한 윗옷과 머리쓰개는 타글리아코치의 정교한 치료 계 획을 구성하는 일부분에 불과했다. 줄기피판이 코의 기부基部로 자 리 잡기 시작한 뒤에는 환자들에게 엄격한 식이요법이 권고되었다. 고기는 섭취를 허용했지만, 삶지 말고 반드시 구워 먹으라는 조건 을 달았다. 생선은 피하라고 조언했다. 다만 내장 요법은 권하지 않 았다. 환자는 팽팽히 끈을 조인 코르셋을 입은 채 신음하며 침상에 머물렀다.

14일이 지나면 외과의사는 다시 환자의 상태를 살펴보았다. 이 무렵이면 줄기피판의 윗변은 코로 변해 있었다. 조직이 여전히 건강했기에, 타글리아코치는 위팔과 얼굴의 연결부를 절단할 수 있었다. 그의 재빠른 칼 놀림이 끝나면, 환자는 비로소 가죽 코르셋을 벗고 팔을 내리며 안도의 한숨을 내쉬었다.

2주 뒤에 환자는, 타글리아코치의 여느 환자와 마찬가지로, 근육이 너무 뻣뻣해져 움직임에 어려움을 겪었다. 가죽 코르셋을 벗을 때는 그야말로 압도적인 악취가 풍겼다. 한편 외모는 오히려 전보다 망가져 있었다. 코의 반쪽이 남아 있던 얼굴 복판에서는 피부판이 볼썽사납게 달랑거렸다. 이제 타글리아코치는 르네상스 시대에 걸맞게 진정한 예술가가 되어야 했다.

그는 부목과 붕대에 가끔은 봉합사까지 사용해 가며, 코를 재건하기 시작했다. 이어지는 몇 주에 걸쳐 환자의 새로운 얼굴을 찬찬히 조각해 나갔다. 절개 수술을 시행한 날로부터 석 달쯤 지나자, 피부판이 이식 부위에 결합되었다. 부목은 제 역할을 톡톡히 해냈고 붕대도 제거가 가능해졌다. 마지막 부목을 조심스레 빼내며 타글리아코치는 거울을 집어 들었다. 환자의 새로운 코가 당당한 자태를 드러냈다. 흉터가 조금 남았고 빛깔이 얼굴의 나머지 부위와 다소 다르긴 해도, 외과 역사상 대단한 성취임에는 틀림없었다. 이제 환자는 다시 사람들 앞에 나설 수 있었다. 타글리아코치라는 명의가 만들어 낸 기적 덕분이었다.

1597년 타글리아코치는 재건외과에 관한 첫 저서를 출간했다. 책 속에서 그는 자신의 기법을 개술하며 자세한 도해를 곁들였는

데, 삽화에는 코를 비롯한 얼굴 각 부위의 재건 수술법이 단계별로 그려져 있었다. 그가 고안한 수술법들은 20세기까지도 외과의들 사이에서 스스럼없이 사용되었다.

안타깝게도 타글리아코치가 사망한 1599년 이후로 그의 평판은 붕괴되었다. 이탈리아 교회가 그의 활동에 점차 강한 의구심을 품게 된 까닭이었다. 이제 타글리아코치는 더 이상 자신을 방어할 수 없었다. 교회는 조사반을, 그러니까 종교재판 위원회를 소집했다.

타글리아코치는 마술을 썼다는 혐의로 재판에 회부되었다. 그는 인간의 얼굴을 수정했고, 그 과정에서 신의 뜻을 거슬렀다. 결국 교회는 그의 영혼이 편히 잠드는 것을 허락했지만, 풍문에 따르면, 실은 타글리아코치의 시신을 무덤에서 파낸 다음 축성하지 않은 땅에 뼈들을 버렸다고 전해진다.

당시에 타글리아코치는, 비록 2,000년이 넘는 외과 역사의 도움을 받기는 했으나, 모든 분야를 통틀어 유례없이 눈부신 기술적 발전을 이뤄 냈다. 역사에 기록된 첫 성형수술은 기원전 1500년경 인도에서 시행되었다. 힌두교 서사시 「라마야나Ramayana」를 보면, 수르파나카라는 아름다운 요부(혹자의 말을 빌리면 마술적 힘을 가진 악마)가 등장한다. 매력적인 수르파나카는 이미 약혼자가 있는 젊은 왕자를 유혹하려다 그 행동에 대한 죗값으로 잔인하게 코를 잘리고 만다. 하지만 이야기는 여기서 끝나지 않는다. 수르파나카는 흉한 모습으로 사느니 차라리 재건 수술을 받는 쪽을 택한다.

기원전 600년경 인도에서 제작된 의학 교과서를 근거로, 우리는 수르파나카가 받았을 법한 수술을 유추할 수 있다. 먼저 의사는 환자의 이마에서 코 모양으로, 그러니까 비강 위쪽에서 아랫변은 좁고 윗변은 넓은 사다리꼴 형태로 피부판을 잘라 낸다. 절개 깊이는 6밀리미터 남짓, 다시 말해 골막에 칼날이 닿을 정도쯤 된다. 골막은 두개골을 얇게 감싸는 섬유성 막을 일컫는다.* 이어서 의사는 그 피부판을 이마에서 벗겨 낸다. 이때 좁은 밑변이 찢어지지 않도록 각별히 주의를 기울인다. 이 기다란 피부 조각은 일종의 줄기피판으로, 혈관이 풍부하여 생명력을 계속 유지한다. 줄기피판을 뒤집어 아래로 접으면 새로운 코가 만들어진다. 또한 극심한 통증과 더불어 이마에는 징그러운 (코 모양) 흉터가 생긴다. 조잡한 수술법이지만, 코가 아예 없는 것보다는 이렇게라도 만들어 주는 게 낫다.

그러나 타글리아코치가 이뤄 낸 발전이 무색하게도 외과의들은 물경 19세기까지 인도의 그 투박한 수술법을 애용했다. 일례로 로버트 리스턴(1장 참고)은 1분 이상 걸리는 수술은 시행을 꺼리던 인물답게, 이탈리아식 수술법을 너무 까다롭다는 이유로 받아들이지 않았다. 그와 달리 인도의 수술법은 "실행이 비교적 쉽고, 실패할 가능성이 낮으며, 환자가 견디기도 비교적 수월"했다.

리스턴은 이른바 '조비술rhinoplastic operation'을 자기 식으로 수정한 버전을 『외과의 원리Elements of Surgery』라는 저서에 상세히 설명해 놓았다. 리스턴은 밀랍으로 코의 형태를 빚은 다음 평평하게 펴서 피부판의 모본으로 쓰자고 제안했다. 하지만 이는 그리 녹록지 않은 과정이므로 때로는 마분지 조각을 사용하는 쪽이 더 편리하다

---

* 골막은 모든 뼈를 감싸는데, 특히 이마는 피부가 뼈에 맞닿아 있는 몇 안 되는 신체 부위 중 하나다. 골막에는 질긴 콜라겐 섬유와 신경, 그리고 골세포에 혈액을 공급하는 혈관이 들어 있다.

고 자인하기도 했다(리스턴이 둘 중 어떤 방법을 사용했을지는 짐작이 가능할 것이다).

수술 보조자가 마분지를 움직이지 않게 대고 있는 동안 외과의사는 가장자리를 따라 펜으로 선을 그렸다. "아니면 칼로 단번에 외피를 깊이 절개해 나갔다." 생각건대 리스턴은 펜으로 그리는 단계를 과감히 생략했을 공산이 크다. 이제 모본을 제거하고 엄지와 나머지 한 손가락으로 이마에서 피부판을 떼어 낼 차례였다. 만약 잘되지 않으면 갈고리를 이용하라고 리스턴은 제안했다. 마지막 단계는 피부판을 뒤집어 코의 위치로 내린 다음, 이마의 상처를 붕대로 감고 환자가 숨 쉴 수 있도록 양쪽 콧구멍에 각각 빨대를 꽂는 것이었다. 사정이 이렇다 보니 상당수의 사람들은 빅토리아시대식 수술의 공포를 견디느니, 인조 코를 끈으로 동여매는 쪽을 택했다.

하지만 리스턴이 성형외과에 일으킨 혁신은 따로 있었다. 앞서 설명한 마취제의 도입이 바로 그것이었다. 통증완화제가 등장하기 전까지 수술은 절박한 환자가, 이를테면 팔다리를 잘라 내거나 망가진 얼굴을 고쳐야 할 때 마지막으로 선택하는 치료법이었다. 하지만 이제 완전히 새로운 수술의 세계가 찬란한 시작을 앞두고 있었다. 사람들이 외과의사를 찾는 목적은 더 이상 얼굴을 고치기 위해서가 아니었다. 그들은 얼굴을 개량하기를 원했다. 예쁜 코와 더 작은 가슴, 팽팽한 얼굴, 도톰한 입술을 원했다. 외과의사가 시도하지 못할 것은 없었다. 무균수술법으로 감염이 현격히 감소하면서, 수술의 안전성은 눈에 띄게 높아져 갔다.

바야흐로 성형수술의 새 시대가 도래했다. (상대적으로 자격을 갖춘) 외과의들은 다시금 환자를 대상으로 아슬아슬한 실험을 이어

나갔다. 하지만 어째서인지 그들은 피부판을 이리저리 옮기는 수술법을 완성하는 대신, 완전히 새로운 물질을 피부 밑에 삽입하는 수술법을 개발했다. 산업혁명의 산물 가운데 수술대에 가져다 쓰지 못할 물건이란 없는 듯했다. 외과의들은 상아로 코의 재건을 시도했고, 금속과 셀룰로이드, 구타페르카(나무의 수액에서 얻는 물질)로도 실험을 했다. 기름과 석탄 추출물은 물론, 동물의 연골 조각을 써 보기도 했다. 한 외과의사는 살아 있는 오리를 수술실로 데려다 목을 가르고는, 그 새의 가슴뼈로 환자의 코를 복원해 보기도 했다. 외과의들은 실패의 경험을 쌓아 나갔다. 그러다가 마침내 완벽한 신물질을 우연히 발견할 때까지.

글래디스 디콘, 외과에 경각심을 불러일으키다
1903년, 파리

스물두 살의 글래디스 디콘은 침대에 누워 스스로의 아름다움에 대한 감상에 빠져 있었다. 아닌 게 아니라 그는 보기 드문 미인이었다. 또한 범상치 않은 허영심의 소유자이기도 했다.

지적이고 매력적이고 멋진 친구의 조건을 글래디스는 충족하고도 남았다. 당장 오늘 저녁에도 한 젊은 신사가 그렇게 말하지 않았던가! 확실히 그 남자는 잘생겼지만, 글래디스에게는 한낱 장난감에 불과했다. 글래디스는 귀족과 (아니면 적어도 토지를 소유한 신사와) 결혼할 생각이었다. 그럼에도 경애를 받는다는 것은 좋은 일이었다. 비록 글래디스 자신만큼 글래디스를 깊이 경애하는 사람은 드물었지만.

매사추세츠주 보스턴에서 자란 그는 살면서 상류사회를 벗어 난 적이 없었다. 그러던 어느 날 유럽 사교계에 홀연히 등장해 학자 와 예술가, 왕자와 정치가 들 틈에 섞여들었다. 한 친구의 표현을 빌 리자면 유럽 사교계에서 글래디스는 "마치 눈부시게 아름다운 별 똥별처럼 빛났다." 신문과 잡지는 글래디스를 사랑했고, 남자들은 글래디스의 환심을 갈구했으며, 다른 숙녀들은 글래디스를 부러워 했다. 나날이 글래디스는 유명하기로 유명한, 에드워드 7세 시대의 진정한 셀럽이 되어 갔다. 그러나 침대에 누워 생각을 곱씹다 보니 문득 이런 의문이 들었다. 여기서 더 아름다워질 수는 없을까?

에드워드 7세 시대의 여느 사람들처럼 글래디스도 고전과 고전 미라는 개념에 매료되었다. 그는 런던과 파리, 로마의 여러 갤러리와 박물관을 다니며 다양한 조각상과 그림을 살펴보았다. 고대 그리스 인의 옆얼굴에, 도드라진 이마와 곧은 콧대에 글래디스는 감탄을 금 치 못했다. 심지어 각 조각상에서 눈과 코 사이의 거리를 측정하여 기록하기까지 했다. 그러나 문제의 측정값을 바탕으로 자신의 얼굴 을 분석한 결과 글래디스는 심상치 않은 결론에 다다랐다. 글래디스 는 전혀 완벽하지 않았다. 그의 콧대는 이마와 코끝 사이에서 살짝 우묵하게 내려앉아 있었다. 글래디스는 곧고 고전적인 코를 원했고, 그런 코를 가지려면 정확히 무엇을 해야 하는지 알고 있었다.

글래디스는 파리에서 미용 클리닉을 운영하는 한 교수를 찾아 갔다. 교수는 환자를 찬찬히 뜯어보더니 파라핀 왁스를 사용한 최 신식 미용성형을 권유했다. 이전의 혁신적 방법들과 달리, 이 놀랍 고도 새로운 치료법은 (겨우 몇 년 전에 개발된 것으로) 사실상 수술과는 거리가 멀었다. 외과의사가 할 일이라고는 적정량의 뜨거운 파라핀 왁스를 피부 밑에 주입한 다음, 왁스가 굳는 동안 그것을 주무르고 매만져 옆얼굴을 아름답게 만드는 것이었다. 파라핀 왁스는 얼굴과 가슴, 엉덩이는 물론이고, 음경에도 때때로 주입되었다. 실로 대단한 발명품이었다. 너무 훌륭해서 현실성이 의심스러울 정도로.

외과의사가 두껍고 검은 고무장갑을 낀 채 파라핀을 준비했다. 단단하고 희고 네모난 왁스 덩어리가 작은 석유 버너의 온기에 녹아 질척한 액체로 변해 갔다. 커다란 유리 주사기와 어마어마하게 굵은 쇠바늘이, 대야에 담긴 뜨거운 물속에 나란히 놓였다. 주사기도 (왁스보다 몇 도쯤 더) 뜨겁지 않으면 파라핀이 굳어 제대로 주입되지 않는다는 사실을 외과의사는 경험을 통해 알고 있었다. 그는 손을 위로 뻗으며 온도계를 확인했다. 여기서 관건은 균형이었다. 파라핀이 너무 차가우면 의사가 그것을 주입할 수 없었고, 너무 뜨거우면 환자가 화상을 입을 수밖에 없었다. 이상적인 온도는 섭씨 30도 정도였다. 그러나 온도를 정확히 맞추기가 쉽지 않았다. 과도한 열로 인해 얼굴 피부가 벗겨졌다는 환자들의 사례를, 일찍이 외과의사는 소문으로 접한 바 있었다. 하지만 모름지기 수술은 종류를 막론하고 위험을 수반하게 마련이었다.

글래디스가 진찰대에 등을 대고 누웠다. 머리를 뒤로 묶어, 아름답고 부드러우며 (거의) 완벽한 얼굴을 드러낸 모습이었다. 수술 보조자가 피부를 소독하기 위해 젊은 숙녀의 콧대를 석탄산으로 닦았다. 외과의사는 옆에 놓인 스툴에 앉았다. 뜨겁게 녹은 파라핀 왁스를 담은 냄비와 따뜻한 주사기가 준비되었다. 외과의사가 메스로 코에 작은 칼자국을 내자, 글래디스는 놀라서 숨이 멎을 것만 같았다. 이내 외과의사는 주삿바늘 끝을 뜨거운 왁스에 담그더니, (녹지 않도록 고무 대신) 석면으로 제작한 피스톤을 위로 당겨 주사기를 채웠다. 장갑을 낀 상태인데도, 주입을 준비하며 주사기 꽁무니의 고리에 손가락을 대자 열기가 느껴졌다.

글래디스는 용감한 자신이 자랑스러웠다. 통증에 대한 언질을 받긴 했지만, 완벽을 위해서라면 그깟 고통은 감수해야 한다고 믿었다. 외과의사가 굵은 바늘을 찔러 넣고 플런저를 누르는 동안, 글래디스는 마치 녹은 금속이 머릿속으로 주입되는 것처럼 느꼈다. 파라핀 왁스가 주삿바늘을 통해 빠져나와 코의 피부 밑으로 흘러들었다. 외과의사는 주사기가 거의 텅 비도록 왁스를 끊임없이 밀어 넣었다. 그러고는 주사기를 내던진 다음 글래디스의 얼굴을 새로운 형상으로 빚기 시작했다.

주어진 시간은 15초에서 30초 정도였다. 장갑 낀 통통한 손가락으로 외과의사는 열심히 밀고 주무르고 눌러가며 코의 형태를 다듬었다. 글래디스에게 받은 그림을 흘깃흘깃 내려다보며 수술의 진행도를 확인하는 것도 잊지 않았다. 코의 윤곽을 따라 손가락을 재빨리 움직이며, 외과의사는 마치 퍼티를 다루듯 피부 밑 파라핀의 튀어나온 부분을 매끄럽게 정돈했다. 파라핀 왁스가 빠르게 굳어갔다. 시간이 흐르고 있었다. 외과의사는 왁스가 뭉치지 않도록 있는 힘껏 압력을 가했다. 몇 초 뒤 왁스는 끝내 경화됐지만, 그는 임무를 완수했다. 글래디스 디콘은 새로운 코를 얻었다.

처음에는 수술 부위가 조금 부을 수도 있지만 금세 가라앉을 거라고, 며칠만 지나면 그 고전적인 코를 사람들 앞에 자랑스레 내보일 수 있을 거라고 외과의사는 글래디스에게 설명했다. 그런 뒤에는 통증을 없애기 위해 얼음물에 담근 린트 붕대로 수술 부위를 압박한 다음, 환자를 집으로 돌려보냈다.

과연 초반에는 부기가 매우 심각했다. 그런데 외과의사의 호언과는 달리, 시간이 지나도 상태가 전혀 나아지지 않았다. 오히려 점점 더 나빠졌고, 콧대가 부르트면서 속살이 발갛게 드러났다. 하지만 글래디스는 수술한 사실을 왕진 온 의사들에게 털어 놓지 않았다. 그냥 어쩌다 코를 세게 부딪히는 바람에 염증이 생긴 모양이라고 둘러댔다. 하지만 코의 상태는 갈수록 나빠졌다. 왁스가 돌아다니기 시작하면서, 피부 아래로 여기저기 혹이 돋아났다. 그의 아름다움은 안으로부터 서서히 파괴되었다. 고대 그리스 조각상의 고전적 외모를 갖추기는커녕, 완벽함에 대한 갈망으로 인해 글래디스는 기이한 밀랍 인형처럼 변해 버렸다.

더욱이 그런 사람은 비단 글래디스만이 아니었다.《브리티시 메디컬 저널British Medical Journal》에 긍정적 논문을 게재한 잉글랜드의 스티븐 패짓*을 비롯해 여러 걸출한 외과의들이 파라핀 왁스의 사용을 강력히 추천했지만, 사실 파라핀 왁스 주사는 알게 모르게 원치 않는 부작용을 종종 일으키고 있었다. 부작용은 정말이지 놀랍도록 광범위했다. 심지어 파라핀종paraffinoma이라는 이름까지 붙여

---

* 스티븐 패짓은 자타 공인 영국 일류 외과의사였다.《브리티시 메디컬 저널》1902년 9월호에 실린 논문에서 패짓은 파라핀 왁스가 얼마나 사용이 간편하고 훌륭한 결과를 가져오는지를 열성적으로 설명했다. 그의 병원에서 사용해 보니, 결과가 "지극히 만족스럽"더라는 것이었다. 심지어 그는 파라핀 왁스를 구입할 수 있는 회사의 이름을 소개하기도 했다. 실제로 파라핀 왁스는 이따금 훌륭한 결과를 가져왔지만, 누구도 적절한 관련 실험을 시행하지 않았다는 점에서, 주사액의 비율을 어떻게 하면 결과가 성공적이고 어떻게 하면 재난적인지를 도통 알 길이 없었다.

질 정도였다. 한편 일부 의사들은 간단히 왁스암wax cancer이라고 불렀다.

환자들은 수상한 혹이 생기는가 하면, 큼직한 농양으로 피부가 약해지고 괴사하기도 했다. 파라핀종은 감염을 유발하고 근육을 파괴했다. 만약 파라핀이 혈류로 유입되면, 폐에 혈전이 생기고 실명이나 뇌졸중, 심장마비가 발생할 수 있었다. 요컨대 완벽함의 대가로 목숨을 내놓아야 할 가능성도 상당했다는 얘기다.

미국의 외과의사 프레더릭 콜Frederick Kolle은 성형외과학에 관한 1911년의 저서에서 파라핀 왁스 주사의 위험성을 강조하면서, 이를테면 "시인의 희고 부드러운 뺨이라든지 아프로디테의 코, 아폴론의 턱을 갖는 데 열을 올리는" 환자들의 "불합리한" 요구를 조심하라고 의사들에게 당부했다. 콜은 이런 사람들을 일컬어 "미모광"이라고 했는데, 그가 보기에 그들은 "대단히 좋은 혼처"에 목을 매는 경향이 있었다. 의외로 글래디스 디콘과는 만난 적이 없는 듯하다.

1920년대 무렵, 가엾고 허영심 많은 글래디스는 왁스 주사를 선택한 대가를 혹독히 치르고 있었다. 그는 파라핀종이 망가뜨린 얼굴을 가리기 위해 모자를 쓰고 다녔다. 하지만 평소 글래디스를 시기하던 경쟁자들은 그의 얼굴이 왁스로 인해 끔찍하게 망가진 경위를 악의적으로 기록해 두었다. 다른 이들은 글래디스가 턱이 두둑하고 머리카락은 샛노란 데다 입술은 지나치게 빨갛다고 수군거렸다. 그는 더 이상 숙녀로 보이지 않았다(솔직히 말하면 창녀에 더 가까워 보였다). 한때 글래디스를 질투하던 어느 공주는, 왁스가 글래디스의 얼굴에서 흘러내려 목에 얼룩덜룩한 반점을 만들었다는 사실을 언급하며 좀처럼 기쁨을 감추지 못했다.

하지만 사교계가 글래디스의 의학적 오판을 (물론 뒤에서) 조롱하는 사이, 그는 사회적 지위를 한 단계씩 꾸준히 높여 나갔다. 1921년에 글래디스는 말버러 9대 공작과 결혼함으로써, 마침내 영국의 귀족이 되어 옥스퍼드셔에 있는 블레넘 궁전에서 살게 되었다. 그러나 공작부인이 되었음에도 불구하고, 우울감은 나날이 심해졌다.

1940년대쯤에는 그 결혼이 잘못되면서, 궁전을 나와 허름한 농가에 살게 되었다. 글래디스는 지저분한 환경에서 고양이들과 상한 음식, 서류와 책 들에 둘러싸인 채 망가진 침대에 누워 잠을 청했다. 그는 점점 나약하고 고립된 편집증적 인간으로 변해 갔다. 그러다 얼마 뒤, 흰 가운을 입고 찾아온 남자 네 명에게 무자비하게 끌려 나갔다.

글래디스 디콘은 1977년 노샘프턴 정신병원에서 잠자던 중에 사망했다. 쓸쓸한 장례식이었다. 말버러 공작부인 글래디스 디콘은 거의 모든 사람의 기억에서 사라진 상태였다. 또한 말년에는 난롯가에 앉아 불꽃의 열기가 피부 밑 파라핀을 연화하기를, 그래서 얼굴 속 왁스를 매만질 수 있게 되기를 기다리더란 소문이 돌았다. 글래디스는 결국 죽을 때까지 완벽한 코를 갖지 못했다.

전쟁의 얼굴들
1917년 켄트주 시드컵, 퀸스 병원

윌리엄 스프레클리 중위를 보는 사람은 대개 강한 거부감을 느

껐다. 때로는 중위 스스로도 차라리 총알에 맞았을 때 죽었더라면,
하고 생각할 정도였다. 그는 자신이 살아 있지만 죽은 존재나 다름
없다고 느꼈다. 이프르의 참호에서 사상자 후송지와 병원을 거쳐
마침내 시드컵에 오게 됐지만, 자신의 미래를 크게 낙관하지는 않
았다. 스프레클리는 남은 인생을 흉한 모습으로 살아야 했다. 사회
는, 어쩌면 가족마저도 그를 외면할 것이었다.

스프레클리의 눈빛은 슬프고도 불안했다. 운이 좋아 살아남
았다지만, 정작 그는 자신이 안쓰럽다고 느꼈다. 총알은 마주치는
모든 물체를 갈라놓았다. 그것이 목재든 금속이든 인간의 살이든
가리지 않았다. 전우들은 대부분 죽임을 당했다. 일부는 즉사했고,
일부는 치명상을 입었으며, 나머지 일부는 영구적 장애를 갖게 되
었다. 스프레클리는 밝게 번쩍이던 불빛을 기억했지만, 이상하게 통
증은 거의 느끼지 않았다. 그는 들것에 실려 야전병원의 붐비는 막
사로 옮겨졌고, 그곳에서 자신이 죽게 될 거라고 믿었다. 그런데 몇
주 만에 그는 죽기는커녕 회복세를 보이기 시작했다. 스프레클리
는 자신의 얼굴이 훼손됐다는 사실을 알았지만, 간호사와 의사 들
은 그에게 거울을 보여 주지 않았다. 외과의사들은 상처를 꿰맸고
간호사들은 붕대를 갈아 주었다. 스프레클리는 상처가 잘 치유된
상태로 시드컵에 도착했다. 그는 튼튼하고 건강했다. 모든 것이 좋
았다, 단, 그의 얼굴을 제외하고는.

코가 있던 자리에는 추하고 커다란 구멍이 생겼다. 피부는 안쪽
으로 자랐고, 내부에 남은 붉은 조직이며 뼈가 문제의 검은 구멍을
통해 보였다. 얼굴 왼쪽은 구멍 주변에서 뒤틀려 있었다. 측면의 흉
터들이 치유되면서 눈밑 피부를 끌어당기는 바람에, 눈알의 아랫

부분이 드러난 상태였다. 하지만 없어진 코에 비하면, 그것은 아무것도 아니었다.

시드컵에 있는 퀸스 병원Queen's Hopital은 성형수술에 전념하는 세계 최초의 의료기관이었다. 또한 주변 환경은 스프레클리가 참호에서 경험한 것과는 사뭇 달랐다. 대저택의 부지에 지어져 정원과 키 큰 나무들에 둘러싸인 데다, 멋지고 깔끔하게 손질된 크로케 전용 잔디 구장까지 갖추고 있었다. 단층의 병실과 치료실, 수술실 들은 입원동을 가운데에 두고 말발굽 모양으로 배치돼 있었다. 각 병실은 스물여섯 개의 병상뿐 아니라 베란다까지 갖춤으로써, 환자들이 바깥에 누워 신선한 공기를 마시며 요양할 수 있도록 설계되었다(신선한 공기는 회복의 필수 요건으로 여겨졌다).

퀸스 병원을 설계한 인물은 해럴드 길리스Harold Gillies라는 외과의사였다. 그는 1914년 적십자 소속의 신참 의무 요원으로 전장에 투입되어, 끔찍한 부상자들을 목격했다. 더욱이 영국에 부상병들의 몸을 재건할 능력을 갖춘 외과의사가 전무하다시피 하다는 사실은, 길리스를 더 큰 충격으로 몰아넣었다. 그들의 수술법은 원시적인 데다 전적으로 부적절했다. 폭탄에 얼굴이 산산이 부서지고 코나 턱이 날아가고 살이 녹고 거친 흉터가 생기는 참상을 미리 예측하고 대책을 세워 둔 이가 전혀 없었다. 영국의 외과의사들이 할 수 있는 일이라고는 벌어진 상처의 가장자리를 당겨 맞붙인 다음 흉터가 치유되기를 기다렸다가 환자들을 다시 참호로, 또다시 전투 현장으로 돌려보내는 것뿐이었다.

길리스는 성형외과에 인생을 바치기로 마음먹었다. 안면 재건술에 필요한 지식을 두루 섭렵했고, 이후로 3년에 걸쳐 (프랑스와 잉글랜드 각지의 병원에서 꾸준히 일하는 중에도) 공부에 매진하여 유수의 교과서와 연구논문을 착실히 읽어 나갔다. 심지어 자신의 수술을 상세히 도해할 방법을 배우기 위해 미술학교에 입학하기도 했다. 결국 길리스는 군대의 의료 관련 고위 간부를 설득하여, 안면 기형을 치료할 전담 병원이 필요하다는 대답을 얻어냈다. 1917년 여름, 마침내 퀸스 병원이 문을 열었다. 병원의 초대 원장은 어느덧 영국 제일의 성형외과의로 자리매김한 길리스였다. 그는 자신의 광대한 성형외과학적 지식을 시험할 만반의 준비가 되어 있었다.

윌리엄 스프레클리는 퀸스 병원의 초창기 입원환자였다. 그를 검사한 길리스는, 이 젊은 군인의 경우 단순히 새 코를 만들어 주는 것 이상의 치료가 가능하다는 판단을 내렸다. 그는 이전 세대 외과의사들의 투박한 수술법을 개선하여 스프레클리에게 진짜 같은 코를 만들어 주고 싶었다. 이마의 피부판을 뒤집어 내리거나 위팔의 피부판을 옮겨 붙이는 방법은 사양이었다. 길리스는 스프레클리의 얼굴을 세심히 측량한 다음 일련의 정교한 수술 계획을 세웠다.

코가 완전히 없어졌다는 점을 고려해 길리스는 코의 피부뿐 아니라 그것을 지지할 연골까지 다시 만들기로 마음먹었다. 빅토리아시대 선배들의 불행한 전철을 밟아 동물 연골이나 합성 대체제를 사용하는 대신, 길리스는 환자의 몸 어딘가에서 연골을 채취하기로 결정했다. 그는 철저한 준비를 중요시했다. 먼저 복잡한 도해를 완성하고 기법을 메모한 뒤에야 비로소 수술은 시작될 수 있었다.

백색 도료를 칠한 수술실은 공기가 잘 통하는 데다, 밝은 전등에 거대한 전망창까지 설치돼 있었다. 그곳에서 스프레클리 중위는 잠에 빠져들었다.* 길리스는 소독된 수술 가운을 입고 알코올로 손을 세척한 다음 새 고무장갑을 꼈다. 이제 첫 절개를 가할 시간이었다. 칼날이 스프레클리의 가슴을 갈랐다. 수술의 첫 단계는 기발하게도, 군인의 흉곽에서 약간의 연골 조각을 직사각형 모양으로 떼어 내는 과정이었다. 길리스는 이것을 다듬어 코의 지지대로 사용할 생각이었다.

길리스가 조심스레 연골의 가운뎃부분을 구부리더니 가는 대만 남기고 길게 잘라 냈다. 그는 그것을 화살 모양으로 다듬었다. 한끝이 넓고, 대가 가늘면서, 다른 끝은 활처럼 휜 모양이었다. 넓은 부분으로 콧대를 만들고, 아래의 화살촉으로는 콧구멍을 지지하면 적당할 듯했다. 연골을 알맞은 모양으로 다듬었다는 확신이 들자, 그는 환자의 이마에서 피부판을 얇게 잘라 들어 올린 다음 문제의 연골을 그 아래에 이식했다.

수술 후에 회복된 스프레클리의 모습은 처음 입원했을 때보다 오히려 기형적이었다. 총알로 손상되지 않아 반반하던 이마에는 이제 화살 모양의 혹이 피하로 튀어나와 있었다. 화살은 그의 이마 아래쪽 중앙에서 대각선으로 위쪽의 헤어라인 방향을 가리켰다. 말하자면 길리스는 스프레클리의 새 코를 그의 이마 한복판에서 배

---

* 마취법의 가장 큰 발전은 퀸스 병원에서 이뤄졌다. 1919년 이반 매길Ivan Magill은 기관내삽관술, 그러니까 환자의 코나 입안에 고무관을 삽입하여 기체가 숨통으로 직접 흘러 들어가게 해 주는 방법을 개발했다. 그로 인해 마취제의 정확한 투여가 가능해졌을 뿐 아니라, 재건 수술을 방해하던 문제 하나가 극복되었다. 외과의사들은 오랫동안 환자의 얼굴을 들여다보는 과정에서 자연히 가스 흡입관에 다가갈 수밖에 없어 마취제를 들이마시는 경우가 다반사였고, 수술 중에 외과의사가 잠에 빠지는 경우도 없지 않았는데, 그 문제가 해결된 것이다.

양하고 있었다. 몇 주 뒤 스프레클리의 이마가 완전히 치유되자 길리스는 곧바로 다음 수술에 들어갔다.

연골이 다치지 않도록 조심스레 칼을 놀리며 길리스는 스프레클리의 이마에서 피부판을 벗겨 냈다. 줄기피판이 다치지 않도록 주의하면서, 코의 위치로 피부판을 회전시켰다. 연골은 내려앉지 않고 구조를 유지했지만, 튀어나온 모습이 그리 보기 좋지는 않았다. 스프레클리의 이마에는 벌겋게 삼각형의 흉터가 남았고, 그 아래 새로 만들어진 코는 그의 온 얼굴을 뒤덮을 듯 부풀어 올랐다. 이제 그는 코가 없는 사내에서 코가 우스꽝스럽게 부은 사내로 바뀌어 있었다. 정말이지 거북스런 얼굴이었다. 다른 환자들은 길리스가 그 가엾은 남자의 얼굴 한복판에 코끼리 코를 옮겨 심었다며 손가락질했다. 심지어 길리스 자신도 "새 콧기둥이 부풀면서 개미핥기의 주둥이마냥 튀어나왔고 동료들은 모두 폭소를 터뜨렸다"라고 기록해 둘 정도였다. 하지만 길리스는 아직 갈 길이 멀었다.

수술은 계속되었다. 부기는 점차 가라앉았고 줄기피판은 절단되었다. 길리스는 이마의 흉터를 봉하고 과도한 조직을 잘라 냈다. 콧구멍의 형태를 빚고 코의 윤곽을 뚜렷하게 가다듬는 한편, 과도한 피부는 자르거나 안으로 끌어당겼다. 퇴원할 무렵 스프레클리의 얼굴은 거의 새것처럼 달라져 있었다. 변화는 실로 인상적이었다. 그의 코가 흉곽과 이마를 거쳐 재건되었다는 사실을, 그냥 봐서는 알아차리지 못할 정도였다.

스프레클리는 너무도 감사한 나머지, 자신의 얼굴을 재건해 준 외과의사를 기리기 위해 아들의 이름을 마이클 길리스라고 지었다.

길리스가 스프레클리를 위해 사용한 수술법은 용감하고 혁신적인 동시에 굉장히 실험적이었다. 그가 아무리 꼼꼼하게 수술하고 무균법을 엄격하게 지킨다 해도, 일이 잘못될 위험성은 언제나 존재했다. 길리스가 가장 두려워한 것은 감염이었다. 상처가 감염될 경우, 그가 할 수 있는 일이 거의 없었다.* 하지만 그 병원에 오는 환자들은 그가 더욱더 과감한 수술을 시도해 주길 원했다.

지나치게 앞서가다

영국 육군 항공대 소속의 헨리 럼리 소위는, 외모가 보통 사람과는 달라도 너무 달랐다. 그의 얼굴은 더 이상 피부로 덮여 있지 않았다. 피부가 녹아 상피가 얇아지면서 표면이 붉게 반질거렸다. 눈이 있어야 할 자리에는 눈꺼풀도 눈썹도 없이 커다란 구멍만 횅하니 뚫려 있었다. 코끝은 위로 심하게 들려 있었고, 입술은 너무 두꺼운 데다 염증까지 생겨 입술이라 부르기에도 애매한 모습이었다. 게다가 입안에도 흉터가 있었다.

사실 럼리는 전투를 치러 본 적이 단 한 번도 없었다. 1916년 여름, 첫 임무를 띠고 탑승한 전투기가 화염에 휩싸인 채 땅으로 곤두박질쳤기 때문이다. 조종사들은 낙하산을 지급받지 못했다. 고로 연료탱크에 불이 붙었을 때, 럼리는 석유 불덩이에 꼼짝없이 간

---

* 효과적인 항생제는 설폰아마이드제가 발견된 1930년대까지 존재하지 않았다. 제2차 세계대전이 종식될 무렵에는 군 외과의사들도 페니실린을 구할 수 있었고, 덕분에 병원에서 사망하는 환자의 수는 급격히 감소했다.

했다. 럼리는 온 얼굴과 두피, 손, 손가락, 다리에 심한 화상을 입었다. 그나마 머리는 헬멧과 스카프가 어느 정도 보호해 주었다. 살아남았다는 사실 자체가 기적이었다. 어쩌면 차라리 죽는 편이 나았을지도 몰랐다. 럼리가 퀸스 병원에 입원한 것은 1917년 10월 22일이었다. 1년 동안 여러 병원을 전전하며 임시방편적 치료만 받다가 결국 길리스에게 의뢰된 것이었다. 하지만 천하의 길리스도 럼리처럼 심각한 환자는 일찍이 본 적이 없었다.

입원 후 한 달 동안 럼리가 최대한 안정을 취하는 사이 길리스는 일련의 수술 계획을 세웠다. 럼리의 가슴에서 채취한 피부를 사용해 얼굴을 재형성해도 괜찮을 것 같았다. 그 피부판을 목에서 채취한 줄기피판에 연결한 다음, 어깨의 몇몇 조직판과도 연결해 크기를 늘릴 생각이었다. 파라핀 왁스도 써보기로 했다. 나아가 다른 환자에게서 채취한 피부이식편까지 사용해 보기로 마음먹었다.

우선은 얼굴부터 정돈해야 했다. 수술은 무난히 진행되었고 경과도 괜찮아 보였다. 두 번째 수술이 다가왔다. 마취된 럼리는 머리가 높아지도록 몸을 받친 상태로 수술대에 누워 있었다. 윗옷은 벗겨졌고 가슴에는 누런 요오드용액이 칠해졌다. 럼리의 가슴 피부에 길리스가 얼굴의 형태를 작도했다. 두 눈과 코의 자리를 표시하고 입이 놓일 좁은 틈새를 그렸다. 이로써 럼리의 새로운 얼굴이 윤곽을 드러냈다. 실로 대담한 계획이었다.

길리스가 럼리의 얼굴에서 흉터 조직을 자르고 긁어내자 섬뜩하게 붉은 속살이 드러났다. 피가 배어 번지는 통에 표면이 번들번들했다. 이어서 길리스는 럼리의 가슴에 연필로 그려 둔 선을 따라 주의 깊게 칼날을 움직여 (얼굴 모양의) 커다란 피부판을 형성했다. 그런 다음 이것을 들어 올려 항공병의 얼굴에 얹고는 눈, 코, 입의 구멍이 놓일 위치를 찬찬히 살폈다. 이어서 봉합을 시작했다. 신중하고도 꼼꼼하게, 옛 얼굴의 잔해 위에 새로운 얼굴을 꿰매 붙였다. 봉합을 마친 뒤에는 가슴의 상처에 붕대를 감았다. 이윽고 다섯 시간에 걸친 대수술이 완료되었다. 길리스는 지칠 대로 지쳐 있었고, 환자는 약해질 대로 약해져 맥박마저 희미한 상태였다. 이제부터는 기다림의 시간이었다.

수술 후 첫날, 럼리는 확실히 나아지고 있었다. 줄기피판에서 얼굴로의 혈액 공급도 원활해 보였다. 둘째 날에는 이식편이 감염되었다. 의사들은 감염의 확산을 막기 위해 고군분투했다. 피부를 안마하고 바늘로 찌르고 흡각으로 피를 빨아내 가며(1장 참고) 혈액 공급을 도모했다. 셋째 날에는 럼리의 새 얼굴에 온통 괴저가 생겼다. 어깨에서 연결한 줄기피판은 더 이상 피를 공급하지 않고 점차 시들어 갔다.

열째 날에는 죽은 피부를 벗겨 내야 했다. 길리스의 기록에 따르면, 악취 나는 분비물이 배출되었다. 남은 줄기피판은 금방이라도 떨어져 나갈 듯했고, 길리스는 혈액 공급이 끊기지 않도록 갖은 노력을 기울였다. 의사들은 상처를 세척하고 파라핀 왁스를 뿌렸다. 그날 늦게 환자는 병원 경내에 설치된 옥외 막사로 옮겨졌다.

열나흘째 날에는 이식한 피부 전체가 거의 완전히 떨어져 나갔다. 그러나 이번만큼은 길리스도 다소 좋은 소식을 기록할 수 있었다. 럼리의 가슴은 아물어 갔고 얼굴의 감염도 나아지는 듯했다. 3월 3일, 길리스는 새로운 치료를 시작했다. 자외선램프를 사용해 가슴의 치유를 촉진하는 요법이었다. 이 무렵 길리스는 안면 이식편을 살리려는 노력을 그만두었다. 이제 그는 럼리의 생명을 살리기 위해 사력을 다하고 있었다.

헨리 럼리 소위는 1918년 3월 11일 심부전으로 사망했다. 그간 길리스는 성형수술을 할 수 있는 데까지 해 보자는 주의였지만, 럼리의 수술을 계기로 자신이 선을 넘었다는 사실을 깨달았다. 길리스는 "완벽한 결과를 얻으려는 욕망이 앞선 나머지 외과의로서 환자의 전반적 상태를 객관적으로 판단하지 못했다"고 적었다. 그러면서 덧붙이기를, "한 점 부끄럼 없이 내일로 미룰 수 있는 일을 절대 오늘 하지 말라"고 당부했다.

이 끔찍한 좌절에도 불구하고 길리스는 성형외과의 몇 가지 놀라운 발전을 이뤄 냈다. 짐작건대 그중 가장 위대한 혁신은 관 모양 줄기피판tube pedicle으로 알려진 러시아의 아이디어를 차용했다는 점이다. 줄기피판을 내면이 노출된 상태로 이식하여 환자를 기존처럼 감염에 취약하게 방치하는 대신, 길리스는 줄기피판을 말아 관 모양으로 만들었다. 이렇게 하면 모든 섬세한 생체 조직을 각질층, 그러니까 방수성을 갖춘 데다 감염 저항성도 높은 피부의 겉껍질로 감쌀 수 있었다.

하지만 관 모양 줄기피판이라고 한계가 없진 않았다. 피부는 오직 인접한 신체 부위 사이에서만 옮겨질 수 있었다. 이를테면 어깨에서 얼굴로 혹은 가슴에서 턱으로 줄기피판을 옮기는 수술은 가능하지만, 다리에서 얼굴로 옮기는 수술은 환자가 공처럼 웅크린 자세를 몇 주 동안 유지하지 않는 한 불가능했다. 이는 곧 전신에 화상을 입은 환자의 재건 수술이 현실적으로 불가능하다는 뜻이었다.

길리스는 이 문제를 숙고한 끝에 실로 독창적인 해법, 이른바 왈츠형 줄기피판waltzing pedicle을 생각해 냈다. 방법은 이렇다. 먼저 다리에서 줄기피판을 자른 다음 위로 돌려 팔에 옮겨 붙인다. 그랬다가 2주쯤 뒤에 혈액 공급이 원활해지면, 다리에 연결된 한끝을 잘라 낸 다음 그것을 팔에서 다시 위로 돌려 얼굴에 옮겨 붙인다. 이렇듯 줄기피판을 목적지까지 단계적으로 옮김으로써 길리스는 필요한 피부판을 몸의 어느 부위에서든 안전하게 채취할 수 있었다.

1918년에는 독일의 진격으로 인해 갈수록 많은 부상자가 병원으로 이송되었다. 길리스는 쉼 없이 일에 매진하는 와중에도 차세대 성형외과의사들을 육성해 나갔다. 오래지 않아 각 병실은 살갗으로 된 관을 몸에 연결한 환자들로 가득 찼다. 환자들의 다리며 팔이며 얼굴에는 피부로 된 호스가 볼록하니 연결되었고, 이들 줄기피판은 마치 왈츠 스텝을 밟듯 몸의 이곳에서 저곳으로 옮겨 다녔다.

이등병 에이제이 시의 사례를 보자. 시는 1919년 6월 퀸스 병원에 입원했다. 부상 이후로 처음 1년은 군 병원에서 지냈지만, 그곳에서 받을 수 있는 외과적 치료에는 아무래도 한계가 있었다. 시는 1918년 4월경 턱에 총을 맞았다. 총알은 아래턱을 으스러뜨렸고, 구강저를 뜯어냈으며, 피부와 뼈와 근육도 함께 앗아 갔다. 아랫입술이 있어야 할 자리에서는 보기 흉한 금속 보호대가 턱이 떨어져 나가지 않도록 붙들었다. 턱끝은 맥없이 달랑거렸고, 위턱에 남은 치아 몇 개는 불안정한 각도로 튀어나와 있었다. 스물셋이라는 젊은 나이에 시는 모든 음식을 빨대로 섭취했다. 또한 시드컵에 도착한 여느 환자와 마찬가지로, 지난 몇 달 동안 인생에서 그 누구보다 많은 통증과 고통을 경험한 생존자 특유의 겁에 질린 눈빛을 하고 있었다.

시의 얼굴을 재건하는 과정은 길고도 고통스러웠다. 수술은 빈틈없이 계획되었다. 환자 역시 적절히 준비를 마쳤다. 1919년 8월, 마침내 첫 수술이 시행되었다. 의료진은 이등병의 가슴에서 관 모양 줄기피판을 채취해 한끝을 아래팔에 붙였다. 10월에는 아직 가슴에 붙어 있는 쪽 끝을 잘라, 턱이 있어야 할 자리에 붙인 다음 붕대로 제 위치에 고정시켰다. 그로부터 6주 뒤에는 아직 팔에 붙어 있는 줄기피판의 한끝을 잘라 환자의 턱에 꿰매 붙였다. 세 수술 모두 성공적으로 진행됐지만, 시의 외모는 오히려 전보다 흉해졌다. 이제 그의 입 아래로는 피부로 된 고리가 마치 손잡이처럼 달려 있었다.

1920년 3월에는 오른쪽 어깨에서 넓은 면적의 피부를 관 모양으로 채취했다. (입원한 날로부터 1년이 넘게 지난) 9월에는 목에서 관 모양 줄기피판을 채취하여, 새로운 입바닥의 내벽을 구축하기 시작했다. 1920년 12월까지 시행한 수술만 해도 총 10회에 달했다. 또한 그사이에는 수없이 붕대를 감고 엑스레이를 찍고 검사를 실시해야 했다. 이제 시의 턱에는 봉합선으로 빼곡한 피부가 자루마냥 매달려 있었다. 그곳에 부착된 줄기피판 하나가 목을 둘러 가다 어깨 뒤로 사라졌다. 그 후로도 이등병은 6개월에 걸쳐 6회의 수술을 받았고, 첫 수술일로부터 2년이 지난 1921년 8월에야 비로소 회복을 위해 요양소로 옮겨졌다.

1922년 11월, 마침내 시는 퇴원했다. 그의 얼굴은 완전히 재건되었다. 썩 보기 좋은 외관은 아니었지만, 적어도 이제는 입과 위아래 턱이 있었다. 부러진 치아들은 의치로 대체했고, 입을 덮을 입술이 생겼다. 얼굴과 목에 흉터가 좀 남아 있긴 했지만, 사람들 앞에 나서기에는 충분한 외모였다. 턱을 아주 조금밖에는 움직일 수 없었지만, 적어도 이제는 턱을 갖고 있었다. 삶에도 변화가 일어났다. 퇴원 전에 촬영한 마지막 사진 속에서 시 이등병은 심지어 미소를 지으려 하고 있었다.

총 1만 건 이상의 수술이 퀸스 병원에서 외과의사들에 의해 시행되었다. 또한 그 과정에서 사망한 환자는 단 50명에 불과했다. 수술의 규모와 항생제의 부재를 감안하면 실로 놀라운 성취였다. 어쩌면 그 환자 가운데 다수는 수술 없이도 생존했을지 모른다. 하지만 그토록 훼손된 얼굴로는 처참한 삶을 면하지 못했을 터였다. 길리스가 최선을 다해 회복한 것은, 그러므로 환자들의 존엄성이었다.

해럴드 길리스는 1919년에 시드컵을 떠났다. 신뢰할 만한 재건외과 교과서를 집필하고 개인 병원을 설립하기 위해서였다. 길리스가 개원 초기에 수술한 환자 가운데 한 명은, 낚시 여행 차 머물던 더비셔의 한 여관에서 윤리적으로 미심쩍은 방식을 통해 모집되었다. 그가 남긴 기록에 따르면, 여관 주인의 딸은 "어여쁜 계집아이"였지만 "무시무시한 코"를 갖고 있었다. 어느 날 길리스는 여관을 나서며 자신이 집필한 새 책의 원고를 코 재건에 관한 내용이 보이도록 화장대 위에 펼쳐 놓았다. 길리스가 런던으로 돌아가자 여관집 딸은 그에게 연락을 취해 그 수술을 받게 해 달라고 말했다. 훗날 길리스는 자신이 "부끄러운" 방식으로 일을 따냈다는 점을 인정하면서도, 그 일로 소녀가 더 예쁜 코를 갖게 된 것만은 사실이라고 덧붙였다.

1930년, 마침내 길리스는 외과 발전에 기여한 공로로 기사 작위를 받았다. 하지만 다수의 사람들은 그 영예가 몇 년은 더 빨리 주어졌어야 마땅하다고 입을 모았다. 턱이 으스러지거나 얼굴에 화상을 입어 괴로워하던 군인들부터 선천적으로 입술이나 입천장이 갈라져 있어 고통받던 아이들까지, 수많은 환자들이 그에게 감사 편지를 보냈다. 길리스의 외과적 기량은 많은 사람에게 귀감이 되었다. 또한 길리스는 친절하기로 이름이 높았다. 형편이 넉넉지 않은 이들에게는 때때로 수술비를 사양하기도 했다. 그가 시드컵에서 개발한 수술법들은 세계 전역의 성형외과의사들에게 전수되었고, 20년 뒤에는 훨씬 끔찍한 난제들을 극복하는 데 있어 든든한 발판이 되었다.

매킨도의 군대
1944년 3월 16일 오후 11시 20분, 잉글랜드 모처

뭔가 잘못되었다. 그러나 승무원들이 할 수 있는 일은 아무것도 없었다. 웰링턴 폭격기가 땅을 향해 곤두박질쳤다. 단 몇 초 만에 항공기는 90미터 상공에서 추락해 그대로 땅에 처박혔다. 가득 채워 둔 연료탱크가 폭발하면서 밤하늘이 대낮처럼 환해졌다. 불꽃은 무서운 기세로 쌍발기를 무너뜨렸다. 폭격기 동체를 덮고 있던 풀 먹인 직물이 종잇장처럼 타올라 순식간에 벗겨지면서, 내부의

금속제 뼈대가 앙상하게 모습을 드러났다.

열아홉 살의 조종사 빌 폭슬리는 항공기 꼭대기에 설치된 플라스틱 돔*을 강제로 열고 안전한 장소를 찾아 밖으로 기어 나왔다. 천운으로 그는 몸을 거의 다치지 않은 채 탈출에 성공했다.

그때였다. 통신사의 도와 달라는 외침이 들려왔다. 폭슬리는 전우가 붕괴된 기체 안에 갇혀 화장되도록 차마 내버려둘 수 없었다. 그는 다시 출입구 안으로 몸을 숙였다. 견딜 수 없을 만큼 강한 열기가 밀려들었다. 맹렬한 불길은 모든 것을 태워 버릴 듯했다. 아드레날린이 솟구치는 가운데, 항공기 몸체가 그의 주위로 무너져 내렸다. 불타는 금속제 지주에 두 손이 그슬리고 열기에 얼굴 살갗이 벗겨지는 와중에도 폭슬리는 그런 상황을 거의 의식하지 못했다. 그는 손을 뻗어 동료를 밖으로 끌어냈다. 항공기에서 멀찍이 벗어난 뒤에야 비로소 폭슬리는 자신이 심각한 부상을 입었다는 사실을 알아차렸다. 마치 온몸이 불타는 느낌이었다.

폭슬리는 이스트 그린스테드 소재의 퀸 빅토리아 병원Queen Victoria Hospital에 입원했다. 런던에서 남쪽으로 64킬로미터 남짓 떨어진 곳이었다. 퀸 빅토리아 병원은 시드컵에서 길리스의 퀸스 병원이 수행하던 역할을 제2차 세계대전 시기에 수행하고 있었다. 다시 말해 퀸 빅토리아 병원은 가장 심각한 화상을 입은 항공병들의 종착지였다. 부상병들의 회복 과정을 살피는 이는 길리스의 사촌

---

* 여기서 돔이라 불리는 '천측창astrodome'의 일반적 용도는 천체관측이다. 조종사들은 돔을 통해 별들을 관찰하고, 육분의를 사용해 항공기의 위치를 바로잡을 수 있었다. 또한 돔은 상부 탈출구로도 사용되었다.

이자 훌륭하고 카리스마 넘치는 외과의사 아치볼드 매킨도Archibald McIndoe였다. 그의 임무는 항공병들의 몸을, 이상적으로는 전장에 다시 돌아갈 수 있도록, 아니면 적어도 전후에 평범한 삶을 살아갈 수 있도록 재건하는 일이었다. 항공 연료의 연소 온도가 섭씨 700도가량이라는 점을 고려할 때, 이는 외과의사에게 실로 어마어마한 도전이었다.

전쟁 초기에는 사상자의 대부분이 영국 본토 항공전Battle of Britain 기간에 허리케인 전투기와 스핏파이어 전투기를 타고 잉글랜드 남부의 하늘을 지키던 항공병들이었다. 거의 날마다 조종사들은 끔찍이 위험한 비행 작전에 투입되었다가 끝내 돌아오지 못했다. 이들 고성능 항공기는 연료를 가득 채운 상태로 출격했기 때문에, 기체가 피격되거나 충돌할 경우 조종사들은 온몸이 불타버리기 십상이었다.

두 항공기의 연료탱크는 조종석과 엔진 사이에 있었다. 더욱이 허리케인 전투기는 25갤런들이 연료탱크를 각 날개에 하나씩 더 장착하고 있었다. 안타깝게도 허리케인 전투기의 초창기 모델은 설계 결함으로 인해 날개 쪽 연료탱크와 조종석 사이에 내화장치가 전무했다. 연료탱크가 폭발하면 조종석은 불길에 휩싸인 화덕 꼴이 되었다. 지침에 따라 조종사는 되도록 오랫동안 조종석 후드를 닫아 둬야 했는데, 후드를 여는 순간 불길이 내부로 번져 버리기 때문이었다. 한 항공병은 눈앞에서 계기판이 녹아 당밀처럼 흘러내리는 와중에 간신히 현장을 빠져나왔다고 증언하기도 했다. 제1차 세계대전 때와 달리, 적어도 이 조종사들에게는 낙하산이 지급되었다. 그러나 문제는 추락하는 항공기에서 뛰어내리는 장소가 하필 영국

해협이라는 사실이었다. 차가운 소금물에 닿아 상처는 따끔거렸고 저체온증이 순식간에 몸을 덮쳤다.

전쟁이 길어지고 독일에 대한 연합군의 공습이 격화되면서 더 많은 폭격기 조종사가 죽고 다쳤다. 이스트 그린스테드에는 새로운 입원환자가 끝없이 밀려들었다. 전상의 범위는 유산탄에 의한 부상부터 연료로 인한 화상에 이르기까지 다양했다. 심지어 동상으로 입원한 환자도 있었다. 갑자기 열린 랭커스터 폭격기 뒷문을 닫으려다가 항공기 동체에 손가락이 얼어붙었다는 환자였다. 이들 항공병의 신체를 재건하기 위해 매킨도는, 제1차 세계대전 시기에 길리스가 개발한 수술법을 변화된 환경에 맞춰 적절히 조정하고 가다듬었다.

1944년 즈음에는 수술법이 훌륭히 정립되었고, 병원은 설비를 제대로 갖추었으며, 의료진은 심각한 화상 환자를 능숙히 돌보게 되었다. 환자들은 감염을 예방하고 상처 치유를 돕기 위해 특별히 고안된 식염수탕에 매일 몸을 담갔다. 갈수록 길고 복잡해지는 수술에 걸맞은 마취법이 새롭게 개발되었다. 또한 전쟁 말미에는 페니실린이 치료에 사용되었다. 특히 매킨도는 왈츠형 관 모양 줄기피판을 십분 활용했다.

퀸 빅토리아 병원 3호실은 밝고 깨끗했다. 테이블마다 싱싱한 꽃들이 놓였지만, 화상 환자의 살에서 나는 역겨운 냄새를 가리기엔 역부족이었다. 방문자들은 시각적 참상을 견디려 안간힘을 쓰던 와중에 매캐한 악취를 맡고는 구역질을 하기 일쑤였다. 긴 두 줄로 나란히 배치된 병상들 사이를 지나는 동안 사람들은 다양한 단계의 재건 수술을 목격할 수 있었다. 개중에는 붕대나 삼각건을 두른 환자도 눈에 띄긴 했지만 대부분은 얼굴에 줄기피판을, 머지않아 코나 위아래 턱 혹은 입술이나 턱끝이 될 기다란 관들을 달고 있었다.

퀸 빅토리아 병원 의료진에게 빌 폭슬리는 평범한 환자에 속했다. 그의 얼굴은 살갗이 거의 다 떨어져 나가고 추하게 일그러졌다. 윗입술은 다 타서 없어졌고 코의 아랫부분은 녹아내렸다. 촛농처럼 매달린 코끝 양쪽으로는 콧구멍이 넓게 위로 들려 있었다. 붉게 드러난 속살은 물집이 잡힌 데다 번들거렸다. 화상으로 실명된 오른쪽 눈은 그냥 길게 째진 구멍이나 다름없었다. 왼쪽 눈에는 염증이 생겼고, 양쪽 모두 눈썹과 속눈썹은 존재하지 않았다. 손의 상태는 더 심각했다. 손가락이 서로 융합되어 모든 조직과 뼈와 근육이 녹아 한 덩어리로 합쳐지면서, 마치 부풀고 옹이 진 그루터기처럼 변해 있었다.

매킨도의 임무는 폭슬리의 일그러진 얼굴을 재건하고, 끔찍하게 훼손된 두 손을 회복하기 위해 강구할 수 있는 모든 조치를 취하는 것이었다. 다음 몇 달에 걸친 일련의 수술을 통해 폭슬리의 이목구비는 점차로 복구되었다. 첫 단계로 외과의들은 그의 어깨에서 관 모양 줄기피판을 채취해 한끝을 코에 붙였다. 3주 뒤 그 피부판은 뺨에서 코로 연결되었고, 이로써 폭슬리의 머리는 주전자를 닮게 되었다. 그로부터 3주 뒤에는 그 피부판을 사용해 윗입술까지 재건했다. 9주 뒤, 마침내 왈츠형 줄기피판은 임무를 완수했다. 폭슬리의 얼굴이 성공적으로 재건된 것이다.

매킨도가 시행한 수술은 제1차 세계대전 기간에 길리스가 시행한 수술보다 결과 면에서 훨씬 인상적이었다. 비록 폭슬리의 얼굴은 여전히 다소 일그러진 상태였지만, 단 몇 주 만에 매킨도는 그에게 새로운 코와 입술, 유리 눈알을 만들어 주었다. 또한 외과의사들은 그의 남은 손가락을 서로 분리하고 양손을 부분적으로 재건해 냈다.

더욱이 매킨도는 훌륭한 외과의사인 동시에 훌륭한 심리학자이기도 했다. 이스트 그린스테드에서 환자들은 하루하루를 병상에 누운 채로 보내지 않았다. 권고에 따라 그들은 밖으로 나가 돌아다녔다. 어쨌든 그곳의 환자들은 대부분 젊고 기본 체력이 탄탄했다. 부상을 입기 전까지만 해도 각자의 삶을 만끽하던 이들이었다. 아닌 게 아니라 항공병들은 생활이 방탕하기로 악명이 높았고, 그런 이들을 병실에 가둬 두는 것은 치료에 전혀 도움이 되지 않았다.

그들의 부상은 대개 외형적인 부분에 국한되었다. 이는 곧 돌아다니는 데는 아무 문제가 없다는 뜻이었다. 그런고로 환자들은 관 모양 줄기피판을 얼굴에 매단 상태로 운동장에서 축구를 하는가 하면, 동네 펍에서 맥주를 마시거나 읍내 극장에서 영화를 관람하기도 했다. 매킨도는 환자들이 이스트 그린스테드 사회에 가급적 자연스럽게 녹아들 수 있도록 각별한 노력을 기울였다. 퀸 빅토리아 병원을 방문하도록 지역민들을 독려하는 한편, 그 병원에서 행하는 치료의 성격을 사람들에게 틈틈이 설명했다. 노력은 결실을 맺었다. 부상병들은 그 지역 여러 가정에 손님으로 초대되었고 펍이나 레스토랑에서 극진한 대접을 받았다.

그 소도시 사람들은 자신들이 항공병들을 품어 주고 치료에 일조했다는 사실을, 병원과 너른 바깥세상을 잇는 징검다리가 되었다는 사실을 자랑스럽게 여겼다. 퀸 빅토리아 병원의 환자들에게 바깥세상은 살기에 그리 녹록한 곳이 아니었다. 제1차 세계대전 기간에 길리스가 치료한 환자들은, 그의 피나는 노력이 무색하게도, 퇴원 후 대중의 심각한 몰이해에 맞닥뜨렸다. 세상은 이 남다른 귀환자들에게 때때로 지나치게 가혹했다. 그들은 외모로 인해 곤란을 겪었고 사회는 등을 돌렸다. 퇴원한 환자의 다수가 고립된 삶을 살거나, 성냥을 팔고 구걸을 하는 등 밑바닥 생활을 전전했다. 심지어 유랑극단에 '코끼리 인간' 역할로 고용된 이도 있었다. 상당수가 우울증을 앓았고, 일부는 스스로 목숨을 끊었다.

매킨도는 자신의 환자들이 방 안에 갇혀 지내거나 서커스에서 조롱을 당하는 괴물이 아니라, 응당 영웅으로 대접받기를 원했다. 그는 부상병들이 서로를 지지하도록, 스스로의 상처를 자랑스럽게 여기도록 다독였다. 부상병들은 스스로를 기니피그 클럽으로 명명하고는 그들만의 잡지를 제작하는가 하면 (날개 달린 기니피그 형상의) 작은 엠블럼에다 송가까지 따로 만들었다. 첫 구절은 아래와 같다.

우리는 매킨도의 군대, 우리는 그의 기니피그.
피부절편기*와 줄기피판, 의안, 의치, 가발로 무장했다네.

기니피그 클럽과의 밤 외출은 종종 특이한 볼거리를 제공했다. 그들이 즐겨 찾은 장소는 이스트 그린스테드에 자리한 화이트홀 식당이었다. 그곳의 경영자 빌 가드너는 그들의 재활에 매킨도에 버금

---

* 피부절편기dermatome는 이식할 피부편을 채취할 때 쓰는 외과용 기구다. 그러나 이 노래에서는 피부편 자체를 지칭하는 듯하다.

가게 중요한 역할을 했다. 가드너는 3호실에 입원한 환자들을 각별히 아꼈다. 카운터에서 그들과 함께 잔을 기울이면서도, 그들이 너무 많이 마시지는 않도록 신경을 썼다. 병사들과 한담을 나누며 웃음을 선사하는가 하면 분위기가 칙칙하거나 우울해지지 않도록 주의를 기울였다. 그 소도시의 다른 곳들도 비슷한 호의를 베풀었다. 극장에는 기니피그 클럽의 예약석이 마련되었고, 지역의 댄스파티에서는 그들을 단골로 초대했다.

이 모든 장소에서 사람들은 외모가 심하게 망가진 장정들을 볼 수 있었다. 일부는 붕대를 감았고 대부분은 얼굴에 관 모양 살덩이를 달고 있었다. 장정들은 웃고 농담하고 그 지역의 여자들과 담소를 나눴다. 손이 없어진 탓에 술을 마시려면 도움이 필요한 사람도 있었다. 동료들은 그의 입술에 술잔을 대 주었고, 화장실에 갈 때도 도움을 주었다. 이 이상하게 생긴 남자들은 종종 병원의 간호사들을 대동하기도 (하고 그들에게 수작을 걸기도) 했다. 덕분에 기니피그 클럽의 장정들은 차츰 부상을 극복하고 존엄성을 되찾아 갔다. 또한 그중 다수는 그 지역의 여자들, 특히 간호사들과 결혼식을 올렸다.

그 병원의 이야기는 이내 방방곡곡으로 퍼져, 신문과 잡지를 통해 국민적 관심을 얻게 되었다. 영국의 내로라하는 인기 연예인들이 3호실의 이 유명한 영웅들을 만나기 위해 부러 그 소도시를 찾아가 공연을 열었다. 기니피그 클럽을 찾아 위문공연을 펼친 스타 중에는 조이스 그렌펠과 플래너건 앤드 앨런도 있었다. 중견 정치인이며 군 인사 들이 퀸 빅토리아 병원을 방문했다. 지역 신문은 퀸 빅토리아 병원과 "그곳의 환상적 의료진이 이룩한 업적이 세계만방에 알려졌다"라고 보도했다.

매킨도의 군대는 승리했다. 외과의사로서 그가 복구한 것은 비단 연합군 항공병들의 얼굴만이 아니었다. 무엇보다 매킨도는 그들의 자존심까지 복구해 주었다. 빌 폭슬리는 그 자랑스런 생존자의 일원으로서 기니피그 클럽의 모임에 참석했다. 매킨도의 환자들이 대개 그렇듯 폭슬리 역시 이스트 그린스테드에서 보낸 시간을 따뜻하게 회상했다. 그는 매킨도가 그 항공병들 여럿을 런던에 데려갔던 때를 떠올리며 이렇게 말했다. "사람들이 혼비백산했죠. 왜 아니겠어요?"

그뿐 아니라 길리스와 매킨도는 성형외과의 명성도 복구해 냈다. 모습이 흉해진 환자들의 외모를 개선하는 과정에서 두 사람은 새로운 기법들을 개발하고 엄청난 발전을 이뤘다. 그러나 '미모광' 글래디스 디콘이라든가 길리스에게 수술을 부탁한 여관집 딸의 사례에서 보듯, 성형외과의사의 조언을 구하기 위해 반드시 심한 부상을 당할 필요는 없었다. 수많은 사람이 자신의 외모를 고치고 싶어했다. 재능 있는 외과의사에게는 전쟁이 끝남과 동시에 완전히 새로운 기회가 다가오고 있었다.

관 모양 줄기피판의 완전히 새로운 용도

1946년, 런던

해럴드 길리스는 제2차 세계대전 기간에 정부의 자문의로 활동했다. 하지만 이제 길리스는 다시 개인 병원 운영에 전념할 수 있었다. 부유하고 유명한 이들이 비밀리에 주름제거 수술이나 지방제거 수술, 중대 수술을 받기 위해 할리가 외곽에 자리한 그의 진료소를 찾았다. 길리스는 전상을 치료하며 습득한 모든 지식을 활용해 부촌인 나이츠브리지와 메이페어 주민들의 시들어 가는 미모를 되살렸고, 그 대가로 연간 약 130만 파운드를 벌어들였다. 성형수술이 그의 명성을 드높였다면, 미용수술은 그에게 부를 가져다주었다. 그리고 일흔이 가까워진 지금, 길리스는 역사서에 길이 남을 중요한 수술 하나를 앞두고 있었다.

로라 모드 딜런은 잘못된 성별을 가진 채 태어났다. 사는 내내 그는 자신이 남자였어야 한다고 확신했다. 남자 옷을 입었고 거리에서는 남자 행세를 했다. 하지만 로라는 이 정도로 만족하지 않았다. 그는 남자가 되고 싶었다. 고로 로라는 자신의 몸을 변형시켜 남성이 되기로 마음먹었다. 하지만 그 시절, 그러니까 1930년대 말에는 그런 결심을 실행에 옮기기가 결코 쉽지 않았다.

우선 법적으로나 사회적으로 난감한 문제였다. 사회가 그를 도대체 어떤 성별로 대해야 한단 말인가? 더욱이 그런 일이 허용될 가능성 또한 요원해 보였다. 또한 그 외에도 몇 가지 현실적인 문제들이 있었다. 일찍이 그 어떤 외과의사도 여성을 남성으로 바꾸려고 시도한 전례가 없었다. 하지만 로라의 결심은 확고했다. 그는 한 의사를 설득해 테스토스테론 정제를 처방받았다. 로라의 목소리와 외모가 변하기 시작했다. 전쟁 기간에는 유방 절제술, 그러니까 젖가슴을 제거하는 수술을 받았다. 로라는 양성적 인간이 되어 갔지만, 여전히 남자는 아니었다. 그러다 마침내 해럴드 길리스와 연이 닿았다.

철저히 비밀리에 시행된 일련의 수술에서 길리스는 예의 그 관 모양 줄기피판 기법을 사용해 로라의 음경을 형성했다. 먼저 길리스는 옆구리 살에서 채취한 관 모양 피부판을 고리 형태로 살에 연결했다. 그런 다음에는 이 피부 관 속에 연골을 채워 두툼하게 뼈대를 만들었다. 피가 흐르기 시작하자, 옆구리에 연결된 관 끝을 절단하고는 살에 붙은 부속지의 형태를 음경 비슷하게 다듬어 나갔다. 마지막으로는, 로라가 새로 생긴 기관으로 소변을 배출할 수 있게끔 요도에 고무관을 연결했다. 관 모양 줄기피판 덕분에 로라는 마이클이 되었다. 그리고 길리스는 여성에서 남성으로의 성전환 수술에 성공한 세계 최초의 외과의사가 되었다.

마이클의 새 음경은 그저 형태만 음경일 뿐이었다. 다시 말해 발기는 결단코 불가능했고, 그러므로 온전한 성관계도 불가능했다. 하지만 남자가 되니 직업을 갖기가 훨씬 수월해졌다. 마이클은 새로운 법적 이름으로 의대에 입학했고 결국 의사 자격증을 따냈다. 심지어 책을 집필하기도 했는데, 정신적 성별과 신체적 성별이 다른 상태로 태어난 사람들에 관한 내용이었다. 독자 중 누구도 그가 실제 자신의 이야기를 하고 있다고는 생각지 못했다. 까놓고 말해 마이클이 원래 로라였다는 사실은, 만약 그가 상류계급 출신이 아니었다면 끝까지 비밀에 부쳐졌을 공산이 컸다.

마이클의 형인 로버트 딜런 경은 제8대 리스멀런 준남작이었다. 영국 상류계급에 관한 『데브렛스Debrett's』 안내서에 마이클은 로버트 경의 후계자로 등재되었다. 하지만 그에 필적하는 출판물 『버크스 피어리지Burke's Peerage』는 로버트 경의 후계자를 로라로 소개했다. 로라와 마이클은 동일 인물이었고, 그 사실을 누군가가 알아채기까지는 그리 오랜 시간이 걸리지 않았다. 조사 과정에서 『데브

렛스』의 편집자는 이름이 로라에서 마이클로 수정된 출생증명서를 찾아냈다.

그의 이야기가 세상에 알려진 것은 1958년이었다. 파급력은 대단했다. 상류층의 성별 관련 스캔들이라니, 그보다 좋은 얘깃거리가 또 어디 있겠는가? 세계 유수의 언론이 앞다퉈 마이클을 추적하기 시작했다. 그러다 필라델피아의 어느 화물선에서 선의船醫로 근무하던 마이클을 찾아냈다. 기자들은 망설이는 의사를 설득해 인터뷰를 따냈다. 확실히 그는 남자로 보였다. 턱수염이 났고 파이프 담배를 피웠다. 마이클은 자신이 요도하열을 갖고 태어났다고 기자들에게 둘러댔다. 요도하열 환자는 요도 입구가 음경 끝이 아니라 아래쪽에 자리한다. 사실 마이클은 요도하열 환자였던 적이 없었다. 오히려 신체적으로 완벽하게 건강한 여아로 태어났다. 하지만 그는 어찌 보면 당연하게도 기자들에게 진실을 말하고 싶지 않았다. 대신에 그는 보다 완전한 남성으로 거듭나기 위해 힘든 수술을 견뎠다고 말했다.

마이클은 사람들의 관심이 부담스러웠다. 세상이 자신을 혼자 내버려두기를 바랐다. 하지만 이제 이야기가 알려진 이상, 그의 바람대로 이뤄질 가능성은 요원했다. 사회는 마이클을 배척했고 그는 고립되었다. 마이클은 우울증에 빠져 도피하듯 인도로 떠났다가, 결국 티베트의 한 사원에서 수도승이 되었다. 그는 남은 생을 불교와 글쓰기에 바쳤다. 살면서 맞닥뜨린 편견에도 불구하고 훗날 그는 자신의 인생과 행복을 해럴드 길리스 경에게 빚졌다고 적었다.

길리스는 1960년에 사망했다. 그 무렵에도 재건 수술은 여전히 관 모양 줄기피판에 의존하고 있었다. 그러나 관 모양 줄기피판은, 심지어 왈츠형 줄기피판마저도 이런저런 결함을 갖고 있었다. 혈액 공급을 위해 몸에 부착된 상태를 유지해야 했고, 위치를 옮기는 데만 몇 주가 걸렸다. 환자들은 타글리아코치가 줄기피판을 제 위치에 고정할 목적으로 개발한 장치와 비슷한 띠나 구속복을 착용해야 했고, 몸 여기저기 고리 모양의 살덩이를 매단 채 불편함(그리고 당혹감)을 견뎌야 했다. 이제 더 나은 해법이 필요했다. 그리고 1970년대에 외과의사들은 마침내 수술 현미경이라는 해결책을 찾아냈다.

오늘날 외과의사들은 몸의 어느 부위에서든 조직을 채취할 수 있다. 그들은 수술대 위에 설치된 대형 현미경을 사용해 직경이 2밀리미터도 채 되지 않는 미세한 혈관을 연결한다. 현미경의 방향을 수술 부위에 맞춘 뒤 말도 안 되게 작은 바늘과 머리카락보다 가는 실을 사용해 정교하고 세밀하게 봉합을 해 나가는 것이다. 40년 전에 가장 먼저 미세수술을 시도한 중국 외과의사들은 스타킹 한 켤레에서 가느다란 나일론실을 뽑아 봉합사로 사용했다. 클린트 할람의 손 이식수술이 가능했던 이유도 바로 이 미세수술에 있었다(3장 참고).

길리스와 매킨도는 이식한 조직이 살아남는 데 필요한 혈관은 오직 하나의 동맥과 하나의 정맥뿐이라는 사실을 미처 알지 못했다. 다시 말해 동맥과 정맥을 각각 한 가닥씩만 연결해 놓으면, 비교적 큰 면적의 피부와 골 및 근육조직을 예컨대 환자의 다리에서 채취해 얼굴에 이식하는 수술이 가능하다는 얘기였다. 환자의 턱을 재건하는 수술은 이제 한 번으로 충분했다. 굳이 몇 달에 걸쳐 단계적으로 진행할 필요가 없었다. 현미경을 사용한 수술은 재건외과에 혁명을 가져왔고, 관 모양 줄기피판은 역사의 뒤안길로 사라졌다. 다만 다른 모든 방법이 실패하는 경우에 한해 요즘도 가끔은 대안적으로 사용된다.

하지만 미세수술 기법에도 한계는 있었다. 안면 재건 수술 전후 사진을 보면 알 수 있듯이, 신체의 다른 부위에서 채취한 조직으로 얼굴을 복구하는 일에는 여전히 근본적인 문제가 뒤따랐다. 그 문제란 바로, 피부는 언제나 원위치의 피부와 비슷하게 보인다는 점이었다. 팔의 피부는 얼굴의 피부와 달랐다. 통상 더 어둡거나 털이 더 많을 수 있었다. 그러므로 피부를 몸의 한 부위에서 다른 부위로 옮겨 붙이면 그 같은 차이가 명확히 두드러졌다. 일부 외과의사들은 타인의 얼굴 피부를 떼어다 이식하는 것이 유일한 해결책이라고 믿었다.

2005년에는 개에게 얼굴을 심하게 물어뜯긴 서른여덟 살의 이자벨 디누아르가 부분 안면 이식수술을 받았다. 수술을 담당한 프랑스 의료진의 입장에서는 참으로 대단한 기술적 성취였다. 하지만 일부 외과의사들은 그 정도에 만족하지 않고 더 큰 도약을 꾀했다. 그들은 전통적 재건 수술법에서 벗어나 전체 안면 이식술을 시행하고자 했다. 얼굴이 흉하게 변한 이들에게는 그것만이 유일한 희망일 수 있었다.

이를테면 재클린 사브리도의 경우가 그랬다. 그는 스무 살의 밝고 예쁘장한 베네수엘라 여성으로 미국의 텍사스주 오스틴에서 영어를 배우고 있었다. 1999년 9월 18일 밤 재클린은 파티에 갔다가 다른 학생이 운전하는 차 조수석에 타고 귀가하게 되었다. 뒷좌석에는 또 다른 친구 세 명이 앉아 있었다. 새벽 4시였고 도로는 어두웠다. 갑자기 스포츠 유틸리티 차량(SUV) 한 대가 차도에서 그들 쪽으로 방향을 틀었다. 운전자는 만취상태였다.

구급 대원들이 현장에 도착했을 때, 재클린이 타고 있던 앞좌석은 종잇장처럼 구겨졌고 엔진은 불길에 휩싸였으며 도로에는 유리 파편이 깔려 있었다. 운전자는 핸들에 짓눌려 사망했다. 뒷좌석에 앉은 친구 한 명도 사망한 상태였다. 나머지 두 명은 무사히 구조했지만, 재클린은 계기판과 좌석 사이에 끼여 도무지 빼낼 수가 없었다. 그가 도와 달라고 외치는 사이 불길은 더욱 맹렬하게 타올랐다. 구급 대원들이 열심히 불을 껐지만, 정작 재클린을 꺼내 줄 방법은 없었다.

비명이 그쳤다.

마침내 도착한 소방관들이 진화 작업에 나섰다. 재클린의 살갗에 물이 닿으며 김이 피어올랐다. 조수석은 녹아내렸고, 차량 내부는 불에 타서 검게 변했다. 이 끔찍한 파괴의 현장을 목격한 사람 모두가 재클린의 죽음을 확신했다. 차라리 다행이었다. 살아서 견디길 바라기에는 비명이 너무 처참했으니까. 그때였다. 재클린이 몸을 움직였다. 숨이 아직 끊어지지 않았던 것이다.

재클린은 전신의 약 3분의 2에 심각한 화상을 입었다. 얼굴은 거의 완전히 부서졌고, 머리카락은 남김없이 타 버렸으며, 피부는 갈라지고 숯처럼 까매졌다. 손은 곳곳이 떨어져 나갔고, 뼈도 여러 군데가 부러졌다. 아무도 그의 장기적 생존을 기대하지 않았다. 사고를 낸 SUV 운전자는 걸어서 현장을 빠져나왔다. 비록 나중에 음주운전으로 유죄를 선고 받고 교도소에 수감되긴 했지만.

화상 전문 병동에서 밤낮없이 치료 받은 덕분에 재클린은 조금씩 회복되었다. 1999년 9월 이후로 그는 50차례가 넘는 수술을 받았다. 외과의사들은 최선을 다해 재클린의 얼굴을 재건했다. 심지어는 불길에 녹은 눈꺼풀까지 복구할 정도였다. 그러나 어느 순간 전통적 재건 수술로는 어찌할 수 없는 한계에 봉착했다. 더 이상은 해 줄 수 있는 치료가 거의 없었다. 재클린의 얼굴은 여전히 끔찍하게 망가진 상태였다. 이목구비는 일그러졌고, 목은 축 늘어졌으며, 피부는 얼룩덜룩하고 오그라진 데다 누덕누덕했다. 머리카락도 눈썹도 속눈썹도 없었다. 코는 납작하고 비뚤어졌으며, 콧구멍이 위로 들려 있었다. 귀는 한쪽에 잔해만 남았고, 왼쪽 눈은 부어올랐다. 재클린은 1999년의 그 사고에서 끝없이 회복 중이었고 음주운전 근절 운동에 인생을 바쳤다.

피터 버틀러Peter Butler와 같은 성형외과의사는 재클린과 같은 환자들의 경우 안면 이식만이 유일한 해결책이라고 믿는다. 버틀러는 영국에서 손꼽히는 성형외과의사로, 얼굴 교체의 결과를 예측하기 위해 영상 기법imaging technique을 활용한다. 그의 수술 팀은 컴퓨터 화면에서 누군가의 얼굴을 다른 사람의 얼굴에 가상으로 얹어 볼수 있다. 이론상으로만 보자면, 안면 이식의 기술적 문제들은 이미 극복되었다. 물론 오만 가지 거부반응 억제제로 인해 환자의 수명이 10년쯤 단축되겠지만, 수술 자체는 충분히 가능하다. 그러나 윤리적으로 중대한 문제가 있다. 한 사람의 얼굴을 떼어다 다른 사람의 얼굴에 이식하는 일이 과연 옳을까? 우리의 얼굴은 우리의 정체성을 규정하는데, 새로운 얼굴은 우리를 어떻게든 바꿔 놓지 않을까? 공여자의 가족은 어떨까? 사랑하는 가족의 얼굴이 다른 누군가의 몸에 달려 있는 모습에 그들은 과연 어떤 반응을 보일까?

성형외과는 먼 길을 지나왔다. 시초는 옛날 인도에서 시행했다는 투박한 수술일 수도, 타글리아코치가 사용한 가죽 코르셋과 줄기피판일 수도 있다. 성형외과의 진정한 성취는 보톡스나 실리콘, 안면거상술처럼 '미모광'을 위한 미용 수술이 아니라, 끔찍하게 손상된 얼굴을 고치기 위한 노력에 있었다.

수 세기에 걸쳐 외과는 매독 환자들과 몸을 다친 항공병을 비롯한 군인들, 화재나 교통사고를 당한 사람들의 얼굴을 복구해 왔다. 오늘날 외과의사들은, 이를테면 재클린 사브리도처럼 극심한 화상이나 부상을 입은 환자까지 살릴 만한 역량을 갖추었다. 그러나 현대 의학의 눈부신 발전에도 불구하고, 외과의들이 할 수 있는 치료는 딱 거기까지다.

머지않아, 어쩌면 이 책이 출간될 무렵에는 지구상의 누군가가 전체 안면 이식수술을 받았다는 소식이 전해져 있을지도 모른다. 장담컨대 그 이야기는 세상을 떠들썩하게 만들 것이다. 하지만 조직공학tissue engineering이 더 발전하면 궁극적으로 외과의사들은 널찍한 피부편을 실험실에서 배양하게 될지도 모른다. 이미 그들은 사람 귀를 쥐의 등에서 배양하는 실험에 성공한 전적이 있다. 언젠가는 심지어 환자의 DNA 샘플을 사용해 완전하고 새로운 얼굴을 만들게 될지도 모른다. 우리로서는 그저 그 기술이 늙어 가는 할리우드 스타나 타블로이드 신문의 선정적 모델, 현대판 글래디스 디콘의 허영심을 부추기는 일이 아니라, 갈등이나 비극으로 인한 피해자들의 얼굴을 재건하는 일에 쓰이기를 바라는 수밖에 없다.

5장

영혼 수술

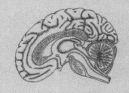

죽었어야 마땅한 남자

1848년 9월 13일, 버몬트

공사장 인부들은 여태껏 피니어스 게이지보다 좋은 십장은 만나 보지 못했다고 입을 모았다. 스물다섯 살인 그는 공정하고 정직했으며, 착실한 일꾼이자 훌륭한 리더였다. 그는 러틀랜드 앤드 벌링턴 철도 회사에 취직했다. 철도 회사의 창립자들은 철로가 머지않아 막대한 부를 가져다주리라 믿었다. 뉴잉글랜드의 숲이 우거진 언덕땅을 굽이굽이 지나는 그 철길은, 버몬트주를 동부의 해안 도시들과 연결함으로써 상업적 거래의 물꼬를 트고 새로운 시장을 조성하여 그 지역 농업과 광업의 번성을 가져다줄 것이었다. 참으로 훌륭한 사업이었다. 또한 게이지처럼 근면하고 빠릿빠릿한 일꾼에게는 최적의 일자리였다.

게이지의 작업반은 이른 아침부터 캐번디시 마을 인근에서 뼈가 빠지도록 일했다. 그들은 노반 공사, 그러니까 철로를 설치할 지반을 닦고 고르는 작업에 한창이었다. 그 일을 위해서는 언덕땅을 깊이 깎아 들어가야 했는데, 화강암 지대다 보니 폭파 작업이 불가피했다. 공사가 끝나면 선로의 급커브를 통과하는 열차들은 암석과의 대비로 인해 장난감처럼 조그맣게 보일 터였다. 첫 번째 증기기관차가 우람한 바퀴 소리와 함께 전조등을 비추며 선로를 타고 마을로 들어오는 순간 느껴질 뿌듯함을 게이지는 머릿속으로 그려 보았다. 그 상상을 현실로 만들기 위해서는 해야 할 일이 아직도 산더미였다. 게이지는 그 모든 일을 제시간에, 최고 수준으로 끝마칠 작정이었다.

게이지는 십장답게 폭약을 다루는 데 능숙했지만, 아무리 그래도 폭파는 까다롭고 위험한 작업이었다. 첫 단계는 인부들을 시켜 암석을 뚫는 일이었다. 하지만 수동 드릴로 단단한 화강암에 구멍을 내기란 그리 만만한 작업이 아니었다. 게이지는 구멍의 위치를 정할 때 특히 신중을 기했는데, 암석의 자연적 균열을 이용해 폭파의 효과를 극대화하기 위해서였다. 다음 단계는 그가 직접 정량의 화약을 그 기다란 구멍에 넣고 도화선을 꽂는 일이었다. 게이지는 쇠막대로 조심조심 화약을 다져 넣은 다음 그 위에 모래를 덮었다. 모래는 폭발이 작은 공간 내에만 국한되도록, 탄약이 바위 안으로 깊숙이 들어가 구멍 밖으로 다시 빠져나오지 않도록, 그래서 궁극적으로는 귀한 화약을 공연히 낭비하지 않도록 돕는 역할을 했다. 마지막으로 게이지는 모래를 야무지게 다진 다음, 도화선에 불을 붙이고는 멀찍이 물러섰다. 여태껏 밥 먹듯이 해 오던 일이었다.

폭약을 하도 많이 다루다 보니 게이지 전용으로 주문 제작한 쇠막대까지 있었다. 쇠막대의 길이는 110센티미터에 조금 못 미쳤고 직경은 3센티미터 남짓이었다. 막대의 한쪽은 폭약과 모래를 다지기 좋게 끝이 둥글고 납작했지만, 다른 쪽은 끝이 뾰족했다. 쇠지레보다는 모양이 투창에 가까웠다. 쇠처럼 굳은 의지를 가진 남자에게 딱 들어맞는 쇠막대였다. 조금 후에 벌어질 일을 생각하면, 꼭 그렇게까지 맞아야 했나 싶을 정도로.

어느덧 4시 30분이었다. 힘겨웠던 일과가 끝나가고 있었다. 게이지는 한시라도 빨리 숙소인 여관으로 돌아가고 싶었다. 작업반 인부들은 대개 저녁 술자리를 고대했지만 게이지는 알코올은 거의 입에 대지 않았다. 인부들이 무개화차에 바윗덩어리를 적재하는 동안 게이지는 언덕 비탈의 또 다른 구역에서 폭파를 준비했다.

구멍 안에 도화선을 넣고 화약을 부었다. 그러고는 예의 쇠막대로 조심스레 화약을 다져 넣었다. 뒤에서 벌어지는 일에 정신이 팔린 채 게이지는 구멍 위로 몸을 기울였다. 모래를 아직 붓지 않았다는 사실을 깜빡했을까? 아니면 미끄러져 균형을 잃은 것일까? 다시 화약을 다지던 그는 쇠막대를 너무 세게 두드린 나머지 화강암에 불을 붙이고 말았다. 불꽃이 도화선으로 옮겨붙었다.

화약이 폭발했다.

쇠막대가 바위 구멍에서 발사된 총알처럼 튀어나왔다. 막대는 게이지의 뺨을 뚫고 들어가 왼쪽 눈구멍 아래 벽을 통과한 다음 뇌의 앞쪽을 지나 정수리를 찢고 빠져나왔다. 두개골이 벌어지는 와중에 쇠막대는 계속 위로 날아가다 24미터 남짓 떨어진 자리에, 피와 뇌 조각들이 묻은 상태로 착지했다. 나중에 보니 쇠막대가 착지한 바위에도 게이지의 뇌 일부가 여기저기 흩뿌려져 있었다.*

게이지는 폭발력에 밀려 뒤로 넘어졌다. 인부들이 달려왔을 때 그는 땅바닥에 쓰러져 경련하고 있었다. 그런데 이게 웬일인가! 잠

---

* 쇠막대를 발견한 이들의 진술을 그대로 옮기면, 그것은 "피와 뇌들로 덮여" 있었다. 그들은 그 막대를 근처 개울에서 씻었지만, 여전히 "기름기"로 번들거렸고 "만지면 기름기 탓에" 미끄러웠다.

시 후 게이지는 말을 하는가 싶더니 일어나서 도로를 향해 걷기 시작했다. 그러고는 사람들의 도움으로 소달구지에 올라탄 다음 1.2킬로미터쯤 떨어진 읍내로 나갔다. 숙소인 조지프 애덤스의 여인숙에 도착했을 때는 가벼운 부축을 받으며 걸어가 베란다에 놓인 의자에 앉았다. 그곳에서 모인 사람들과 담소를 나누는가 하면 부상에 관한 질문에 대답하기도 했다. 살면서 근무를 거른 적이 거의 없었던 게이지는 어서 빨리 철도로 돌아가고 싶다고 말했다.

5시경에는 의사 에드워드 윌리엄스Edward Williams가 도착했다. 의사는 눈앞에 펼쳐진 광경을 믿을 수 없었다. 도무지 말이 되지 않았다. 대체 어떻게 이 남자의 목숨이 아직까지 붙어 있단 말인가? 게이지는 의식이 매우 또렷했다. 그런데도 쇠막대가 정말 자신의 머리를 꿰뚫고 지나갔다고 주장하고 있었다. 한 인부가 증인으로 나섰다. "전부 사실입니다, 선생님. 피투성이에 뇌가 더덕더덕한 쇠막대가 아래쪽 도로에 나동그라져 있었다니까요."

게이지의 뺨에 생긴 화상자국과 그 불쌍한 남자의 얼굴을 타고 흘러내리는 엄청난 양의 핏물, 머리에 삐죽삐죽 붙어 있는 뼛조각을 보면서도 윌리엄스는 그 모든 이야기를 도무지 사실로 받아들일 수 없었다. 얼마 후 게이지가 다량의 피를, 그리고 윌리엄스의 메모에 따르면 "거의 찻잔 반 잔 분량의 뇌"를 바닥에 토하기 시작했을 때에야 비로소 그 의사는 약 3센티미터 직경의 쇠막대가 무서운 속도로 게이지의 머리를 관통했다는 사실을 인정할 수 있었다.

윌리엄스는 극도로 당황한 나머지 치료할 엄두조차 내지 못했다. 결국 1시간 뒤에 또 다른 의사 존 할로John Harlow가 불려왔다. 그때도 게이지는 여전히 베란다에 앉아 이런저런 질문에 답하고 자신의 극적인 사연을 들려주는 와중에, 간간이 정수리에서 입안으로 뚫린 구멍을 타고 흘러내리는 뇌 덩이와 핏물에 뼈까지 토해 내고 있었다. 할로는 "고통을 누구보다 영웅적으로 의연하게 견디는" 게이지의 모습에 크나큰 감동을 받았다. 다량의 출혈로 점점 지쳐 가는 와중에도 게이지는 그 의사를 한눈에 알아보았고 별다른 도움 없이 계단을 지나 자신의 방으로 올라갔다.

할로 역시도 그 혼란한 상황에 다소 움찔하긴 했지만, 훨씬 더 노련하게 사태를 수습해 나갔다. 그의 회상에 따르면, "게이지의 몸과 그가 누운 침대는 글자 그대로 선혈이 낭자했다." 하지만 할로는 물러서지 않고 구멍의 반대편 끝까지 손가락을 찔러 넣었다. "검지를 뺨에 난 상처 입구까지 밀어 넣는데 아무 저항이 느껴지지 않았다. 다른 손가락을 넣었을 때도 마찬가지였다." 훗날 그는 당시를 이렇게 회고했다.

두 의사는 함께 게이지의 상처를 닦고 붕대를 감았다. 그의 머리를 밀고 뼛조각들과 비어져 나온 뇌 한 가닥을 제거했으며, 손과 팔의 화상을 소독하고 붕대를 감았다. 할로는 벌어진 두개골 윗부분을 눌러 최대한 원위치로 돌려놓은 다음 환자를 침대에 눕히고 상체를 받쳐 주었다. 붕대가 점점 피로 물들어 갔다. 인부들은 자발적으로 두 명씩 조를 짜서 게이지 곁을 지켰다.

할로는 다음 날 아침 7시에 다시 돌아왔다. 그때까지도 게이지는 의식이 있었다. 간밤에는 한동안 눈을 붙이기도 했다. 할로는 게이지가 그리 오래 버티지는 못하리라고 여겼다. 장의사가 불려 왔다. 게이지의 관을 짜려면 치수를 미리 재 둬야 했다. 정황상 이는 사려 깊은 행동이었다. 장의사가 치수를 재는 사이 게이지의 어머니가 도착했다. 아들의 마지막 가는 길을 배웅하기 위해서였다.

9월 15일까지 게이지의 상태는 나날이 악화되었다. 그는 의식이 오락가락했다. 정신은 혼미했고 사고는 지리멸렬했다. 16일에 할로 는 붕대를 교체했지만 "냄새 고약한 장액성 고름이 뇌 입자와 뒤섞 여 분비되는 상태"인지라 예후를 낙관할 수 없었다.

할로는 하루도 빠짐없이 게이지를 들여다봤다. 그리고 22일 즈 음에는 (쇠처럼 의지가 굳세고) 완고한 게이지도 마침내 죽음을 준비 하는 듯했다. 그는 거의 잠을 자지 못했고, 침대에서 나오려고 애쓰 는 것처럼 팔다리를 허우적거렸다. 몸은 뜨거웠고, 상처는 악취를 풍겼다. 심지어 의사에게 이렇게 말하기도 했다. "오래 살기는 글렀 습니다."

한 달 뒤 게이지는 계단을 오르내리고 있었다. 심지어 거리에도 나갔다. 상처는 빠르게 아물었고 섭식에도 문제가 없었다. 장운동 은 "규칙적"이었고 언제부턴가 뇌 입자를 토하지도 않았다. 11월 말 엽에는 모든 통증이 잦아들었고 게이지는 "모든 면에서 상태가 나 아졌다고" 의사에게 말했다. 그는 걷고, 말하고, 먹을 수 있었다. 다 만 한 가지 문제가 있었다. 게이지는 이제 더 이상 게이지가 아니 었다.

게이지는 "기묘한 기분"을 느꼈다. 사람들은 그가 완전히 변했다 고 입을 모았다. 사고는 그의 성격을 철저히 바꿔 놓았다. 한때 게이 지는 냉철하고 인내심이 풍부하며 근면하기로 이름난 철도 회사 십 장이었지만, 이제는 저속하고 참을성이 부족하며 충동적이었다. 게 이지는 사람들에게 무례했다. 느닷없이 상스럽고 불경한 말을 내뱉 기도 했다. 다시 십장이 되려고 지원했지만, 기질이 눈에 띄게 달라졌다는 이유로 고용을 거부당했다. 게이지의 태도는 일면 아이 같으면서도 "억세고 짐승처럼 사나운" 데가 있었다.

의학적으로, 게이지가 당한 사고는 단순히 진기한 에피소드가 아니었다. 쇠막대에 게이지의 뇌가 일부 뜯겨 나간 일을 계기로, 의학자들은 정신의 작동 방식을 알아차렸다. 뇌는 그저 균질하고 말캉한 회색 덩어리가 아니었다. 각기 다른 역할을 수행하는 여러 부분들로 이뤄져 있었다. 기능의 국재화localization라고 불리는 이 개념을 토대로 의학자들은 뇌를 이해하고 뇌외과의 잠정적 발전을 이끌 수 있었다.

우리의 성격, 우리의 '자아' 의식을 좌우하는 영역은 이마 뒤쪽에 자리한 뇌의 전두엽이다. 게이지의 쇠막대에 뜯겨 나간 뇌의 일부가, 바위에 흩뿌려졌거나 나중에 그가 바닥에 토한 뇌의 조각들이 바로 그 전두엽에 속해 있었다. 전두엽은 생각과 계획을 담당하는 영역이다. 쇠막대가 뇌를 뚫고 지나가는 순간 성격도 함께 뜯겨 나가면서 게이지는 전보다 충동적인 사람이 되었다. 한 세기 뒤에는 외과의사들이 더 작은 막대들을 사용해 거의 비슷한 효과를 일으킬 수 있게 되었다.

게이지는 끝내 철도 회사로 돌아가지 못했다. 그는 자신의 쇠막대를 동반자 삼아 뉴잉글랜드 지역을 방랑했고, 그러다 결국 뉴욕으로 흘러들었다. 그곳에서 게이지는 저 유명한 바넘 미국 박물관Barnum's American Museum에 스스로를 전시하게 되었다. 고작 몇 센트에 입장객들은, 머리에 구멍이 뚫리고도 목숨을 건진 남자를 구경할 수 있었다. 다만 굉장히 섬뜩한 구경거리를 기대한 사람에게는 대단히 시시할 법한 전시였다. 관람객들은 문제의 쇠막대를 구경할 수 있었지만(그리고 운이 좋으면 만질 수도 있었지만), 머리에 뚫린 구멍이 다 아문 마당에 게이지의 충격적 사고를 입증할 흔적은 거의 남아 있지 않았다. 대신에 방문객들은 게이지가 해골을 들고 설명하는 극적 경험담을 경청할 수 있었다.

1848년 12월에는 게이지의 사례를 다룬 할로의 논문이《보스턴 메디컬 앤드 서지컬 저널Boston Medical and Surgical Journal》에 게재되었다. 주류 의학계는 회의적 시선을 보냈다. 게이지의 생존은 전적으로 불가능하다는 것이 대부분의 의견이었다. 할로가 뭔가를 착각한 것이 틀림없었다. 할로 같은 시골 의사가 뇌 해부학에 대해 제대로 알 리가 없었다. 하지만 1849년 하버드대학교 의과대학의 신임 외과교수 헨리 제이콥 비글로Henry Jacob Bigelow가 게이지의 사례에 관심을 보이면서 판도가 바뀌었다. 그는 게이지의 사고에 대한 상세 보고서를 편찬했고, 게이지를 외과 동료들 앞에 데려와 (문제의 쇠막대와 함께) 보여 주면서, 그의 사례야말로 "역사에 기록된 뇌 손상 가운데 가장 괄목할 만한 사건"이라고 말했다. 비글로 덕분에 게이지의 사고는 의학계의 지대한 관심 속에 외과 역사상 가장 흥미로운 사건의 반열에 올랐다.

처음에 지역 신문은 그 폭발 사건을 단순히 "끔찍한 사고"로만 소개했다. 철도 공사장에서 노동자가 사망하는 일은 비일비재했으므로 그 사고는 대서특필감이 아니었다. 하지만 이제 상황이 달라졌다. 점점 더 많은 신문이 사건의 전말을 알게 되면서, 게이지는 일약 유명인사가 되었다. 기인으로서 미국 전역을 돌며 서커스부터 외과 심포지엄까지 다양한 (그러나 알고 보면 그리 다르지 않은) 행사에 출연한 덕분에 형편도 넉넉해졌다. 게이지는 19세기판 낮 시간대 토크쇼 게스트였다.

그러나 달라진 게이지의 충동적 성격은 그를 다른 방향으로 이끌었다. 달라진 게이지는 자신이 동물과 일하길 좋아한단 사실을 깨닫고 마차 대여소에서 일하기 시작했다. 한동안 그는 칠레에서 말을 돌보며 역마차를 몰았다. 하지만 건강이 나빠지자 1859년에 미국으로 돌아가 캘리포니아의 한 농장에서 일자리를 구했다. 그러던 1860년, 예의 그 치명적 사고가 마침내 그의 목숨을 앗아 갔다.

게이지는 1860년 2월에 밭을 갈다가 뇌전증 발작을 일으켰다. 그리고 생의 마지막 몇 달 동안 발작과 경련은 갈수록 심해졌다. 의사들은 자신들이 할 줄 아는 유일한 치료, 그러니까 사혈 요법을 시행했지만, 짐작건대 별다른 효험을 보지는 못했다. 결국 피니어스 게이지는 1860년 5월에 숨을 거뒀다. 약 110센티미터 길이의 쇠막대가 뇌를 관통한 뒤로도 12년을 더 산 셈이었다.

게이지에 대한 할로의 치료가 모범적이었다고는 해도 파절된 두개골을 다시 짜 맞추는 일은, 심지어 게이지의 경우처럼 심각한 머리 외상을 치료하는 일조차도, 머리를 열고 안을 뒤적이며 뇌를 수술하는 일에 비하면 상당히 단순한 축에 속한다. 외과의사의 대부분은 머리 외상을 고치는 수준 이상의 요법을 어떻게든 피하려고 들었다. 마취제와 해부학의 발전에 이은 조지프 리스터의 무균수술법(1장 참고)이 19세기 의학의 지형을 바꿔 놓았다고는 해도, 뇌는 여전히 두개골이라는 상자에 밀봉된 미지의 영역이었다. 이 상자를 열 준비가 된 외과의사는 극소수에 불과했고, 그 극소수도 대개는 금세 마음을 돌렸다. 이 암묵적 '뇌수술 회피' 규칙의 유일한 예외는 먼 옛날의 천두술trepanning이었다.

천두술은, 이론의 여지는 있지만, 세계에서 가장 오래된 수술법이다. 사지절단술은 근소한 2위일 가능성이 높다. 천두술은 두개골에 약 1.2에서 5센티미터 직경의 구멍을 뚫는 수술이다. 환자의 머리카락을 밀고 두피를 벗겨 내면 선사시대판 외과의사가 날카로운 돌로, 나중에는 조악한 금속제 드릴로 머리에 구멍을 뚫었다.

천두술은 기원전 1만 년 무렵, 그러니까 읽거나 쓰는 법이 개발되기도 전에 널리 통용되었다. 놀라운 부분은, 이렇듯 구멍이 뚫린 두개골을 고고학자들이 세계 전역에서 발견했다는 점이다. 명백히 천두술은 여러 다른 민족에 의해 매우 다양한 지역에서 시행되었다. 이 공동체들은 지리적으로 서로 분리돼 있었다. 그들은 서로 접촉할 방법이 없었다. 접촉은커녕 서로의 존재 자체를 알 길이 없었다. 이는 곧 그 많은 집단이 제각기 천두술을 개발했거나, 그 수술법이 최초의 인류로부터 전해져 내려왔다는 뜻이다.

아니, 왜? 도대체 무슨 의도로 사람 머리에 구멍을 뚫었던 것일까? 역사가들은 그 이유를 다양하게 추측한다. 일부 문명에서는 천두술 자국이 있는 사람들의 머리에서 외상의 흔적이 발견되었다. 이는 곧 천두술이 두부외상의 치료법으로 쓰였다는 방증이다. 그런가 하면 두통이나 뇌전증, 정신이상의 치료법으로 천두술이 쓰였을 가능성도 있다. 아니면 악마를 내보내기 위한 술법으로 쓰였을는지도 모른다. 심지어는 마력을 얻기 위해 천두술을 받았다고 추측하기도 한다. 신들의 세계로 통하는 창문을 내는 술법이랄까.*

19세기의 뇌외과의사들은 우선 세 가지 중대한 난관을 넘어서야 했다. 첫째, 감염을 예방해야 했다. 둘째, 출혈을 조절해야 했다.

셋째, 뇌의 각 영역이 하는 일을 낱낱이 밝혀내야 했다. 그중 감염은 모든 종류의 큰 수술에 적용되는 문제였지만, 수술로 인한 감염은 리스터의 무균수술법을 도입한 이후로 점차 극복되는 추세였다. 출혈 조절은 여전히 난감한 문제였다. 뇌에 존재하는 혈관의 길이는 물경 650킬로미터에 육박하는 데다 공급되는 혈액량이 분당 1리터를 웃도는 까닭이었다. 두피와 뇌, 두개골은 모두 지나치리만큼 피로 충만하다. 그러므로 두피와 두개골, 뇌막을 가르는 일은 환자가 수술대에서 출혈로 사망할 가능성을 수반할 수밖에 없다.

한편 뇌의 작동 방식과 각 영역의 기능을 이해하는 문제를 붙들고 과학자들은 오늘날에도 여전히 씨름 중이다. 피니어스 게이지는 전두엽의 역할을 파악할 단서를 외과의사들에게 제공했지만, 정신세계의 지도를 정확하게 그려내기란 이후로도 줄곧 요원한 일이었다. 이 모든 이유로 외과의들은 뇌손상이나 뇌종양 환자들을 뜻대로 도울 수 없었을뿐더러 정신이상의 외과적 치료법을 알아낼 수도 없었다. 하지만 이렇듯 지식이 부족하고 수술법이 정립되지 않은 환경에서도 일부 외과의들은 꿋꿋이 내일을 준비하고 있었다.

---

* 이쯤 되면 천두술이 아무짝에도 쓸모없다고 여겨질 수 있지만, 천두술은 오늘날에도 여전히 시행된다. 외과의사들은 두개골을 뚫어야만 뇌에 접근할 수 있다. 또한 일부 대체의학자들은 정신 건강의 증진을 위해 천두술을 추천하기도 한다. 일례로 2000년에 한 영국인은 자신의 뇌를 손수 수술하기로 결심했다. 글로스터 출신의 스물아홉 살 여성 헤더 페리는 자신의 머리에 국소마취제를 직접 주사한 뒤 두개골에 약 2.5센티미터 직경의 구멍을 뚫기 시작했다. 불행히도 드릴은 너무 깊이 들어가 뇌막에 상처를 입혔고, 결국 그는 응급의료서비스를 받아야 했다. 이 같은 불상사에도 불구하고 페리는 자신의 행동을 조금도 후회하지 않는다고 기자들에게 말했다.

뇌를 수술하다

1884년 런던, 뇌전증 및 마비 전문 병원

헨더슨에게 문제가 나타난 것은 1880년 즈음이었다. 스코틀랜드 출신의 이 농부는 캐나다에서 일하던 와중에 어느 집에서 떨어진 목재 조각에 머리가 찍히는 사고를 당했다. 그는 충격으로 의식을 잃고 쓰러졌지만 잘 회복했고, 간헐적 두통을 제외하고는 건강을 되찾았다. 그러나 1년쯤 지나자 입의 왼쪽이 실룩거리기 시작했다. 혀의 왼쪽에서도 비슷한 감각이 느껴졌다. 몇 달 뒤에는 발작이 일어났다. 처음에는 "얼굴과 혀의 왼쪽에서 이상한 느낌"이 들다가 몸의 왼쪽을 타고 아래로 퍼져 나갔다. 이 같은 부분발작은 이내 전신경련으로, 종내는 의식상실로 이어졌다.

헨더슨은 증상이 점점 나빠졌다고 의사들에게 말했다. 왼쪽 얼굴의 실룩거리는 감각이 언제부턴가 매일 느껴졌다고 설명했다. 그러다 발작이 점점 잦아지더니 한 달에 적어도 한 번은 의식을 잃게 됐다고도 덧붙였다. 실룩거림은 왼쪽 손과 팔로 퍼져 나갔다. 그러다 왼팔이 점점 약해지더니 더 이상 움직일 수 없게 되었다. 8월 즈음에는 연장을 사용할 수 없어서 억지로 일을 그만두었다. 가을에는 마비가 다리로 퍼졌고, 걸을 때면 눈에 띄게 절뚝거렸다. 결국 11월 3일에 병원에 입원했지만, 상태는 나날이 악화돼 갔다.

내과의사 알렉산더 휴즈 베넷Alexander Hughes Bennett이 헨더슨을 검사했다. 베넷이 남긴 암울한 기록에 따르면, "돌이킬 수 없는 종말이 가까워져" 있었다. 병실 전체가 헨더슨의 비명에 잠을 설쳤다. 마치 머리를 칼로 찌르는 듯한 격통에 그는 죽을 듯이 고함을 질러

댔다. 두통은 때에 따라 12시간까지도 지속되었다. 발작과 산발적 실룩거림, 심한 떨림과 조절 불가능한 구토가 나타났다. 통증을 가라앉히기 위해 베넷은 모르핀을 처방했다. 그러나 얼음찜질도 갖가지 약물도 가없은 헨더슨의 고통을 전혀 덜어 주지 못했다. 상황은 절망적이었다. "돌이킬 수 없는 종말"이 불가피해 보였다. 그러나 베넷의 소매에는 아직 쓰지 않은 카드가 남아 있었다.

헨더슨의 두개골 바깥쪽에서는 문제의 원인으로 볼 만한 징후가 나타나지 않았다. 하지만 베넷은 일찍이 뇌 기능의 국재화를 공부한 적이 있었고, (아직 하나도 발명되지 않은) 영상 장치의 도움도 없이 헨더슨의 병이 뇌종양이라는 진단을 내렸다. 한술 더 떠 그는 종양이 헨더슨의 오른쪽 뇌에 발생했다고 확신했는데, 이는 왼쪽 신체의 운동을 제어하는 영역이 우뇌라는 의사들의 통념에 근거한 추측이었다.

베넷은 문제의 종양을 제거해야 한다고 판단했다. 하지만 그는 외과의사가 아니었기에 리크먼 고들리Rickman Godlee에게 도움을 청했다. 리스터의 조카인 고들리는 최신의 무균수술법에 대한 조예가 남달랐다. 그와 함께 베넷은 살아 있는 인간의 뇌에서 종양을 제거하는 최초의 수술을 계획했다. 수술 날짜는 1884년 11월 25일로 정했다.

수술실은 리스터법에 따라 엄격하게 준비되었다. 수술 기구와 붕대는 석탄산 용액에 담갔고, 외과의사도 석탄산 용액에 손을 씻었다. 헨더슨을 병실에서 데려와 수술대에 눕힌 뒤 나무토막으로 머리를 괴었다. 이윽고 모든 사람이 준비를 마치자, 클로로포름에 적신 거즈를 환자의 얼굴에 얹었다. 헨더슨은 지시에 따라 깊은 숨을 들이쉬더니 점점 무의식의 세계로 빠져들었다. 수술 보조자가 석탄산 분무기를 가동하자 소독제의 미세입자가 환자 주변으로 퍼져 나갔다. 준비는 끝났다. 이제 수술을 시작할 시간이었다.

절개 부위를 결정하기 위해 베넷은 핸더슨의 두피에 선을 몇 개 그렸다. 지도에서 삼각 측량법으로 위치를 파악할 때와 유사한 방식이었다. 환자의 뇌에서 종양이 있을 가능성이 가장 높은 곳을 찾아야 했다. 베넷은 총 네 개의 선을 그은 뒤 한 곳에 가위표를 쳤다. 고들리가 첫 번째 구멍을 뚫을 자리였다.

고들리가 손잡이를 돌리자 드릴이 끼익 하는 소리를 냈다. 비트가 두개골을 파고들수록 두피와 뼛조각이 끼면서 드릴이 뻑뻑해졌다. 고들리는 두개골을 뚫기에 충분하면서도 드릴이 갑자기 쑥 들어가 뇌를 찌를 정도로 과하지는 않은 압력이 가해지도록 주의를 기울였다. 약 2.5센티미터 직경의 두피를 조심스레 제거하고는 구멍을 들여다보았다. 수술 보조자가 석유램프를 들고 핸더슨의 머리를 비췄다. 여기까지는 그럭저럭 순조로웠다. 뇌를 감싸는 뇌막은 괜찮아 보였다. 하지만 고들리가 칼로 찌르자 그 아래서 뇌가 바르르 떨며 부푸는 것처럼 보였다.

두 의사는 구멍을 하나 더 뚫어 보기로 했다. 고들리가 첫 번째 구멍과 살짝 겹치는 위치에 드릴을 대고 손잡이를 돌려 두개골을 뚫기 시작했다. 드릴링을 마친 뒤에는 망치와 끌을 들고 두 구멍 사이의 삐죽삐죽한 모서리를 살살 쪼아 냈다. 확실히 아까보다는 뇌가 더 많이 보였다. 하지만 신속한 논의 끝에 두 사람은 세 번째 구멍까지 뚫기로 했다. 마침내 고들리가 끌질을 마치자 핸더슨의 머리에 삼각형의 개구부가 생겨났다.

천천히, 고들리는 뇌막의 가장 바깥층인 경막을 가르기 시작했다. 그는 굵은 혈관을 건드리지 않도록 신중을 기했다. 경막의 표면을 들어 올리자, 투명하고 단단한 조직 덩이가 밑에서 모습을 드러냈다. 그들이 찾던 종양이었다. 위치는 베넷의 예측과 정확히 일치했다. 막을 조금 더 당기자 종양과 주변 뇌 조직 사이에 폭이 좁은 강철 스패튤러를 끼워 넣을 공간이 생겼다. 고들리는 손가락을 살짝 밀어 넣어 멍울을 빼내려 했다. 하지만 너무 세게 당겼던 것일까? 종양의 윗부분이 그만 뜯어지고 말았다.

수술은 엉망이 되었다. 피가 흘러나와 온갖 표면을 뒤덮었다. 고들리가 외과용 거즈로 닦아 냈지만, 헨더슨의 머리에 뚫린 삼각형의 개구부로 금세 핏물이 차올랐다. 시야를 확보하려 애쓰며, 고들리는 숟가락을 넣어 종양의 잔해를 긁어내기 시작했다. 와중에 건강한 뇌를 너무 많이 제거하지 않으려고 최대한 노력을 기울였다. 종양을 제거한 자리에는 약 3.8센티미터 깊이의 구멍이 남았다. 베넷의 표현을 빌리자면 "비둘기알만 한 크기"였고, 나중에 깨끗한 상태에서 다시 확인한 바로는 "호두알만 한 크기"였다.

양손은 피범벅이 되었고, 그 밖의 모든 것은 어느새 석탄산 분무액에 흠씬 젖어 있었다. 고들리가 구멍을 닫기 시작했다. 이를 위해 그는 외과의 또 다른 최신 기술인 전기소작법을 사용했다(약간의 개량을 거쳐 오늘날에도 여전히 사용되는 방식이다). 전기소작기는 발전된 형태의 소작용 인두였다. 알다시피 소작용 인두는 과거에 사지절단술 과정에서 지나친 조직 손상을 유발했었다(1장 참고). 고들리가 구멍에 전극을 삽입했다. 수술 보조자가 스위치를 돌리자, 고들리는 그 전극으로 피투성이 조직을 지그시 눌렀다. 치익 소리와 함께 출혈이 잦아들었다. 흡족한 마음으로 고들리는 과량의 액체를 제거하기 위해 고무관을 끼운 다음 경막을 봉합하고 구멍을 거즈로 덮었다. 혈액과 척수액이 뒤섞인 채 고무관을 통해 조금씩 흘러나왔다.

이윽고 2시간에 걸친 수술이 종료되었다. 헨더슨은 수술하는 내내 의식이 없었고, 깨어난 뒤에는 별다른 부작용을 겪지 않았다. 더욱 다행스러운 부분은, 머리의 통증과 경련 및 발작이 모조리 사라졌다는 사실이었다. 왼쪽 몸은 여전히 부분적 마비 상태였지만, 이는 충분히 예상한 일이었다. 베넷과 고들리의 노력이 빛을 발하는 듯했다. 헨더슨은 치료되었다.

안타깝게도 헨더슨은 이 놀랍고도 새로운 외과적 요법이 제대로 평가 받을 만큼 오래 살지는 못했다. 고들리의 피나는 노력에도 불구하고 수술 부위가 끝내 감염된 까닭이었다. 베넷은 그 원인이 전기소작기 혹은 외과용 거즈(아니면 수술의들이 마스크나 장갑을 착용하지 않았다는 사실)에 있다고 추측했지만, 일단 감염이 일어난 상황에서는 의사들이 할 수 있는 일이 거의 없었다. 수술 한 달 뒤 헨더슨은, 외과 역사상 실험적 수술을 받은 환자들이 대개 그랬듯, 결국 숨을 거두었다.

궁극적으로 환자를 죽음으로 이끈 수술을 과연 성공적이라고 평가할 수 있는지에 대해서는 의견이 분분하다. 그럼에도 베넷과 고들리의 업적은 존중받아 마땅하다. 그들은 감염을 막기 위해 스스로 생각할 수 있는 모든 조치를 취했고, 그들이 사용한 기법은 클로로포름 마취부터 석탄산 분무와 전기소작법에 이르기까지 빅토리아시대의 최첨단 기술이었다. 베넷은 뇌종양을 올바르게 진단했고, 종양의 위치를 정확히 파악했다. 또한 고들리는 종양을 성공적으로 제거했고, 환자를 수술대에서 잃지 않았다. 수술을 받지 않았다면 틀림없이 헨더슨은 끔찍한 고통 속에 생을 마감했을 터였다. 그러므로 모든 정황을 감안할 때, 베넷과 고들리는 다분히 정당한 결단을 내렸고 그들에게 주어진 찬사는 일면 당연한 것이었다.* 그들은 두개골이라는 밀폐된 상자를 열어 뇌를 수술하는 일이 가능하다는 것을 증명함으로써 신경외과의 지대한 발전을 가져왔다. 이제 뇌수술은 더 이상 외과의사에게 금단의 영역이 아닌 듯했다.

그 후로 20년 동안 수천 건의 뇌수술이 시행되었다. 미국의 경우만 보더라도 1886년부터 1896년까지 500명이 넘는 외과의사가 뇌수술을 시도했다. 이들은 모두 일반외과의사로, 뇌종양을 절제할 때도 병든 충수를 제거할 때와 동일한 수술법을 적용했다. 베넷과 고들리처럼 그들도 수술 후에 환자가 사망한 케이스까지 성공한 수술로 간주하려 들었다. 외과의사들은 그 환자들이 어차피 죽을 운명이었다는 사실을 위안으로 삼았다. 또한 그럼에도 으레 적지 않은 수술비를 받아 챙겼다.

1889년 독일의 외과의사 에른스트 폰 베르크만Ernst von Bergmann은 뇌수술 환자의 사망률을 고찰한 논문을 발표했다. 내용은 암울했다. 평균적으로, 뇌수술을 받은 환자의 절반가량이 사망했다고 적혀 있었으니까. 일부는 수술대에서 출혈 과다로 사망했다. 외과

---

* 나중에 밝혀지긴 했지만, 헨더슨은 사실 끔찍한 고통 속에 생을 마감했다. 다만 그 원인은 뇌종양이 아니라 뇌수막염이었다.

의사가 실수로 주요 혈관을 자르는 바람에 핏물을 분수처럼 뿜어 냈다고 했다. 다른 일부는 외과의사가 종양을 제거하는 데까지 성공했지만 이후에 뇌를 다시 밀어 넣는 데 실패하는 바람에 목숨을 잃었다. 환자의 머리에 뚫린 구멍으로 뇌엽이 항의하듯 불거져 나오자, 외과의들은 그것을 도로 넣으려고 고군분투했다. 하지만 그들은 끝내 경막을 당겨 봉합하지도, 그 위에 다시 두개골을 덮지도 못했다. 마치 물건을 과하게 채운 여행 가방을 닫으려 애쓰는 사람들처럼 거의 익살스럽게까지 보일 지경이었다. 그 결과가 환자의 여지없는 죽음만 아니었다면 말이다.

수술 과정뿐 아니라 진단과 수술 후 처치에도 아쉬운 점이 많았다. 그나마 베넷은 헨더슨의 종양 위치를 정확하게 파악했지만, 다른 외과의들은 그처럼 운이 좋지 않았다. 그들은 뇌의 해부학적 구조를 그저 두루뭉술하게만 이해한 상태였다. 기껏 환자를 마취해 두개골을 드릴로 뚫고 뇌막을 절개했는데, 완벽하게 건강한 뇌가 드러나는 일이 다반사였다. 수술에 성공하기는커녕 공연히 온갖 위험만 자초한 꼴이랄까.

하지만 환자들의 목숨을 가장 많이 앗아 간 원흉은 다름 아닌 감염이었다. 사실 일반적 수술의 경우 대체로 감염이 극복된 상태였다. 하지만 뇌수술은 달랐다. 종양을 제거하고 수술 부위를 무사히 닫는다 해도 환자들은 몇 주 뒤면 감염으로 인해 사망하기 일쑤였다. 심지어 베넷과 고들리처럼 최신의 무균법을 적용한 외과의들도 이 마지막 장애물 앞에서 번번이 좌절을 맛봐야 했다. 이내 가장 열성적인 외과의사들마저도 뇌수술은 안 하느니만 못하다는 생각에 신경외과 수술을 단념해 버렸다. 환자의 높은 사망률은 그들의 평판에 전혀 도움이 되지 않았다. 뇌외과는 여전히 암흑기였다. 뇌수술을 안전하게 만들어 줄 누군가가 절실히 필요했다.

천 개의 뇌를 가진 남자
1931년 보스턴, 피터 벤트 브리검 병원

하비 쿠싱Harvey Cushing은 외과의사들 사이에서 신으로 통했다. 실제로 종종 신처럼 행동하기도 했다. 그는 추앙과 경외의 대상이었다. 환자들은 그를 흠모했고 수술 보조자들은 그를 두려워했다. 쿠싱은 가족에게 차가웠고 친구들을 괴롭혔지만, 환자들에게는 배려와 자상함의 표본이었다. 동료들은 그를 냉혹하고 이기적이라고 묘사했다. 아들이 교통사고로 죽었다는 소식을 듣고도 일에 몰두한 나머지 예정된 수술을 모두 소화할 정도였으니까. 뇌수술에 관한 한 쿠싱은 기적을 낳는 사람이었다. 그는 최초의 진정한 신경외과의였다.

쿠싱의 수술에 참여하려면 각오를 단단히 해야 했다. 어떤 이유로든 8시간까지 지속될 가능성이 있었다. 가끔은 두개골을 열고 마지막에 닫는 일을 다른 외과의에게 맡기기도 했지만, 수술의 책임자는 어디까지나 쿠싱이었다. 쿠싱은 수술대 옆 스툴에 앉아서 수술을 집도했는데, 환자의 머리와 높이를 맞추기 위해서였다. 그의 일솜씨는 찬찬하고, 꼼꼼하고, 철두철미했다. 모든 혈관은 환자의 머리에 뚫린 구멍이 가위형 집게로 촘촘히 둘러싸일 만큼 철저히 차단되었다. 그런 뒤에는 더 작은 와이어클립을 끼운 다음, 열심히 자르고 긁어내고 소작해 가며 종양을 제거했다. 일부 환자들의 종양은 실로 거대했는데, 한 참관자의 기록에 따르면 "오렌지만큼 큰" 것도 있었다.

쿠싱은 수술실의 폭군이었다. 그의 모든 움직임을 완벽히 예측하지 못하는 보조자에게는 악담을 퍼부었고, 그의 장갑 낀 손에 알맞은 수술 기구를 올려놓지 못하는 간호사에게는 고함을 내질렀다. 어설프다 싶은 외과의들은 수술실 밖으로 내쫓았고, 동료들을 면전에서 무시하는 일이 다반사였다. 쿠싱은 스스로에게 엄격했을 뿐 아니라 직원들에게도 같은 수준의 엄격함을 요구했다. 하지만 수술의 결과만큼은 독보적이었다. 쿠싱이 수술한 환자의 사망률은 고작 10퍼센트 안팎이었다. 대부분이 중환자였고 아직 항생제가 없던 시절이라는 점을 감안하면 인상적인 기록이었다.

1931년 4월 15일, 쿠싱은 생애 2,000번째로 종양 수술을 집도했다. 환자는 아이다 허스코위츠라는 서른한 살의 여성이었다. 그는 소모성 두통에 시달렸고 급격히 시력을 잃어 갔다. (다른 수술에 비하면) 특별히 복잡한 수술은 아니었다. 쿠싱은 종양을 성공적으로 제거하고 허스코위츠의 시력을 회복시켰다.*

쿠싱은 1890년대 말엽 외과의사가 되고부터 뇌수술에 관심을 가졌다. 뇌수술 환자의 어마어마한 사망률에도 불구하고, 그는 신경외과가 앞으로 외과의 위대한 혁명을 주도할 분야라 여겼고, 그

---

* 아이다 허스코위츠는 그 후로도 30년 넘게 생존했다. 쿠싱은 직원들에게 혹독했지만, 충실하게도 직원들은 이 역사적 수술이 완료되었을 때 그에게 은제 담뱃갑과 정성 들여 만든 축하 케이크를 선물했다.

혁명에 동참하고 싶었다. 아니, 그저 동참하는 정도가 아니라 선두에 나서기를 원했다. 굳은 의지로 쿠싱은 몇 년 뒤에 목표를 이뤘고, 1930년대 즈음에는 그 분야 최고의 권위자가 되었다. 그가 이룬 혁신은 대부분 소소한 것이었지만, 그 작은 변화들이 모여 뇌수술을 훨씬 안전하고 효과적인 치료법으로 만들었다.

베넷과 고들리가 고전한 결정적 이유 중 하나는 수술 과정에서 흘러나온 다량의 혈액이었다. 쿠싱의 첫 번째 목표는 수술 과정에서 혈류를 차단할 방법을 고안하는 것이었다. 그는 환자의 실혈사를 방지하는 동시에 수술 시야를 확보하고 싶었다. 그의 해결책은 가정용 와이어 조각들로 작은 클립을 제작해 그걸로 동맥과 정맥을 죄는 것이었다. 또한 쿠싱은 혈압 측정용 공기 커프를 지혈대로 사용해 두피로 가는 혈류를 감소시켰다.

쿠싱은 기민하게 신기술을 습득했다. 여느 외과의사보다 먼저 엑스레이를 진단에 활용했고, '전기메스'도 초창기부터 사용했다. 전기메스는 고들리와 베넷이 사용한 기본적 전기소작기 탐침을 개량한 장비로, 덕분에 외과의들은 조직의 절개와 지혈을 동시에 꾀할 수 있었다. 하지만 아쉽게도 전기메스는 환자와 의료진 모두에게 화상과 쇼크를 유발할 수도 있었다. 목격자의 증언에 따르면, 환자가 마치 "개구리처럼" 튀어 올라 수술대에서 떨어질 뻔한 경우도 있을 정도였다. 그럼에도 전기메스는 출혈을 제어하는 데 비교적 확실한 효과가 있었다. 또한 종양을 절제하는 데 특히 유용했다.

감염의 위험은 여전히 외과의사에게 크나큰 골칫거리였다. 쿠싱은 수술 환경의 청결을 누구보다 엄격히 관리했다. 수술실 내의 모든 사람이 마스크를 썼고 집도의는 장갑을 꼈다. 또한 그는 술후 관리의 중요성을 이해했다. 수술한 환자들은 특별 교육을 받은 신경외과 전문 의료진의 지속적 돌봄을 받았다. 때로는 감염의 위험을 최소화하기 위해 환자를 수술실에 남겨두기도 했다. 이 같은 수술 후 치료는 현대의 병원들이 집중치료실을 갖추는 데 선구적 역할을 했다.

쿠싱은 가족이나 동료에게 언제나 냉정했지만, 환자에게는 오히려 정반대의 모습을 보였다. 듣기로 그가 자기 아들의 죽음을 이야기하며 유일하게 감정을 드러낸 때는 어느 죽은 아이의 부모를 위로할 때뿐이었다. 한 사진에서 쿠싱은 어느 말단비대증 환자의 손을 잡고 있다(말단비대증은 뇌하수체에서 성장호르몬을 과잉 분비하는 바람에 손발이나 코, 턱 등의 말단 부위가 비정상적으로 커지는 질환이다). 또 한 장의 감동적인 사진에서는, 머리에 붕대를 감은 병약한 아이의 침대 머리맡에서 봉제 인형을 안고 있다.

쿠싱은 절대 환자가 그냥 죽어 가도록 내버려두지 않았다. 가능한 한 무슨 짓이든 해서 그들을 도우려 했다. 환자들은 그가 매우 점잖고 친절한 데다, 동정심과 이해심이 충만했다고 입을 모았다. 당대의 (그리고 이후의) 다른 일부 고매한 외과의사들과 달리, 쿠싱은 손수 환자의 몸을 닦거나 변기를 처리하고는 했다. 또한 이렇듯 정성스런 치료와 뛰어난 수술 솜씨에 대한 보답으로, 환자들은 사후에 자신들의 뇌를 그에게 기증했다.

쿠싱 종양 등록소Cushing Tumour Registry의 독보적 수집물 중에는 사진과 글, 병원 기록에 뇌까지 포함돼 있다. 정말이지 많은 뇌가 모였다. 예일대학교 기록 보관소에는 30년 넘게 수집한 약 1,000개의 뇌를 담은 병이 마치 사탕 단지처럼 선반에 배열돼 있다. 각 병에는 병태를 소상하게 적은 라벨이 붙어 있고, 안에는 쿠싱이 수술한 환자의 육신에서 분리된 뇌가 담겨 있다. 보존액에 담긴 각 뇌의 주름과 굴곡은 각자의 뇌질환에 관한 유일무이한 기록이다.

하지만 쿠싱의 대표적 유산은 비단 이 병들만이 아니다. 그가 개발한 수술법들 또한 오늘날에도 여전히 사용된다. 쿠싱은 차세대 신경외과 의사들을 양성하는 데 이바지했고 그가 이룩한 업적은 향후 신경외과의 발전을 이끌었다. 무엇보다 쿠싱은 현대의 뇌수술을 가능케 했다. 이제 외과의들은 뇌를 수술하면서도 환자의 생존을 확신할 수 있다.

안타깝게도, 쿠싱이 현대 의학의 장벽에 맞서 분투하는 동안 다른 이들은 마치 암흑기를 되돌리려 작심한 듯한 행보를 보였다.

월터 프리먼, 뇌엽을 절단하다

1936년 워싱턴

월터 프리먼Walter Freeman이 그 일을 한 데는 여러 이유가 있었다. 이를테면 정신병원의 불결한 병실에 누워 있거나 벽들을 바라보는 환자들, 비명을 지르거나 신음을 내뱉는 환자들, 보이지 않는 악마들을 향해 고함을 지르거나 고무 벽의 모퉁이에 웅크린 채 누워 있는 환자들이 바로 그 이유들이었다. 그런 사람들에게는 희망이 없었다.

월터 프리먼은 1924년 워싱턴에 있는 세인트 엘리자베스 병원St Elizabeths Hospital에 연구 책임자로 부임했다. 그리고 그곳에서 마주한 광경에 큰 충격을 받았다. 그 대규모 보호시설의 혼잡한 병실을 거니는 동안 프리먼은 두려움과 역겨움, 부끄러움을 느꼈다. 그의 주위로 몰려든 환자들이 두려웠고, 벽에 묻은 배설물이 역겨웠으며, 그 불쌍한 사람들을 적극적으로 도울 수 없는 의사들의 무력함이 부끄러웠다.

정신병원은 흔히 뱀 굴로 통했다. 그곳은 사회가 정신질환자들을 쌓아 놓는 창고나 마찬가지였다. 환자들은 대체로 몇 년씩, 때로는 죽을 때까지 감금되었다. 정신병원은 공포와 절망의 장소였다. 병상으로 빽빽한 입원실은 움직일 공간이 거의 없었다. 시트가 지저분했지만 환자들은 대부분 개의치 않았다. 그들을 보살필 인력은 턱없이 부족했고, 그나마도 대개는 간병인이라기보다 교도관처럼 굴었다.

병실을 가로지르고, 벽면에 부상 방지용 완충재를 댄 방들을 지나, 육중한 철제 출입문을 통과하는 동안 프리먼은 누구라도 결코 잊을 수 없을 법한 장면들을 맞닥뜨렸다. 피부를 할퀴지 못하도록 양손이 묶인 채 바닥에서 버둥거리는 젊은 남자들이 있었다. 건장한 잡역부에게 붙잡혀 입 벌리는 기구를 끼운 채 강제로 음식을 받아먹는 환자들도 보였다. 개중에 갑자기 폭력을 휘두르고 욕설을 내뱉는 환자들은 가차 없이 독방으로 끌려 들어갔다. 그런가 하면 앉아서, 그저 앉아서, 마치 뇌가 정지한 것처럼 허공을 응시하는 이들도 있었다.

세인트 엘리자베스 병원은 미국 최대 규모의 정신병원이었지만, 세계 곳곳의 다른 병원들과 별반 다를 것이 없었다. 정신병원에 입원하는 환자는 매년 약 80퍼센트씩 증가하는 추세였지만, 그중 치료다운 치료를 하는 곳은 아쉽게도 없다시피 했다. 대체로 의료진이 해 줄 수 있는 최선의 치료는 환자의 생명을 유지하는 것이었다. 자살을 시도하는 환자들은 결박하거나 지속적으로 감시했다. 유일한 희망은 정신질환자들이 병원에서 일정 기간 '요양'을 거친 뒤 자연적으로 회복하는 것이었다. 대부분의 환자에게는 병원 생활이 정반대의 효과를 가져왔고 그들의 상태는 더욱더 악화되었다.

1940년대에는 뇌의 건강을 되돌리기 위해 충격요법이, 때로는 정말 충격적인 요법이 사용되었다. 의사들은 조현병 환자에게 인슐린을 과량으로 주사하여 경련을 유도했다. 메트라졸이라는 약물을 사용해 발작을 유도하는 의사들도 있었다. 메트라졸 경련은 강도가 너무 세서 종종 환자들은 고통으로 몸을 뒤틀다 척추가 부러지고는 했다. 환자들은 제발 그 고통스런 치료를 멈춰 달라고 의사들에게 애원했지만, 발작이 극적인 치료 효과를 발휘한 사례가 제법 알려진 터라, 의사들은 그들의 호소를 귓등으로도 듣지 않았다.

충격요법 가운데 가장 논쟁적인 방식은 ECT, 즉 전기충격요법 Electroconvulsive shock therapy이었다. 도축할 돼지를 전기충격으로 기절시키는 장면을 목격한 이탈리아인이 고안한 이 요법은 정신의학자들의 관심을 끌었다. 그도 그럴 것이 빠르고 싸고 사용하기 쉬운데다, 메트라졸보다 조절이 용이하기 때문이었다. 환자의 행동 조절에 사용될 수 있다는 것 또한 ECT의 장점이었다. ECT가 정신질환의 치료에 효과적이라는 증거는 충분하다. 또한 오늘날에도 환자가 전적으로 동의할 경우 통제된 환경에서 여전히 사용된다. 하지만 1940년대에 세계 곳곳의 병원에서는 ECT가 환자의 제압 수단으로 사용되었다.

절차는 굉장히 간단했다. 환자를 침대에 강제로 눕힌 다음 머리 양쪽에 전극을 위치시키면 그만이었다. 일부 ECT 기기는 의사들이 잡을 수 있도록 새총처럼 생긴 Y형 전극을 사용했다. 전류가 흘러 전기가 발작을 유발하면 환자는 온순하고 조용해졌다. 공격적인 환자들은 하루에도 몇 차례씩 전기충격으로 제압을 당했다. 얌전히 굴지 않는 환자들은 ECT로 위협을 당했다.

이곳이 바로 월터 프리먼 선생이 일하는 세계였다. 그리고 프리먼은 그 세계를 바꾸기로 마음먹었다. 뇌의 기능적 국재화는 이제 보편적인 이론이었다. 프리먼은 정신질환이 뇌의 물리적 결함에 기인한다고 확신했다. 충격요법의 명백한 효과는 그러한 관점을 뒷받침했다. 하지만 그는 뇌에 전기충격을 가하기보다 뇌의 배선을 모조리 바꾸고 싶었다.

프리먼은 정신질환의 근본적 원인을 파헤치기로 결심했다. 그는 실험실에서 끊임없이 연구에 매진했다. 수많은 뇌를 자르고 갈라 면밀히 분석했다. 죽은 정신질환자들의 뇌를 밤낮없이 측량하고 '건강한' 뇌와 비교했다. 프리먼은 뇌 해부학의 권위자가 되었다. 하지만 아무리 많은 뇌를 자르고 토막 내고 측량하고 분석해도 심각한 정신질환 환자의 뇌와 다른 이들의 뇌를 구별할 단서를 도저히 찾아낼 수 없었다. 마치 막다른 길에 다다른 기분이었다. 존재하지 않는 물리적 결함을 찾느라 프리먼은 인생의 몇 년을 허비했다. 그러던 차에 우연히 포르투갈 외과의사 에가스 모니스Antonio Egas Moniz의 연구 결과를 접하게 되었다.

1935년에 모니스는 급진적이고도 새로운 수술을 단행했다. 이름하여 백질절단술leucotomy이라는 수술이었다. 절차는 이랬다. 환자의 전두엽을 덮는 두개골 앞면에 몇 개의 구멍을 뚫는다. 그런 다음 모니스가 직접 고안한 류코톰leucotome이라는 길쭉한 기구를 끼워 넣는다. 외과의가 플런저를 누르고 류코톰을 회전시키면, 뇌의 심부가 1센티미터 직경으로 뽑혀 나온다. 마치 사과 심을 제거할 때처럼. 보통 그는 뇌의 심부를, 한 수술에 약 네 군데씩 채취했다. 모니스는 자신의 수술이 3건당 1건꼴로 성공했다고 주장했는데, 여기에는 제법 그럴듯한 이유가 있었다. 비록 백질절단술의 작용 원리에 대한 과학적 설명을 제시하지는 못했지만, 모니스는 그 수술이 환자를 더 차분하고 침착하게 만든다고, 불안과 정신병 증세를 없애 준다고 말했다. 환자들의 지능에는 전혀 영향을 미치지 않으면서 그들이 다시 정상적 삶을 영위하도록 해 주는 수술이라는 것이었다.*

프리먼은 모니스의 연구를 접하고 강렬한 흥분에 휩싸였다. 프리먼이 내내 품어 온 생각, 수술이 답이라는 믿음의 타당성을 모니스가 증명했으니까. 프리먼은 여러 정신질환의 원인이 시상視床—뇌의 안쪽 깊숙이 자리하는 작은 구조물—과 전두엽에 있다는 믿음을 굳히게 되었다. 시상은 인간 감정의 근거지라고 프리먼은 믿었다. 만약 그가 뇌의 앞부분에서 그 연결부를 끊어 낼 수만 있다면, 온갖 끔찍한 감정을 약화시켜 환자들을 치료할 수 있을 터였다.

프리먼은 그 포르투갈 외과의사의 열렬한 지지자가 되었다. 그는 모니스의 수술법을 차용해 자기 것으로 만들기로 마음먹었다. 마침내 프리먼은 세인트 엘리자베스 병원의 환자들을 도울 수 있었다.

---

* 1949년에 모니스는 '백질절단술의 특정 정신병에 대한 치료적 가치를 발견'한 공로로 노벨상을 수상했지만, 그의 사후에 상을 박탈해야 한다는 캠페인이 전개되기도 했다.

또한 덕분에 유명해져, 여러 위대한 의료계 선구자들과 어깨를 나란히 하게 될 수도 있었다. '월터 프리먼, 엽절단술lobotomy의 창시자'라는 문구가 벌써부터 눈앞에 아른거렸다.

그러나 한 가지 문제가 있었다. 프리먼은 외과의사가 아니었다. 고로 그는 제임스 와츠James Watts라는 젊은 신경외과의사를 보조자로 수술에 참여시켰다. 두 사람은 프리먼의 엽절단술을 받을 첫 환자로 앨리스 해멋이라는 예순세 살의 여성을 선택했다. 해멋은 우울증과 불안증에 불면증까지 앓고 있었다. 때때로 자살을 기도했고 언제나 초조해했다. 치료 받지 않으면 결국 정신병원에서 생을 마감할 운명이었다. 프리먼의 관점에서는 이상적 환자였다. 1936년 9월 14일 워싱턴에 있는 조지 워싱턴 대학병원 수술실에서 해멋은 잠에 빠져들었다.

프리먼은 몇 발 떨어진 스툴에 앉아 수술을 감독했다. 와츠는 머리를 민 해멋의 두피 세 곳에 조심스레 절개를 가했다. 그런 다음에는 드릴로 두개골 양쪽에, 구체적으로는 귀 위로 이마 뒤편에 하나씩 구멍을 뚫고는 류코톰을 왼쪽 구멍에 찔러 넣었다. 와츠가 류코톰의 플런저를 눌러 뇌 조직의 심부를 절제했다. 마치 버터를 자르는 듯한 느낌이었다. 프리먼이 몸을 가까이 기울이며 와츠에게 뇌심부를 더 많이 잘라 내라고 지시했다. 마침내 프리먼의 지도하에 와츠는 두 개의 구멍에서 도합 열두 곳의 심부를 잘라 냈다. 그다지 정밀한 수술은 아니었다. 한 번은 와츠가 류코톰으로 혈관을 쑤시는 바람에 개구부로 핏물이 꼴꼴 흘러나오기도 했다. 하지만 환자는 괜찮아 보였다. 걱정할 것은 없었다. 약 1시간 뒤, 세계 최초의 엽절단술이 종료되었다.

해멋은 빠르게 회복했다. 그는 기민하면서도 훨씬 차분해 보였다. 불안증은 사라졌다. 사실 그는 자신을 괴롭히던 온갖 문제의 원인 자체를 잊은 상태였다. 해멋은 글자를 읽을 수 있었고, 가족들의 이름을 기억했으며, 몇 달 만에 처음으로 숙면을 취했다. 나중에 프리먼이 보고한 연구 결과에 따르면 해멋은 "가정과 살림"을 훌륭히 보살폈고, "사람들과의 만남을 즐겼으며, 극장에 다니고, 자신의 차를 손수 운전했다." 놀라운 결과였다. 그의 말마따나 해멋의 상태는 "눈에 띄게 호전되었다." 하지만 수술 몇 달 뒤 해멋은 경련을 일으켰다. 아무래도 수술과 관련이 있는 듯했다. 프리먼의 기록에 따르면, 낙상으로 손목이 부러졌고, "게을러"졌으며, "때때로 폭력적 언사"를 남발했다. 그럼에도 불안증만은 끝내 재발하지 않았고, 비교적 평범한 삶을 꾸려나갔다.

프리먼은 수술이 대성공을 거두었다고 판단하고는 동료들에게 서둘러 소식을 알렸다. 그가 해멋의 사례를 상세히 설명한 논문을 발표하자 학계는 엽절단술에 대해 엇갈린 평가를 내놓았다. 훌륭한 발상이라고 추켜세우는 이들이 있는가 하면, 그처럼 극단적이고 검증되지 않은 수술을 시도했다는 사실 자체에 분개하는 이들도 있었다. 하지만 프리먼은 정신질환이라는 난제의 외과적 돌파구가 마련됐다고 전적으로 확신했다. 더욱이 그는 사람들을 설득할 묘수를 알고 있었다. 의료계 전문가들이야 뭐라고 떠들든 말든, 자신의 급진적이고 새로운 수술법을 대중에게 직접 소개하기로 결심한 것이다.

언제나처럼 장황한 (그러나 쉼표로 교묘히 위장한) 헤드라인이 《뉴욕타임스》 1면을 장식했다. "병든 영혼을 수술하여, 강박증을 해소하다"라는 제목의 그 기사는 프리먼의 새로운 수술법을 "정신외과적 수술"이자 "영혼의 수술"이라고 일컬었다. 수술을 통해 프리먼은 "인간의 성격에서 병든 부분들"을 잘라 내고 "거친 짐승을 점잖은 사람"으로 바꿀 수 있었다. 해당 기사에 따르면 프리먼이 치료한 환자 20명 가운데 15퍼센트(3명)는 증세가 "크게 호전"되었고, 그보다 많은 50퍼센트(10명)는 "알맞게 호전"되었다. 이어서 그 기사는 해멋을 포함한 두 환자의 사례를 상세히 설명하면서도, 수술 후 사망한 두 환자의 사례라든지 일부 "권위 있는 신경학자들"의 비판에 대해서는 비중 있게 다루지 않았다.

이 새롭고 흥미로운 수술의 홍보에 발 벗고 나선 신문은 비단 《뉴욕타임스》만이 아니었다. 엽절단술은 기적이요, 경이로운 치료법이었다. 또한 어느 감상적 뉴스 기사에 따르면 "이 시대의 가장 위대한 과학적 혁신"이라 불릴 만했다. 이렇듯 광기를 치료하고 수술로 마음을 치유할 줄 아는 의사는 유사 이래 프리먼이 처음이었다.

이 같은 대대적 찬사에도 불구하고 현실은 세상의 기대에 부응하지 못했다. 프리먼의 초기 환자 가운데 다수는 거의 곧바로 증상이 재발했다. 그의 해결책은 환자를 다시 수술실로 데려가 뇌의 더 많은 부분을 도려내는 것이었다. 그런가 하면 끔찍한 부작용에 시달리는 환자들도 있었다. 그들은 수술 이후로 어린아이처럼 행동했다. 기본적 기능을 수행하는 방법을 (심지어 변기 사용법까지도) 새로 배워야 했고, 기력과 자제력이 부족했다. 요컨대 그들은 피니어스 게이지가 겪었던 현상을 겪고 있었다. 수술을 받기 전의 모습과는 완전히 다른 사람으로 변해 버린 것이었다.

이후로 5년에 걸쳐 프리먼과 와츠는 더 많은 환자에게 엽절단술을 시행함으로써 자신들의 기법을 완성해 나갔다. 프리먼이 계속 늘어 가는 환자들을 치료하며 정진하는 사이, 다른 외과의사들도 그의 수술법을 받아들이기 시작했다. 오래지 않아 프리먼과 와츠는 환자를 의식이 있는 상태에서 국소마취하에 수술하는 경지에 이르렀다. 프리먼은 종종 환자들에게 숫자를 세거나 노래를 불러 보라고 했는데, 류코톰의 효과를 실시간으로 확인하기 위해서였다. 한번은 상황에 어울리지 않게 주기도문의 암송을 요청한 적도 있었다.

1941년에 프리먼은 조 케네디로부터 딸 로즈메리를 수술해 달라는 부탁을 받았다. 로즈메리는 장차 대통령이 될 존 F. 케네디의 여동생이었다. 엄밀히 따지면, 로즈메리는 엽절단술에 적합한 환자가 아니었다. 조용하고 아름다운 그에게는 심각한 이상의 징후가 거의 나타나지 않았다. 하지만 학습장애나 우울증이 의심되었고, 사람들은 그의 정신이 온전하지 않다고 수군거렸다. 케네디와 같은 명문가의 규수에게는 달갑지 않은 이야기였다. 조 케네디는 말솜씨가 능란했고, 결국 프리먼과 와츠는 로즈메리를 수술하기로 결심했다.

수술은 비밀리에 진행되었다. 조 케네디는 아내에게조차 알리지 않았다. 마취에서 깨어났을 때 로즈메리는 아주 딴사람이 되어 있었다. 느리고 무표정했으며 움직이거나 말하기를 힘들어 했다. 결국 다시 걷는 법을 배우기는 했지만 영구적 장애를 얻어 위스콘신주에 자리한 생활시설에 들어가게 되었다. 안부를 묻는 이들에게 케네디는 로즈메리가 정신질환을 앓는다고 둘러댔다. 엽절단술을 받았다는 사실을 밝히느니 그 편이 낫다는 생각이었다. 프리먼은 프리면대로 그 수술에 대해 끝까지 함구했다. 자신의 영달을 위해서라도, 세간의 이목을 끌 만한 실패를 굳이 상세히 알릴 필요는 없었다.

이 예기치 않은 난관에도 불구하고 프리먼은 승승장구했다. 하지만 그는 만족하지 않았다. 엽절단술은 긴 시간을 요하는 수술이었고, 정신병원은 환자들로 넘쳐났다. 이 기적의 영혼 수술을 필요로 하는 환자 모두를 그는 도저히 감당할 수 없었다. 프리먼을 좌절시킨 또 한 가지는, 엽절단술을 집도할 자격이 오직 신경외과 전문의에게만 있다는 사실이었다. 프리먼은 자신이 직접 그 수술을 집도하고 싶었다. 그러려면 더 단순하고 빠른 수술법을 고안해야했다. 그날이 올 때까지 엽절단술은, 어디까지나 "최후의 수단"일 터였다. 하지만 변화는 어느새 성큼 다가와 있었다.

엽절단술과 대량생산 시스템

1946년 1월, 워싱턴

엘런 이오네스코라는 스물아홉 살 여성이 프리먼의 진료실에 도착했다. 남편과 딸도 함께였다. 프리먼은 이 가족의 마지막 희망이었다. 프리먼마저 실패하면 엘런은 병원에 입원할 수밖에 없었다. 그대로 두었다가는 언제 스스로 목숨을 끊어 버릴지 몰랐다. 지난 몇 주 동안 엘런은 상태가 악화되었다. 심각한 우울증을 앓았고 며칠 동안 침대에만 누워 있었다. 편집증이 있었고 자살 충동에 시달렸으며 발작적으로 끔찍한 폭력성을 드러내곤 했다. 한번은 여섯 살배기 딸아이를 질식시키려 한 적도 있었다.

창으로 비쳐 드는 햇살을 받으며 프리먼은 환자를 검사하고 치료 계획을 차근차근 설명했다. 확실히 엘런은 즉각적 치료가 필요해 보였다. 당연히 새로운 수술은 언제나 위험을 동반하지만, 프리먼의 친절하고 든직한 설명에 가족은 이내 마음을 열고 수술에 동의해 주었다. 누가 뭐래도 프리먼은 명의 중의 명의였으니까. 프리먼이 환자를 안쪽 방으로 데려갔다. 장비는 이미 준비돼 있었다. 엘런을 진찰대에 눕혔다. 그리고 말해 주었다. 수술은 그리 오래 걸리지 않을 거라고, 눈 깜짝할 사이에 끝내고 집으로 돌아갈 수 있을 거라고. 이어서 그는 비서에게 엘런이 타고 갈 택시를 불러 두라고 일렀다.

프리먼이 엘런의 입에 슬쩍 고무관을 물린 다음 ECT 전원을 켰다. 곧이어 전극이 달린 띠를 환자의 머리에 둘렀다. ECT 기기가 윙윙거렸다. 프리먼은 남편을 시켜 엘런을 단단히 붙들었다. 그러고는 스위치를 눌렀다. 전극의 탁탁거리는 소리와 함께 엘런이 턱을 앙다물고 머리를 좌우로 뒤틀며 진찰대에서 경련을 일으켰다. 프리먼이 다시 스위치를 누르자, 이윽고 환자는 전기충격으로 인해 무의식의 세계로 빠져들었다. 이제 수술을 시작해야 했다.

프리먼은 환자의 양쪽 눈 밑으로 천을 덮은 다음, 한쪽 윗눈꺼풀을 젖히더니 얼음송곳을 집어 들었다. 미국 가정에서 흔히 볼 수 있는 평범한 얼음송곳이었다. 얼핏 끌처럼 보이는, 자루가 길고 목제 손잡이가 달렸으며 끝이 단단하고도 뾰족한 연장이었다. 심지어 옆면에는 유라인아이스컴퍼니라는 회사명까지 찍혀 있었다.

왼손으로 윗눈꺼풀을 잡은 채 프리먼은 오른손으로 얼음송곳의 끝을 안와(눈구멍) 꼭대기에 끼워 넣었다. 그러고는 안구가 다치지 않도록 주의하며 얼음송곳을 콧선을 따라 비스듬하게 위로, 눈물길 방향으로 밀어 넣었다.

그렇게 얼음송곳을 고정한 상태에서 그는 망치를 향해 손을 뻗었다.

탁, 탁.

안와의 맨 위쪽 뼈가 얼음송곳에 뚫리며 오지끈 소리가 났다. 프리먼은 얼음송곳을 더 깊숙이, 뇌의 전두엽 쪽으로 밀어 넣었다. 그런 다음에는 송곳을 좌우로 살살 움직여 신경조직을 잘랐다. 얼음송곳을 더 깊숙이 밀어 넣었다. 그러고는 마치 와이퍼가 앞 유리를 닦을 때처럼 이쪽저쪽으로 움직였다. 2분쯤 뒤에는 얼음송곳을 마지막으로 비튼 다음 순식간에 안와 밖으로 뽑아냈다.

10분도 채 지나지 않아 수술은 마무리되었다. 환자의 의식이 돌아오기 시작했다. 엘런은 부축을 받으며 진찰대에서 내려왔지만, 제대로 걸을 수가 없었다. 지남력을 상실한 까닭이었다. 게다가 얼음송곳을 끼웠던 쪽의 눈자위는 온통 시퍼렇게 멍들어, 마치 흠씬 두들겨 맞은 사람을 보는 듯했다.

일주일 뒤 프리먼은 엘런의 반대쪽 눈꺼풀마저 젖히고 두 번째 엽절단술을 단행했다. 하지만 앞으로는 1, 2차로 나눌 것 없이 양쪽을 동시에 시행할 작정이었다. 침상에서 며칠을 보낸 뒤 엘런은 몰라보게 달라져 있었다. 예의 광기는 온데간데없고 차분하면서도 평온해 보였다. 정원을 가꾸기 시작하더니 상점에서 일하다 마침내 간호사 양성 과정까지 밟게 되었다. 엘런 이오네스코는 자신의 삶을 되찾았다.

프리먼은 이 새로운 수술법을 안와경유 엽절단술transorbital lobotomy이라고 이름 붙였다. 안와경유 엽절단술은 빠르고도 간편했다. 마취의나 외과의는 물론이고 수술실도 필요 없었다. 유난스레 무균수술법을 지키고 마스크나 장갑을 착용할 필요도 없었다. 얼음송곳을 확실히 살균하는 것만으로 충분했다. 무엇보다 큰 장점은 수술의 전 과정이 거의 누구나 할 수 있을 만큼 간단하다는 것이었다. 프리먼의 기쁨은 이루 말할 수 없었다. 이제 그는 정신질환으로 고통받는 수천 명의 삶을 개변하는 한편, 다른 의사들을 교육할 수도 있을 터였다. 바야흐로 정신외과의 대중화라는 새로운 물결이 밀려오고 있었다! 헨리 포드가 자동차의 대량생산 시스템을 개발한 것처럼 프리먼도 엽절단술의 대량생산 시스템을 창안한 것이었다.

프리먼은 캠핑용 자동차를 타고 미국 전역을 돌며 자신의 수술법을 알리기 시작했다. 이후로 몇 해에 걸쳐 나라 곳곳을 누비며 안와경유 엽절단술을 시행한 그는, 유럽으로도 건너가 여러 크고 작은 병원에서 환자를 한 명, 한 명 수술해 나갔다. 어느 정도 능숙해진 뒤에는 수술법을 가다듬기 시작했다. 오른손잡이임에도 왼손까지 사용해 양손으로 동시에 얼음송곳을 찔러 넣는가 하면, 목수들이 즐겨 쓰는 나무망치를 수술에 활용하기도 했다. 놀랍도록 간단한 수술이었다. 한번은 하루에 환자를 25명이나 수술하기도 했다. 언제부턴가 프리먼의 수술은 마치 공연처럼 변질되었다. 의사와 기자는 물론이고 가끔은 호기심 많은 구경꾼들까지 홀린 듯 그의 수술 과정을 지켜보았다.

환자의 눈구멍에 얼음송곳을 밀어 넣는 광경도 충분히 끔찍했지만, 소리는 정말이지 섬뜩하기 짝이 없었다. ECT 기기의 소음 뒤에 는 망치질 소리와 뼈 부서지는 소리, 얼음송곳을 휘젓다가 다시 뽑아내는 소리가 이어졌다. 새로운 환자가 멍들고 욱신거리는 눈으로 진찰대에서 내려와 지남력을 상실한 채 비틀거릴 때마다, 프리먼의 명성은 높아져 갔다.

프리먼은 지독히도 많은 환자를 보았다. 약 3,500건의 엽절단술을 몸소 시행했고, 세계 곳곳의 의사들을 교육했다. 엽절단술을 받은 환자 수는 도합 10만 명가량으로 추산된다. 결과는 각양각색이었다. 일부는 가령 엘런 이오네스코처럼 가족 품으로 돌아가 제법 평범한 인생을 살았다. 엘런의 딸이 회상하는 프리먼은 고맙고 따뜻한 사람이었다. 다른 일부는 엘런만큼 운이 좋지 않았다. 엽절단술 이후로 그들은 성격이 회복 불가능하게 변하고 말았다. 순하지만 맥없고 멍해진 데다 주위 환경에 무감각했다. 얼음송곳이 신경을 잘못 건드리는 바람에 감각과 기능이 마비된 환자들도 있었다. 일부는 합병증으로 사망했다. 그럼에도 프리먼은 실패에 괘념치 않았고 비판에는 귀를 닫아 버렸다. 1960년대 무렵의 프리먼에게는 엽절단술이 더 이상 중환자만을 위한 "최후의 수단"이 아니었다.

하워드 덜리의 사례
1960년, 캘리포니아

하워드 덜리는 누구보다 불행한 어린 시절을 보냈다. 다섯 살 때 친어머니를 여읜 그를, 새어머니 루는 사랑하지 않았다. 사랑하기

느커녕 좋아하는 기색조차 드러내지 않았다. 하워드에게 엄하게 굴었고 툭하면 행실을 나무랐다. 아이가 하지 않은 일을 구실 삼아 벌을 주는가 하면, 다른 형제와도 차별했다.

하워드는 천사가 아니었다. 아이는 새어머니를 원망했다. 감정의 기복이 심하고 무례했으며 툭하면 따지고 들었다. 하지만 어찌 보면 이는 그 나잇대 소년들의 일반적 성격이기도 했다. 하워드가 유독 별나지는 않았다는 뜻이다. 하워드는 그저 지극히 건강한 소년이었다.

아버지는 오랫동안 집을 비우곤 했다. 심지어 곁에 있을 때에도 주변 상황에 관심을 드러내지 않았다. 몇 년 사이 루와 하워드의 관계는 더욱 악화되었다. 소년은 학교의 문제아였다. 새어머니는 사소하기 짝이 없는 이유로 아이를 혼내거나 때리기 일쑤였고, 소년은 소년대로 지지 않고 목청껏 맞대꾸했다. 끊임없는 다툼 속에서 모자는 서로를 점점 막다른 벽으로 몰아붙였다. 하워드는 가짜 어머니를 혐오했고, 루는 의붓아들이 지긋지긋했다. 조만간 무슨 조치든 취해야 했다.

수년에 걸쳐 루는 하워드 문제로 이런저런 의사와 심리학자, (1960년에만 여섯 명의) 정신과 전문의에게 상담을 받았다. 하지만 그들은 모두 하워드에게 아무런 문제가 없다고 단언했다. 행동이 이따금 반항적이긴 해도 지극히 정상이라는 얘기였다. 심지어 하워드의 아버지도 아들에게서 별다른 이상을 느끼지 못했다. 분하고 답답한 마음에 결국 루는 월터 프리먼을 찾아갔다. 이 무렵 프리먼은 캘리포니아주 로스앨터스시에 진료소를 차린 상태였다. 혹시 프리먼이라면 소년의 문제점을 찾아 줄지도 몰랐다.

하워드의 새어머니는 1960년 10월 프리먼과 첫 면담을 가졌다. 루는 혼자서 프리먼을 찾아가 하워드의 행동에 대해 진술했다. 일부는 사실이었지만 일부는 지어낸 이야기였다. 하워드를 처음 봤을 때 루는 아이가 "경련성 뇌성마비" 환자인 줄 알았다고 했다. "특이한 걸음걸이" 때문이었다(하지만 당시에 소년은 다섯 살이었고 나중에 알고 보니 오히려 운동에 소질이 있었다). 또한 루의 진술에 따르면, 하워드는 장난감을 갖고 노는 게 아니라 부수거나 해하려 들었다(하지만 하워드는 혼자 노는 시간이 많았으므로 이 진술 역시 곧이곧대로 믿기는 어려웠다). 하워드는 씻기를 싫어했고(하지만 하워드는 남자아이였다!), 공상적이었다. 또 어쩌다 텔레비전에서 좋아하지 않는 프로그램이 나오면, 마치 중죄로 기소된 범죄자처럼 눈알을 부라리곤 했다. 그래서였을까? 프리먼은 이 첫 면담에 관한 자신의 기록을 "기소장"이라고 일컬었다.

프리먼은 장장 몇 쪽에 걸쳐 루의 설명을 받아 적었다. 의사는 소년이 침실 벽에 소변을 보고 바지에 대변을 봤다는 이야기를 포함해 새어머니의 모든 진술을 사실로 인정하는 듯했다. 루는 하워드가 정신질환자라는 인상을 주기 위해서라면 무슨 이야기든 지어낼 작정이었고, 보아하니 그 작전은 제대로 먹힌 듯했다. 루의 "충분히 인상적인" 소명을 근거로 프리먼은 소아 조현병이라는 진단명을 하워드의 기소장에 적어 넣었다.

이후 며칠에 걸쳐 프리먼은 자기가 무슨 판사라도 되는 양 하워드의 친척 아주머니와 학교 수위, 아버지를 상대로 차례차례 "증언"을 수집해 나갔다. 그리고 증언의 대부분은 루의 진술과 상충되었다. 하워드와의 첫 면담은 10월 26일에 이뤄졌다. 여느 환자들처럼 하워드도 프리먼 앞에서 편안함을 느꼈다. 이 의사는 친절하고 점잖은 데다, 소년이 하는 말에 귀 기울일 의지가 충만해 보였다.

그 모든 진술을 토대로 프리먼은 이른바 역기능적 가정에서 자라는 열한 살 소년의 삶을 기록지에 적어 내려갔다. 아마도 요즘 같으면 상담 치료를 시도했겠지만, 프리먼의 생각은 달랐다. 그는 하워드가 "매우 즉각적인" 처치를 요하는 조현병 환자라고 소년의 아버지에게 말했다. 그러면서 하워드의 성격을 (합리적 진료비만 받고) 바꿔 주겠다고 제안했다. 공교롭게도, 수술이 결정된 날짜는 1960년 11월 30일로 하워드의 열두 번째 생일이었다.

12월 15일 목요일, 하워드 덜리는 새너제이 소재의 작은 개인 병원에 입원했다. 다음 날 프리먼은 소년을 수술실로 옮겨 ECT 기기에 연결한 다음 네 번에 걸쳐 전기충격을 가했다. 프리먼의 생각을 적은 기록에 따르면, 이는 "반드시 필요한 절차"였다. 이어서 의사는 (이제 얼음송곳이 아니라 자신이 특별히 고안한 기구) '오비토클라스트orbitoclast'를 하워드의 뇌 속에 찔러 넣더니 이리저리 가볍게 움직였다. 그러고는 소년의 머리에 오비토클라스트 두 개가 꽂혀 있는 모습을 사진기로 찍은 뒤 문제의 기구를 다시 뽑아냈다. 멍든 안구 주위로 소량의 핏빛 액체가 새어 나왔다.

수술 직후 형제의 눈에 비친 하워드의 모습은 좀비를 연상케 했다. 소년은 몸을 축 늘어뜨린 채 정면을 빤히 응시했다. 마치 안개 속을 헤매는 사람처럼 보이기도 했다. 그러나 이내 하워드는 조금씩 기운을 되찾았다. 하지만 새어머니의 기대와 달리, 수술은 하워드를 순하고 고분고분한 아이로 바꿔 놓지 않았다. 오히려 정반대의 결과를 가져온 듯했다. 소년의 성미는 점점 더 사나워졌다. 급기야 부모가 아이를 더 이상 감당하지 못하고 내보낼 정도였다. 하워드는 남의 집을 전전하다가, 딱히 범죄를 저지르지 않았는데도 소년원에 들어가게 되었다. 그러다 결국은 어느 정신병원에 수용됐는데, 정신이 온전치 않은 성인으로 가득한 그 병원의 유일한 미성년자였다.

이후로도 하워드는 매우 굴곡진 인생을 살았다. 그는 일과 인간관계, 금전적 부분에서 두루 어려움을 겪었다. 안정된 직업을 갖지 못했고 감옥을 들락거렸다. 하지만 그는 부서진 삶을 느리게나마 다시 조립할 수 있었다. 꽤 오래전부터 하워드는 버스 운전기사로 일하고 있다. 한때 뇌의 두 곳이 검게 뚫렸던 사람이라고는 좀처럼 믿기지 않는다. 절망의 나락에서 그를 구한 것은 짐작건대 젊음이었다. 하워드의 젊은 뇌는 신경 경로를 다시 구축하고 프리먼이 가한 손상에서 회복할 수 있었다.

프리먼은 총 열아홉 명의 어린이를 수술했고, 그중에는 네 살배기 아이도 끼어 있었다. 사실 그가 하워드 덜리를 수술한 1960년은 엽절단술이 "최후의 수단"에 머무는 정도가 아니라 역사의 뒤안길로 사라졌어야 마땅한 시기였다. 수술처럼 위험하거나 영구적 변화를 일으키지 않으면서도 거의 같은 효과를 발휘하는 약물을 그 즈음에는 얼마든지 구할 수 있었으니까. 심지어 시중에 유통되는 약물 중에는 '화학적 엽절단술'로 불리는 것들도 꽤 있었다. 이 새로운 치료제들은 응당 프리먼을 일선에서 퇴장시키고 하워드 덜리를 구했어야 했다. 또한 충분히 그럴 수 있는 상황이었다. 1950년대에 이미 프리먼은 그를 비판하는 목소리가 높아지면서 워싱턴에서 신망을 잃은 상태였다. 캘리포니아로 이주한 것도 실은 그 때문이었다.

이 새로운 터전에서 프리먼은 찾아오는 사람 모두에게 안와경유 엽절단술을 권했다. 그의 주장대로라면 신경증이 있는 주부도 폭력적인 어린이도 그 수술로 빠르게 고칠 수 있었다. 프리먼은 1930년대에 자신이 처음 엽절단술을 개발한 이유를 시간이 흐르며 까맣게 잊고 말았다. 그러다 결국 아이들에게까지 엽절단술을 감행하는 지경에 이른 것이었다.

혹자는 프리먼을 괴물로 묘사했다. 1930년대에 "기적의" 수술이라며 그에게 찬사를 아끼지 않던 신문들도 이따금 모르는 척 그 대열에 합류했다. 심지어 프리먼의 아들조차, 안와경유 엽절단술의 끔찍한 시행 과정을 목도한 사람으로서 그 수술을 "악마적"이라고 묘사했다. 하지만 프리먼은 자신을 찾아온 환자들에게 친절하고 점잖은 의사였다. 그런 그를 간단히 괴물이라고만 치부할 수 있을까? 처음 개발될 당시만 해도 엽절단술은 만성 정신질환자를 치료할 유일한 해법으로 비쳤다. 더욱이 일부 환자들은 실제로 수술 후에 더 나은 삶을 얻기도 했다.

프리먼의 가장 큰 판단 착오는 멈출 때를 몰랐다는 데 있었다. 하지만 그렇다고 딱히 나서서 그를 말리는 사람도 없었다. 이를테면 당국자들은 어떠했는가? 어째서 그들은 하워드 덜리의 수술을 나서서 막지 않았는가? 프리먼이 거의 모든 의료계 권위자들의 불신과 반대에도 불구하고 안와경유 엽절단술을 꾸준히 시행했다는 사실은, 그가 수많은 사람에게 저지른 과오를 용서하기 어렵게 한다. 로즈메리 케네디와 하워드 덜리를 비롯한 수백 명의 사람들은 월터 프리먼이 아니었다면 매우 다른 인생을 살았을 여지가 있었다.

프리먼은 1967년, 생애 마지막으로 안와경유 엽절단술을 시행했다. 그의 나이도 어느덧 일흔두 살이었다. 환자는 심한 출혈로 고생하다 사흘 뒤에 사망했다. 프리먼이 수술하던 병원은 마침내 더이상은 안 된다는, 이제는 그가 엽절단술을 시행하지 못하도록 막아야 한다는 결정을 내렸다. 이로써 프리먼의 경력은 막을 내렸다. 더불어 이 엽절단술 전문가는 삶의 목적을 상실했다. 하지만 집안에 틀어박혀 지내는 대신, 그는 자신의 캠핑카를 타고 생애 마지막 자동차 여행길에 올랐다.

이어지는 몇 년 동안 프리먼은 물경 8만여 킬로미터를 여행하며 자신이 치료한 환자들을 찾아다녔다. 마치 구원을 좇는 사람처럼. 어쩌면 그는 자신의 치료법을 의심하기 시작했는지도 모른다. 그리하여 자신이 사람들을 돕고 환자들의 삶을 개선시켰다는 증거가 절실했는지도 모른다. 프리먼은 여러 가정과 병원을 방문했다. 그과정에서 굉장히 아픈 사람들을 보았고 명백히 나은 삶을 일군 사람들도 보았다.

월터 프리먼은 1972년에 사망했다. 안와경유 엽절단술도 그와함께 명맥이 끊겼다. 하지만 생을 마감할 때까지 프리먼은 자신이한 일이 옳았다고 굳게 믿었다.

기실 프리먼의 생각이 모조리 틀린 것은 아니었다. 비록 엽절단술은 더 이상 시행되지 않지만, 세계 여러 병원의 정신외과에서는 여전히 수술로써 정신질환을 치료한다. 다시금 수술은 정신질환을 치료하는 최후의 수단이 되었다. 물론 엽절단술이 외과 역사를 통틀어 가장 충격적인 수술의 범주에 속한다는 사실은 의심의 여지가 없다. 그러나 단언컨대 정신질환에 관련하여 논쟁적인 치료법은 비단 엽절단술만이 아니다.

마음을 다스리다

1964년, 스페인 코르도바

호세 델가도José Delgado 선생은 용감했다. 이는 분명한 사실이
었다. 대관절 어떤 과학자가 그가 지금 하려는 일을 감히 시도하겠
는가! 델가도는 자신이 투우에 일가견이 있다고 여겼다. 또한 뇌의
작동 방식에 관해서도 식견이 상당하다고 자신했다. 하지만 이 둘
을 조합한다는 것은 전혀 다른 차원의 문제였다.

황소가 콧김을 내뿜으며 투우장을 가로질러 델가도를 향해 돌진
했다. 경기장에 자욱하게 흙먼지가 일었다. 공격성을 갖도록 길러진
데다, 몹시 우람하고 성난 황소였다. 고개를 숙인 채 돌진하는 짐승
의 뿔이 단단하고 날카로웠다. 만약 델가도가 허점을 보이면, 가차
없이 목숨을 앗아 갈 기세였다.

오른손으로 투우사의 빨간 망토를 단단히 붙든 채 델가도는 집
중력을 끌어모았다. 굳이 나무 장벽 옆에 서 있는 이유는, 혹시라도
실험이 잘못될 경우 재빨리 몸을 피하기 위해서였다. 그가 제시간
에 해낼 수 있으리라는 보장은 어디에도 없었다. 그의 왼손에는 트
랜지스터라디오처럼 생긴 물건이 들려 있었다. 그 작은 상자 위로
길게 뻗어 나온 안테나가 보였다. 사실 델가도는 망토보다 오히려
이 상자를 더 단단히 붙들고 있었다.

황소가 발굽 소리도 요란하게 달려들었지만, 델가도는 물러서지
않았다. 황소와의 거리가 점점 좁혀졌다. 여전히 델가도는 꿈쩍하
지 않았다. 열 발자국, 다섯 발자국. 이제 황소는 그에게 닿을 듯이
가까워졌다. 델가도가 상자의 버튼을 눌렀다. 황소가 우뚝 멈춰 서

더니 방향을 틀어 이리저리 돌아다니기 시작했다. 실로 대담한 곡예였다. 기술의 힘을 상징하는 장면이기도 했다.

전날 델가도는 황소를 마취하고 뇌에 전극을 이식했다. 그가 들고 있던 리모컨의 버튼을 누르자 황소의 머리로 신호가 전송되었다. 뇌 깊숙이 끼워 놓은 전극을 활성화시켜 황소 특유의 난폭한 행동을 잠재운 것이었다. 스위치를 누르는 행위만으로 델가도는 사나운 짐승을 제어할 수 있었다.

1960년대 무렵에는 다양한 전자기기가 개발되고 뇌의 작동 방식에 대한 과학적 이해가 깊어지면서 그처럼 인상적인 공개 실험이 가능해졌다. 델가도는 작은 시계 크기의 밀폐된 캡슐로 이뤄진 이식형 장치를 사용했다. 안에는 수신기와 온갖 전자기기가 들어 있었다. 델가도는 캡슐 옆면에 전선들을 연결해 뇌의 각 영역에 삽입했다. 뇌의 해부학 및 국재화에 대한 이해가 깊어진 덕분에, 델가도는 수술로써 전극을 각기 다른 위치에 이식해 특정한 반응들을 끌어낼 수 있었다.

델가도의 다른 실험들도, 비록 위험성은 다소 덜하지만 그에 못지않게 인상적이었다. 그는 원숭이의 뇌에 이식한 장치를 자극해 동공의 직경을 조절해 냈다. 델가도가 리모컨 버튼을 누르자 마치 카메라 조리개를 조절할 때처럼 원숭이의 동공이 수축하고 이완했다. 원숭이가 조종에 따라 하품을 하거나 일련의 복잡한 동작을 수행하도록 만들 수도 있었다. 고양이도 실험의 대상이었다. 델가도가 전기자극을 가하자 고양이는 이내 분노한 듯 쉭쉭거리며 이빨을 드러냈다. 심지어 고양이들은, 델가도가 우리에 설치해 둔 손잡이를 돌려 전기자극을 중단하는 방법까지 스스로 깨우쳤다.

이러한 동물실험들은 전기자극 요법의 잠재력을 드러내는 청신호였다. 델가도는 이식형 장치를 사용해 원숭이의 공격성을 제어할 수 있었다. 또한 다른 원숭이들로 하여금 특정 원숭이의 공격성을 제어하도록 만들 수도 있었다. 일례로 그는 한 소규모 원숭이 집단의 우두머리인 알리의 뇌에 전극을 설치했다. 전극으로 알리의 뇌를 자극하면 평소의 공격적 행동을 억제할 수 있었다. 델가도는 문제의 원숭이 집단이 사는 실험용 우리에 전극을 활성화하는 레버를 하나 설치했다. 얼마 후 엘사라는 이름의 소극적 원숭이가, 레버를 누르면 알리의 공격성이 누그러진다는 사실을 알아냈다. 이제 엘사는 알리를 통제할 수 있었다. 알리가 위협할 때마다 엘사는 레버를 눌러 알리를 제어했다. 엘사는 우두머리가 되었다.

그런데 만약 황소나 원숭이, 고양이가 아닌 사람의 뇌에 전극을 이식하면 어떻게 될까? 인간의 행동도 똑같이 제어할 수 있을까? 델가도는 심각한 정신질환이나 뇌전증, 만성 통증으로 고생하는 환자들을 치료하는 데 전기자극을 활용하고자 했다. 이를테면 (그가 혐오해 마지않는) 엽절단술로 뇌의 일부를 제거하여 행동을 바꾸는 대신, 환자의 뇌에 전극을 삽입할 계획을 품은 것이다.

델가도가 문제의 요법을 인간에게 적용하자 놀라운 결과가 나타났다. 사람의 머리에 부착한 수신기를 통해 두려움부터 욕망, 환희, 격노에 이르기까지 인간의 전반적 감정을 자극할 수 있었다. 그의 동료 연구자 가운데 한 명은 뇌전증 환자를 데리고 실험하다 치명상을 가까스로 모면했다고 전해진다. 그 젊은 여성은 기타를 연주하던 와중에 장치가 활성화되자 그만 격노에 휩싸인 나머지 기타를 벽에 내던졌다.

오래지 않아 다른 의사들도 델가도의 요법을 받아들이기 시작했다. 1965년 정신과의사 프랭크 어빈Frank Ervin과 신경외과의사 버논 마크Vernon Mark는 암으로 죽어 가는 예순세 살 남성에게 전기자극 요법을 적용했다. 환자는 극심한 통증에 시달렸지만 외과적 치료의 선택지는 고갈되었다. 설상가상으로 모르핀 주사마저 더 이상 약발이 듣지 않아, 실로 지옥과도 같은 삶을 살고 있었다.

어빈과 마크는 남자의 머리 몇 군데에 드릴로 구멍을 뚫은 뒤 뇌의 엄선된 위치에 신중히 전극을 삽입했다. 이어서 그 전극을 환자의 두피에 장착된 플러그에 접속했는데, 이 플러그는 이른바 '통증 상자'라는 제어장치와 연결돼 있었다. 환자는 그 통증 상자를 주머니에 넣고 다니다가, 통증이 너무 심해진다 싶으면 버튼을 눌러 고통을 잠재울 수 있었다. 또한 그 스위치를 45분 이상 꾹 누르고 있으면 통증이 최대 8시간 동안 진정되는 까닭에, 그는 몇 달 만에 처음으로 밤에 숙면을 취할 수 있었다. 유일한 부작용이라면 살짝 취한 기분이 든다는 것인데, 이 또한 자신처럼 암으로 죽어 가는 사람에게는 그리 나쁜 증상이 아니라고 환자는 생각했다.

죽어 가는 환자를 돕는 일에 반대하는 사람은 드물 테지만, 스위치 조작만으로 인간의 행동을 바꿀 수 있는 장치의 개발은 자칫 부정적 결과를 초래할 수 있었다. 델가도는 그럴 가능성을 충분히 인지했으면서도, 인간의 정신을 제어하는 능력이 부정한 세력에 의해 악용될 수 있다는 지적을 좀처럼 귀담아듣지 않았다. 1969년의 저서 『정신의 물리적 통제Physical Control of the Mind』에서 그는, 사악한 독재자가 주요 통제 본부에 서서 노예들의 정신을 자극한다는 발상에 동조하지 않았다. 오히려 그는 CIA의 마음 조종 프로젝트에 상당히 회의적이었다.

1950년대 중반에 미국 정보부는 사람들, 정확하게는 공산주의자들에 대한 세뇌를 공작하기 시작했다. 그들은 최면이나 약물의 사용을 검토했고, 엽절단술을 이용해 반사회적 행동을 제어할 계획을 품었다. 심지어 월터 프리먼의 수술에 참관하라며 정신과의사 헨리 로플린Henry Laughlin을 파견하기도 했다. 보고서에서 로플린은 엽절단술이 "열성적이고 광적인 공산주의자들"이나 "급진적 인물들을 제압"하여 "적을 무력화할 무기"로 사용될 가능성을 긍정적으로 평가했다. 한갓 엽절단술의 효과가 그 정도인데, 하물며 뇌에 이식한 장치는 어떠하겠는가?

1967년 디트로이트 폭동과 뒤이은 시민들의 소요가 미국 각지의 불우한 도심 지역을 강타한 이후에 어빈과 마크는 흑인 폭도들을 진정시킬 방안으로 뇌 이식 장치의 사용을 제시했다. 권위 있는 학술지《미국의사협회지Journal of the American Medical Association》에 실린 한 논문에서 두 전문의는 도시의 폭동을 비롯한 "폭력적이고 무분별한 행위"를 수술로 예방할 수 있다고 제의했다.

그런가 하면 1972년에는 정신과의사 로버트 히스Robert Heath가 또 다른 아이디어를 내놓았다. 뇌 이식 장치로 동성애를 "치료"하면 어떻겠느냐는 것이었다. 그의 연구는 윤리적으로 미심쩍은 부분이 적지 않았다. 가령 히스가 어느 남성 동성애자를 대상으로 진행한 실험을 살펴보자. 히스는 피험자의 뇌 안쪽에 전극을 삽입한 다음 그가 여성 매춘부와 성행위를 하는 동안 전기자극을 가했다. 실험의 목적은, 남성이 아니라 여성와의 성관계를 원하도록 피험자를 훈련시키는 것이었다.

뇌 자극 요법은 즉각적 반발에 부딪혔다. 델가도는 어빈과 마크, 히스의 실험과는 무관한데도, 그들과 한통속으로 간주되었다. 공상과학물에 등장하는 이식 장치는 그의 입지를 더욱더 위축시켰다. 정부가 비밀리에 자신들의 뇌에 칩을 이식했다고 주장하는 음모론자들이 점점 늘어났고, 이를테면 (이 책 말미의 참고도서 목록에서 소개할) 『말기 인간The Terminal Man』과 같은 책에는 잘못된 의학 실험의 참상이 상세하게 묘사돼 있었다. 그 책의 저자 마이클 크라이튼Michael Crichton이 한때 어빈의 학생이었다는 사실은, 여론을 우호적으로 전환하는 데 거의 도움이 되지 않았다.*

뇌 이식 장치의 명맥은 그대로 끊기는 듯했다. 사람들은 연구 결과를 믿지 않았고, 뇌 자극 실험은 윤리적 승인을 기대할 수 없게 됐으며, 연구를 위한 재정적 지원은 간단히 없던 일이 되었다. 그러나 프리먼의 안와경유 엽절단술과 달리, 뇌 이식 장치는 여전히 어마어마한 가능성을 품고 있었다.

스튜어트의 이야기

2006년, 런던

예순여덟 살의 남성 스튜어트 카터는 마치 정신의 덫에 갇힌 기

---

* 하지만 상식적으로, 만약 정부가 정말 마음 조종을 통해 사람들의 정신을 통제하기를 원했다면, 식수에 약물을 탔으면 탔지 칩을 이식하는 식의 비현실적이고 골치 아픈 방법에 매달리지는 않았을 것이다.

분이었다. 머리로는 이리저리 움직이려 하는데 몸이 도무지 말을 듣지 않았다. 그는 미소를 짓거나 웃을 수도, 얼굴을 찌푸리거나 울 수도 없었다. 균형감각을 잃었고 서 있기조차 힘들었다. 테이블 위에 손을 내려놓으면 다시 들어 올릴 수가 없었다. 얼굴은 표정 없이 멍했다. 살아 있는 조각상처럼. 마치 가면을 쓰고 세상을 바라보는 것처럼.

카터는 파킨슨병 환자였다. 이 퇴행성 질환은 운동을 관장하는 뇌의 신경세포에 영향을 미친다. 파킨슨병 환자들은 대부분 몸이 제멋대로 떨리는 증상에 시달리지만, 카터는 몸이 굳어 버렸다. 그의 얼굴 근육은 더 이상 감정에 반응하지 않았고 몸은 특정한 자세를 좀처럼 벗어나지 못했다. 몸을 다시 움직이려면 때때로 어마어마한 정신적 노력을 기울여야 했다. 치료하지 않으면 상태가 계속 나빠질 수밖에 없다는 생각에 꾸준히 복용해 온 약은, 언제부턴가 효험이 없었다. 정신은 여전히 명민했지만, 몸은 갈수록 둔해졌다.

그러다 2006년, 뇌에 전극을 이식해 보자는 제의를 받았다. 뇌 심부 자극술Deep brain stimulation로 알려진 그 요법은, 일종의 전파 교란 장치처럼 작용한다고 했다. 이식한 전극은, 카터에게 그 많은 문제를 유발한 뇌의 병든 영역들을 지나는 신경의 신호를 차단할 것이었다. 쉽지 않은 수술이었다. 외과의들은 뇌의 기저부, 정확히는 기저핵이라는 영역에 해당 장치를 이식할 계획이었다. 카터의 뇌를 갈라서 벌리는 일은 불가능했으므로, 국립 신경과 및 신경외과 병원National Hospital for Neurology and Neurosurgery 외과의들은 사실상 "보이지 않는" 상태에서 수술을 진행해야 했다.

중세의 고문 기구를 연상시키는 장치로 머리를 고정한 채 수술대에 누운 카터를 수술실 조명이 환히 비추었다. 그의 머리 곳곳에는 점이 찍혔고, 맨송맨송한 두피에는 넓은 플라스틱 시트가 덮였다. 중성적 수술복에 마스크를 착용한 사람들이 주위에서 수술 준비를 마무리하는 동안, 카터는 천장을 바라보았다. 21세기에도 수술대에 누워 있기란 여전히 두려운 경험이었다. 특히 나를 잘 알지 못하는 누군가가 내가 깨어 있는 상태에서 내 머리에 드릴로 구멍을 뚫으리란 사실을 아는 상황에서는 더욱 그랬다. 국소마취제가 주사되었다. 이제 외과의사 마르완 하리즈Marwan Hariz가 나설 차례였다.

하리즈는 카터의 머리 꼭대기에 메스를 댄 다음, 뼈에 닿도록 깊이 눌러 두피를 갈랐다. 그러고는 제법 큰 치과용 드릴로 절개부를 겨누며 이렇게 말했다. "아프진 않지만 조금 시끄러울 겁니다." 드릴이 머릿속으로 파고드는 동안 혈액과 조직이 흡입관을 통해 가늘게 흘러나왔다. 주사기 모양의 장치가 개구부에 고정되었다. 이식할 전선이 카터의 뇌 속으로 내려졌다. 하리즈는 환자의 뇌가 다치지 않도록 주의하며 뇌 주름의 고랑과 이랑 사이로 장치를 깊숙이 밀어 넣었다.

이제 결과를 확인할 시간이었다. "이제부터 뭔가 느껴질 수도 있고 전혀 느껴지지 않을 수도 있습니다. 뭐든 느껴진다 싶으면 무조건 저희에게 말해 주세요." 하리즈는 버튼을 눌러 이식 장치를 활성화시켰다. "별다른 느낌이 없나요?" 이내 카터는 왼발이 아려 온다고 느꼈다. 전극이 효력을 발휘한다는 방증이었다. 이는 곧 하리즈가 장치를 올바른 위치에 이식했다는 방증이기도 했다. 요컨대 카터의 뇌는 전기자극으로 인해 강화되었다.

그로부터 2년 뒤 스튜어트 카터는 걷고 웃고 미소 지을 수 있게 되었다. 테이블 위에 손을 내려놓았다가도 다시 들어 올릴 수 있었다. 이제 그는 파킨슨병이 놓은 정신의 덫에서 벗어났다. 카터의 정수리를 유심히 들여다보면 두 개의 작은 혹이 보인다. 예의 그 전선이 피부를 빠져나와 목을 타고 내려가는 모습도 확인할 수 있다. 전선 끝은 그의 어깨 밑에서 웬 납작한 상자와 연결되는데, 전기 펄스를 뇌로 보내는 자극기다.

오늘날에는 뇌에 장치를 이식한 채 살아가는 사람이 수만 명에 달한다. 일부는 카터처럼 신경의 신호를 자극하거나 차단할 목적으로 뇌 깊숙이 전극을 삽입했고, 그 밖의 다수는 난청을 치료할 목적으로 귀에 인공와우를 이식했다. 과학자들은 기억력을 강화하거나 시각 장애인의 시력을 보조할 목적으로, 혹은 인간의 '웨트웨어 wetware', 즉 두뇌를 컴퓨터 소프트웨어에 연결할 목적으로 이식형 장치를 개발 중이다. 뇌 속 전자장치를 이용해 질병 및 장애와 맞선다는 델가도의 상상이 마침내 실현되고 있는 것이다.

지난 150년에 걸쳐 뇌외과는 숱한 인명의 희생을 토대로 발전해 왔다. 수술대에서 피 흘리며 죽어 간 환자들부터 프리먼의 투박한 엽절단술이나 동성애 "치료" 목적의 뇌 이식 장치에 희생된 사람들까지, 뇌외과의 역사는 도덕적으로나 윤리적으로 용납 가능한 선을 한참 벗어난 기행적 외과의들의 이야기로 점철돼 있다. 하워드 덜리에 관한 프리먼의 기록을 읽으며 분노하지 않기란 여전히 어렵다. 마음 조종에 관한 어빈과 마크의 발상을 극도의 거부감 없이 살피기도 어렵기는 마찬가지다.

그때 그리고 지금

외과의 역사를 살피다 보면, 유독 눈에 띄는 인물들이 있다. 이를테면 앙브루아즈 파레나 이그나츠 제멜바이스, 조지프 리스터와 같은 선구적 외과의들은 수술을 안전하게 만드는 데 혁혁한 공을 세웠다. 또한 드와이트 하켄이나 월터 릴러하이, 해럴드 길리스와 같은 외과의들은 실패할 용기를 지닌 대담한 이들이었다. 그런가 하면 월터 프리먼이나 알렉시 카렐과 같이 자기만의 괴이한 도덕률을 근거로 수술에 임한 듯싶은 이들도 있었다.

이들이 명석했든 용감했든 별스러웠든, 외과의 역사는 미래를 바라보며 꿋꿋이 도전한 사람들의 이야기로 가득하다. 때로 그들은 성공했고, 때로는 실패했다. 환자 가운데 일부는 살아남았고, 다수는 목숨을 잃었다. 하지만 죽은 이들도 궁극적으로는 미래의 환자들을 살리는 데 도움을 주었다.

교수대에서 시신을 훔친 외과의들이 없었더라면, 혹은 인간의 박동하는 심장을 가르거나 뇌수술을 최초로 시도한 외과의들이 없었더라면, 다친 무릎을 고치는 일상적 처치부터 뇌에 장치를 이식하는 최첨단 수술에 이르기까지 오늘날의 외과적 치료는 단연코 불가능했을 것이다.

그러나 이 모든 발전에도 불구하고, 21세기에도 여전히 외과에는 수많은 난관이 존재한다. 인공심장은 다루기 어렵고, 이식한 장기는 여전히 거부반응에 직면한다. 재건 수술을 통한 얼굴의 복원은 종종 불가능하고, 뇌종양은 여전히 우리의 목숨을 앗아 가곤 한다. 심지어 가장 간단한 수술에도 위험이 없지 않다. 여전히 병원의 환자들은 심각한 감염으로 목숨을 잃는다. 마취제는 때때로 우리의 기대를 배신한다. 수술칼은 언제든 미끄러질 수 있다.

우리는 대부분, 수술하러 병원에 갔다가 영원히 돌아오지 못한 사람들을 안다. 물론 외과의사는 우수한 인재다. 하지만 그런 사회적 통념이 무색하게도, 외과의사는 신이 아니다. 세상에는 좋은 외과의사도 있지만 나쁜 외과의사도 있다. 또한 아무리 최고의 외과의사라도 실수할 수 있다. 수술에 동의할 때 우리는 칼을 다루는 이들에게 강한 신뢰를 보낸다. 그리고 대체로 우리의 신뢰는 완벽히 정당한 것으로 판명된다. 하지만 외과의 역사를 훑어보면, 언제나 그렇지는 않다.

만약 수술을 받아야 할 처지에 놓이거든, 그저 이 시대에 살고 있음에 감사하자. 지금은 170년 전이 아니고 로버트 리스턴이 수술할 다음 환자는 결단코 우리가 아닐 테니까.

연대표

기원전 10000년 천두술이 널리 시행되다.

기원전 1500년 성형수술(코 재건술)이 최초로 기록되다.

기원후 157년 갈레노스가 튀르키예 서부 페르가몬에서 검투사 전담 외과의로 임명되다.

1536년 베살리우스가 망자의 뼈대를 구해 인체해부학을 파헤치기 시작하다.

1545년 앙브루아즈 파레가 첫 저서 『총상에 관한 논문』을 출간하다.

1597년 가스파레 타글리아코치가 사상 최초로 재건 수술에 관한 책을 출간하다.

1765년 살아 있는 공여자에게서 뽑은 치아를 이식하는 수술이 성행하다.

1834년 로버트 리스턴이 런던 유니버시티 칼리지 병원 임상외과 교수로 임명되다.

1846년 에테르 마취제를 사용한 수술이 최초로 시행되다.

1847년 이그나츠 제멜바이스가 산욕열과의 전투를 성공적으로 치러 내다.

제임스 심슨이 클로로포름 마취제를 개발하다.

1848년 클로로포름으로 인한 첫 사망 사례가 기록되다.

피니어스 게이지가 쇠막대에 머리를 관통 당하는 부상에서 살아남다.

1857년	루이 파스퇴르가 균이 생물의 부패를 유발한다는 사실을 발견하다.
1865년	조지프 리스터가 '무균수술법'을 이용해 환자를 치료하다.
1884년	리크먼 고들리와 알렉산더 휴즈 베넷이 '성공적' 뇌수술을 시행하다.
1894년	프랑스에서 사디 카르노 대통령이 암살되고 알렉시 카렐의 경력이 시작되다.
1902년	루서 힐이 심장 수술에 성공하다.
1903년	글래디스 디콘이 파라핀 왁스 주사를 맞다.
1912년	알렉시 카렐이 노벨상을 수상하다.
1917년	해럴드 길리스가 안면 재건 수술을 시행하고 관 모양 줄기 피판을 고안하다.
1931년	하비 쿠싱이 2,000번째 뇌종양 수술을 집도하다.
1935년	카렐이 인류의 미래에 관한 저서 『인간, 미지의 존재』를 출간하다.
	에가스 모니스가 최초로 '백질절단술'을 시행하다.
1936년	월터 프리먼과 제임스 와츠가 최초로 엽절단술을 시행하다.
1939년	아치볼드 매킨도가 연합군 부상병들을 치료하기 시작하다.
1943년	빌럼 콜프가 혈액투석기의 발명에 성공하다.
1944년	드와이트 하켄이 인간의 박동하는 심장을 절개하다.
	알렉시 카렐이 사망하다.
1946년	여성에서 남성으로의 성전환 수술이 최초로 시행되다.
	월터 프리먼이 최초의 안와경유 엽절단술을 시행하다.
1951년	파리의 외과의사들이 처형된 죄수의 몸에서 채취한 장기로 신장이식 수술을 시도하다.
1952년	플로이드 존 루이스가 최초의 개심수술에 성공하다.
1953년	존 기번이 인공심폐기를 사용해 심장을 수술하는 데 성공하다.

1954년	월터 릴러하이가 최초의 교차순환법을 시행하다.
	(일란성쌍둥이 사이의) 신장이식 수술에 최초로 성공하다.
1955년	릴러하이와 딕 드월이 믿을 만한 인공심폐기를 발명하다.
	데니스 멜로즈가 수술 중에 심장을 정지했다가 다시 뛰게 하는 방법을 개발하다.
1957년	보스턴의 외과의사들이 방사선을 사용해 이식 환자의 면역계를 파괴하는 데 제한적으로 성공하다.
1958년	데니스 멜로즈가 텔레비전 생방송에서 개심수술을 실시하다.
1960년	하워드 덜리가 월터 프리먼에게 엽절단술을 받다.
1964년	호세 델가도가 리모컨으로 흥분한 황소의 돌진을 멈추다.
1967년	세계 최초의 심장이식 수술이 크리스티안 바너드에 의해 시행되다.
	프리먼이 생애 마지막 엽절단술을 시행하다.
1970년	프랭크 어빈과 버논 마크가 흑인 폭도들의 난폭한 성향을 억제할 방법으로 뇌 이식 장치의 사용을 제안하다.
1976년	로이 칸이 사이클로스포린에 관한 실험을 시작하다.
1978년	사이클로스포린을 사용한 이식수술에 최초로 성공하다.
1998년	클린트 할람이 세계 최초로 손 이식수술을 받다.
2001년	클린트 할람의 손이 절단되다.
2005년	최초의 성공적 (부분) 안면 이식수술이 시행되다.

참고도서

이 책을 쓰기 시작했을 때 나는 외과의 역사에 관한 책이 굉장히 적다는 사실에 놀랐다. 의학이나 특정한 외과의사 및 에피소드를 훌륭히 다룬 책은 더러 있었지만, 외과의 역사를 보다 폭넓게 다룬 책은 거의 없었다. 만약 특정한 시대나 외과의사, (가령 엽절단술과 같은) 수술에 관해 더 알고 싶은 독자가 있다면, 내가 아래에서 제안하는 목록을 참고하기 바란다. 그중 몇 권은 절판됐지만, 다행히 대부분은 인터넷을 통해 구할 수 있다. 이 책의 자료와 참고 문헌을 기다란 목록으로 소개하지는 않기로 했다. 단편적이고 산발적이고 지루하게 제목과 정보를 나열하기보다는 외과 역사에 관한 몇몇 일반적 자료들과 사실들, 영감의 원천들을 일러 주는 편이 낫다고 생각했다.

우선 런던교 근처에 있는 옛날 수술실 박물관(www.thegarret.org.uk)은 웬만하면 반드시 방문해 보자. 여기서 한 교회 꼭대기에 있는 좁고 구불구불한 계단을 올라가면, 19세기 초에 쓰던 수술대와 외과 기구가 완비된 세인트 토머스 병원 수술실의 원래 모습을 확인할 수 있다. 또한 그 박물관에는 초기 약제와 사혈 요법, 마취제와 무균수술법의 개발에 관한 전시물이 갖춰져 있다. 내가 특히 좋아하는 전시품 가운데 하나는, 어느 외과의사가 수술 중에 환자에게 물고 있게 했다는 지팡이다. 그렇게라도 그는 환자의 통증을 달래 주고 싶었던 것이다. 그 지팡이에는 아직도 환자의 잇자국들이 찍혀 있다.

링컨스인 근처에 있는 왕립외과대학 내 헌터리언 박물관Hunterian Museum도 매력적이다(www.rcseng.ac.uk/museums). 이 책에서는 존 헌터에 대해 그리 깊이 다루지 못했지만(3장 참고), 헌터리언 박물관에 가면 그 기묘하고 경이로운 인물의 놀라운 수집품을 실컷 감상할 수 있다. 아울러 인체에 대한 우리의 생물학적 식견을 높이는 데 그가 세운 크나큰 공로 역시 그 박물관에서 확인할 수 있다.

이 책의 집필에 기여한 시설을 딱 하나만 꼽으라면, (런던 유스턴 로드에 있는) 웰컴 도서관Wellcome Library을 고르겠다. 나는 종종 그곳에서 오래된 책이나 논문, 학술지의 책장을 넘기며 행복한 시간을 만끽하곤 했다. 그곳의 보유 도서 목록에는 빅토리아시대의 외과에 관한 로버트 리스턴의 책들과 최초의 마취에 관한 기록이 포함돼 있다. 또한 베살리우스와 제멜바이스의 번역본과 최초의 심장수술에 관한 논문들은 물론이고 마멋(2장 참고)에 관한 글들도 소장돼 있다. 웰컴 도서관의 가장 큰 문제라면 정신이 분산되기 쉽다는 점이다. 오후에 한참 초창기의 눈 수술 증례를 도해와 함께 기록한 노트들을 살피다 보면, 책에 그 내용을 담아낼 공간이 턱없이 부족하단 사실을 깨닫게 된다. 웰컴 도서관은 누구나 회원으로 가입할 수 있고 (특히 영상 자료를 비롯한) 대부분의 소장 자료는 온라인에서도 접근이 가능하다(http://library.wellcome.ac.uk).

도서관 옆의 웰컴 박물관Wellcome Collection에는 다양한 수술칼과 흡각은 물론 생명공학의 최근 발전상을 확인할 수 있는 물품들이 멋지게 전시돼 있다.

외과의 역사를 가장 완벽하게 설명하는 책을 꼽으라면 나는 2000년에 그린위치메디컬미디어에서 출간한 해럴드 엘리스Harold Ellis의 『외과의 역사A History of Surgery』를 고르겠다. 엘리스는 외과 역사에 관한 세계적 전문가다. 비록 의학계와 외과계 독자층을 겨냥한 책으로 보이긴 하지만, 글이 명확하고 설명이 훌륭하다. 안타깝게도 그 책은 절판됐지만, 내가 알기로 조만간 신판이 출간될 예정이다. 외과의사의 정신세계를 들여다보고 싶다면 아툴 가완디의 긴장감 넘치고 재미있는 책 『나는 고백한다 현대의학을: 불완전한 과학에 대한 한 외과의사의 노트』를 추천한다. 결이 비슷한 책으로는 데이비드 우튼의 『의학의 진실: 의사들은 얼마나 많은 해악을 끼쳤는가?』가 있다. 이 책에 따르면 비교적 최근까지도 의사들은 이익보다 해악을 끼친 사례가 적지 않다.

몇 권의 인체생리학 및 해부학 교과서도 집필에 큰 도움이 되었다. 바라건대 그 책들 덕분에 나는 별다른 실수 없이 해부학적인 내용을 설명할 수 있었다. 참고할 만한 또 다른 책으로는 내 어머니가 집필했고 1947년 템플프레스에서 출간한 간호학 교과서 『완벽한 간호 체계A complete System of Nursing』가 있다. 책은 환자 치료에 관하여 유용한 정보를 제공할 뿐 아니라, 심지어 그 시기에도 의료 행위가 얼마나 기초적 수준에 머물렀는지를 새삼 깨닫게 한다(페니실린은 아직 구하기가 어려워 간략하게만 언급되었고, 마취제는 여전히 '점적병'에 담긴 용액을 마스크에 떨어뜨려 사용했다).

그 밖의 추천 도서는 다음과 같다.

『인류에게 가장 커다란 혜택*The Greatest Benefit to Mankind*』(로이 포터 Roy Porter, 하퍼콜린스출판사, 1997년): 의학의 역사 전반을 다루는 책으로 두께가 상당하지만, 일독을 권한다. 포터는 의학사에 관한 책을 여러 권 집필했는데, 모든 저서가 고루 인상적이다.

『진실의 순간: 현대 의학의 창시자 네 명에 관한 이야기*Moments of Truth: Four Creators of Mordern Medicine*』(토머스 도먼디Thomas Dormandy, 존와일리출판사, 2003년): 현대 의학의 체계 정립에 기여한 네 명의 인물에 관한 이야기로, 무엇보다 이그나츠 제멜바이스에 대한 설명이 탁월하다.

『산업계의 일곱 가지 경이*Seven Wonders of the Industrial World*』(데보라 캐드버리Deborah Cadbury, 포스에스테이트출판사, 2003년): 동명의 BBC 시리즈에 근거한 책으로, 존 스노우에 관한 내용이 포함돼 있다. 또한 대륙 횡단 철도에 관한 장에서는 피니어스 게이지(5장 참고)가 일했음직한 환경을 훌륭히 설명한다.

『심장의 왕*King of Hearts*』(웨인 밀러Wayne Miller, 크라운출판사, 2000년): 문체는 다소 감상적이지만, 월터 릴러하이의 일대기를 흥미롭게 전달한다.

『칼잡이*The Knife Man*』(웬디 무어Wendy Moore, 반탐출판사, 2005년): 존

헌터에 관한 대단히 흥미롭고 감동적인 전기.

『이식: 설화에서 실화까지*Transplant: From Myth to Reality*』(니컬러스 틸니*Nicholas L. Tilney*, 예일대학교출판부, 2003년): 이식수술을 미국의 관점에서 다소 편향되게 설명하고는 있지만, 내부자의 시각으로 그 분야의 발전상을 훑어본다는 점에서 참고할 만하다. 개인적으로 이 책보다는 2002년 미첼레인출판사에서 출간한 『조지프 머레이와 최초의 인간 신장이식 이야기*Joseph E. Murray and Story of the First Human Kidney Transplant*』를 강력히 추천한다.

성형외과의 역사를 더 잘 이해하고 싶은 사람에게는 다음의 세 권을 추천한다. 첫 번째 책은 1964년 마이클조지프출판사에서 출간한 레지놀드 파운드*Reginald Pound*의 『길리스, 비범한 외과의사*Gillies: Surgeon Extraordinary*』다. 두 번째 책은 1979년 위어든펠드앤드니콜슨출판사에서 출간한 휴고 비커스*Hugo Vickers*의 『글래디스, 말버러 공작부인*Gladys, Duchess of Marlborough*』으로, 그의 범상치 않은 인생을 환상적으로 묘사하고 있다. 세 번째 책은 2004년 그린힐북스에서 출간한 E. R. 메이휴*E.R. Mayhew*의 『전사의 재건*The Reconstruction of Warriors*』이다. 또한 재클린 사브리도의 웹사이트(www.helpjacqui.com)도 한번 들어가보길 권한다.

『괴이한 명성: 피니어스 게이지의 이야기*An Odd Kind of Fame: Stories of Phineas Gage*』(말콤 맥밀런*Malcolm Macmillan*, MIT출판사, 2000년): 게이지와 그를 둘러싼 설화에 대해 법의학적으로 설명한다. 꼼꼼한 조사를 바탕으로 쓰인 책이지만, 학문적 관점에서 다루다 보니 일반 독자가 읽기에는 다소 건조할 수 있다. 하지만 게이지의 인생 역정을 소개하는 데 있어 맥밀런의 연구는 실로 인상적이다.

『하비 쿠싱: 어느 외과의사의 인생*Harvey Cushing: A Life in Surgery*』(마이클 블리스Michael Bliss, OUP출판사, 2005년): 쿠싱에 대해서는 못다 한 이야기가 너무 많다. 블리스의 이 책은 그의 찬란하고도 복잡했던 삶을, 내가 미처 소개하지 못한 부분들까지 유려하고도 쉽게 설명한다.

『엽절단술사*The Lobotomist*』(잭 엘하이Jack El-Hai, 존와일리출판사, 2005년): 외과의 역사에 관한 책 중에서 (내 책 말고) 딱 한 권만 더 읽고 싶은 사람에게 추천하고 싶은 책이다. 면밀한 조사와 읽는 이를 즐겁게 하는 필력이 돋보인다. 이 책 말고도 한 권 더 읽고 싶은 사람에게는 2008년 버밀리언출판사에서 출간한 하워드 덜리의 『나의 엽절단술*My Lobotomy*』을 권한다. 프리먼이 남긴 기록의 일부, 그리고 자신이 엽절단술을 받아야만 했던 이유를 이해하기 위해 덜리가 인생에서 지나온 경로를 소개한다.

『말기 인간』(마이클 크라이튼, 애로북스출판사, 1972년): 비록 픽션이지만, 당시에 자행되던 일부 실험들에 관한 한 이 책은 현실을 섬뜩하리만치 사실적으로 증언한다.

마지막으로 의학 연구의 변방 같은 것을 더 깊이 이해하고 싶다면, 알렉시 카렐의 저서 가운데 1935년 하퍼앤드브로스출판사에서 출간한 『인간, 미지의 존재』와 1938년 폴비허버출판사에서 출간한 『장기배양』을 일독해 보자. 또한 1969년 하퍼앤드로출판사에서 출간한 호세 델가도의 『정신의 물리적 통제』도, 다만 그림만이라도 가볍게 훑어보기를 권한다.

찾아보기

용어

기발해서 더 놀라운 의학의 역사

선구적인 의사들, 기상천외한 외과수술을 탄생시키다

초판 1쇄 발행 2024년 2월 26일

지은이 리처드 홀링엄
옮긴이 서정아

디자인 이수정
제작 공간

펴낸이 이진숙
펴낸곳 지식서가
출판등록 2020년 11월 18일 제2020-000158호
주소 서울시 영등포구 경인로 775 에이스하이테크시티 2동 1201-106호
팩스 02-6305-0345
이메일 ideashelf@naver.com
블로그 blog.naver.com/ideashelf
인스타그램 instagram.com/ideashelf_publisher

ISBN 979-11-981717-0-2 03900